平安湖南社会实践

主　编：陈俊豪
副主编：来国清　方　斌　刘力毅
王道春　易荣楠

中国人民公安大学出版社
·北　京·

图书在版编目（CIP）数据

平安湖南社会实践/陈俊豪主编. —北京：中国人民公安大学出版社，2023.5

ISBN 978-7-5653-4682-8

Ⅰ.①平…　Ⅱ.①陈…　Ⅲ.①社会管理—湖南—高等学校—教材　Ⅳ.①D676.4

中国版本图书馆 CIP 数据核字（2023）第 064761 号

平安湖南社会实践

主　编：陈俊豪

出版发行：中国人民公安大学出版社
地　　址：北京市西城区木樨地南里
邮政编码：100038
经　　销：新华书店
印　　刷：北京市泰锐印刷有限责任公司

版　　次：2023 年 5 月第 1 版
印　　次：2023 年 5 月第 1 次
印　　张：17.25
开　　本：787 毫米×1092 毫米　1/16
字　　数：355 千字

书　　号：ISBN 978-7-5653-4682-8
定　　价：53.00 元

网　　址：www.cppsup.com.cn　www.porclub.com.cn
电子邮箱：zbs@cppsup.com　zbs@cppsu.edu.cn

营销中心电话：010-83903991
读者服务部电话（门市）：010-83903257
警官读者俱乐部电话（网购、邮购）：010-83901775
教材分社电话：010-83901837

前　言

习近平总书记在全国教育大会上指出，要努力构建德智体美劳全面培养的教育体系，形成更高水平的人才培养体系。要把立德树人融入思想道德教育、文化知识教育、社会实践教育各环节，贯穿基础教育、职业教育、高等教育各领域。高等学校承担着立德树人、理论创新、文化传承和社会服务的重要使命任务。要推动知识和理论创新，促进文化传承，培养更多符合社会需要的高素质人才，更好地服务社会生产生活以及人类社会的发展与进步，这一切都离不开实践。坚持教育与生产劳动和社会实践相结合，是党的教育方针的重要内容，也是深入实施素质教育，大力提高高等教育质量，培养德智体美劳全面发展的社会主义建设者和接班人的必然要求。坚持理论学习与社会实践相统一，向实践学习、向人民群众学习，是大学生成长成才的必由之路。

党和国家历来高度重视实践育人工作。2012 年，教育部、中宣部等部门联合下发的《关于进一步加强高校实践育人工作的若干意见》明确指出，各高校要把组织开展社会实践活动与组织课堂教学摆在同等重要的位置，与专业学习、就业创业等结合起来，制订学生参加社会实践活动的年度计划。可见，实践育人是社会主义教育体系的重要组成部分，社会实践作为实践育人的主要方式，已成为高等学校开展大学生思想政治教育，培养德智体美劳全面发展的社会主义建设者和接班人的重要途径。马克思指出：“人的本质并不是单个人所固有的抽象物。在其现实性上，它是一切社会关系的总和。”人作为社会的存在物，社会关系就成为人的本质的规定，多种社会关系都是现实的个人在从事物质实践的过程中建立和发展起来的，是适应人们的社会实践发展而不断变化的。

这充分说明了社会实践在大学生成长成才方面的重要作用。大学生只有走入社会，才能在生产劳动以及与社会的沟通、交流与合作中形成自己的世界观、人生观和价值观。毛泽东同志指出：“无论何人要认识什么事物，除了同那个事物接触，即生活于（实践于）那个事物的环境中，是没有法子解决的。”这充分说明了社会实践对人的认知以及能力培养的重要性。就大学教育而言，学习者不是在直接的知识传播过程中通过被动吸收信息来获得和理解知识的，而是通过经验和社会互动，将新信息与已有的知识相融合进而理解和建构的。因此，要了解和掌握正确的理论、科学的方法，都必须深入社会开展调查研究、生产劳动和社会服务等实践活动，要从群众中来，到群众中去，掌握第一手材料。

公安高等院校承担着为党和国家培养“对党忠诚、服务人民、执法公正、纪律严明”的共和国警察的光荣使命。贯彻落实党中央和习近平总书记关于“政治建警、改革强警、科技兴警、从严治警”的要求，培养具有“铁一般理想信念、铁一般责任担当、铁一般过硬本领、铁一般纪律作风”的预备警官是公安高等教育的职责任务。湖南警察学院作为湖南省唯一的一所公安高等本科院校，坚持以习近平总书记关于教育工作的一系列讲话精神为指引，全面贯彻落实党中央、国务院的教育方针政策，以强化实践教学有关要求为重点，以创新实践育人方法途径为基础，以加强实践育人基地建设为依托，不断加大实践育人经费投入，积极调动整合社会各方面资源，着力构建长效机制，形成了实践育人的良好态势，社会实践育人在学院立德育警中的作用不断显现。具体做法包括以下几个方面：

一是立足“平安湖南”建设，积极推进教育教学改革，将社会实践教学与平安湖南建设的重大任务使命结合起来，将平安湖南社会实践纳入人才培养和教学计划，要求每个本科生在学期间参加社会实践活动的时间累计应不少于4周，每个学生在学期间要至少参加一次社会调查，撰写一篇调查报告。

二是搭建社会实践舞台，将社会调查、生产劳动、志愿服务、公益活动、科技发明和勤工助学等社会实践活动作为湖南警察学院实践育人的载体，明确教务处、团委责任和院系教师的管理、指导职责，建立社会实践与专业学习、服务社会相结合，勤工助学、择业就业、创新创业相结合的管理体制。

三是搭建实践育人平台，与湖南省各市（州）公安机关、交通规划设计单位、汽车制造企业、安保企业以及省内外计算机信息技术企业开展“院局合作”“院企合作”“院所合作”，并建立了一批省级实践教学示范基地、大学生创新创业实践基地。

四是加大社会实践经费投入，除了团委、学工部门“三下乡”活动、志愿者服务、勤工俭学等专项经费足额保障外，还从各院系专业建设与人才培养经费中予以支持。

五是将社会实践作为政治建警的重要途径。将“枫桥式派出所”“全国优秀公安局”，各地公安机关的警察荣誉室、纪念馆、陈列馆、博物馆作为调研、实习、参观、教育基地，让学生接受思想、政治、实践能力等多方面的实际锻炼，培养学生社会责任感和使命感。

实践证明，通过平安湖南社会实践，让公安院校大学生将理论知识在平安湖南建设的具体实践中得以检验，并在社会实践的互动关系中形成对公安知识的理论确信，增强了学生理解社会治安形势、分析社会问题的能力；让大学生看到自己和平安湖南建设能力需求之间的差距，自身知识和能力上存在的不足，从而重新认识和评价自我，明确学习目标和方向；让大学生走进社会，接触公安政法工作，将公安理论知识服务于实践，在服务中展示自己的才华，锻炼自己的能力，提升自身的综合素质。通过组织平安建设社会实践活动，进一步强化了公安大学生思想政治教育工作，增强了大学生“立警为公、执法为民”的认识，强化了服务国家和人民的社会责任感。

“平安湖南社会实践”是湖南警察学院开展实践育人的一门特色课程，2020 年被教育部认定为首批国家级一流社会实践课程。实践课程是相对于理论课而言的，侧重学生实践能力的培养。社会实践教学将大学课堂切实延伸到社会中，面对真实社会环境进行理论与实践的磨合和转化，培养学生的应用性、操作性技能和专业实践能力，更好地对接政法工作职业需求。青年大学生是推动历史发展与社会进步的重要力量，是更高水平平安中国建设的具体参与者，只有走进社会、了解社会、融入社会，才能为平安湖南、平安中国建设作出应有的贡献。在学院团委和相关专业教师的指导下，积极组织学生参与到平安湖南建设实践中，组织学生开展防溺水、交通安全、反电信诈骗、禁毒等宣传教育，积极开展社会治安、交通安全、留守儿童安全等社会调查，参与大型活动安保、“三下乡”志愿者安全服务，积极开展安全防范技术、网络安全技术等科技创新和学术竞赛活动。通过平安湖南社会实践，一方面可以让学生将在校学习的理论知识服务平安湖南建设；另一方面可以在平安湖南建设的实践中不断锤炼本领、增长才干，有力地促进了大学生专业能力培养、创新意识和警务技能的提升，也增强了大学生对社会治安形势的了解，强化了维护社会治安秩序、维护社会公平正义，保障人民群众安居乐业的责任担当。

在前期大学生开展的平安湖南建设社会实践活动的基础上，为了推进平安湖南社会实践课程建设，规范社会实践教学，提升专业实践教学的成效，我们组织学校的精干力量编写了《平安湖南社会实践》教程，并最终交付出版。教材第一章由陈俊豪教授撰写，第二章由刘力韨副教授撰写，第三章由王道春博士撰写，第四章由易荣楠博士撰写，第五章由原湖南警察学院团委书记来国清同志撰写，第六章、第七章由方斌博士撰写。需要说明的是，平安湖南社会建设大学生社会实践是面向全国高校开放的，本教材主要在公安院校使用，但也不局限于公安院校，因此在实践案例的选取上，我们选用了其他高等院校参与平安湖南建设的实例，也借鉴了其他高等院校开展社会实践活动的做法，在此表示衷心感谢。

由于作者水平有限，疏漏之处敬请批评指正！

编　者

2022年11月

目　录

第一章　平安湖南社会实践概述

【教学目的和要求】

了解平安中国、平安湖南建设的背景、目标、内容、措施手段以及平安湖南建设面临的机遇和挑战；了解平安湖南社会实践的概念、内涵和特点；掌握社会实践育人的基本理论以及平安湖南社会实践的主要依据、基本原则和路径、方法，能对平安湖南建设中的大学生社会实践活动进行科学规划和组织实施。

【教学重点和难点】

- 平安中国建设的目标任务及其主要内容
- 平安湖南社会实践的概念、特点和意义
- 社会实践育人的基本理论及其主要内容
- 平安湖南社会实践的依据、原则和方法
- 平安中国建设、平安湖南建设的内涵
- 平安湖南建设面临的机遇和挑战
- 教育与生产劳动相结合理论内涵
- 人的社会化理论及其教育价值

【学习导读】

平安是国家繁荣富强的前提，是人民幸福的基本要求。更高水平的平安中国、平安湖南建设是国家和社会治理体系、治理能力现代化的重要目标任务。大学生社会实践作为人才培养的重要方式，在培养学生的专业能力和思想政治教育等方面具有重要作用，有利于大学生接受教育、增长才干、奉献社会。平安湖南社会实践是大学生了解湖南社会治安形势、服务公共安全建设、维护社会治安秩序、提升自身能力素质的重要途径，应充分认识社会实践在人才培养中的作用，掌握平安湖南社会实践的科学内涵、基本原则和路径、方法，坚持教育与生产劳动相结合，将平安湖南社会实践与社会治安综合治理、社会治安防控体系建设、社会治安治理创新、社区警务战略以及县域警务实践等平安建设的决策部署和具体行动结合起来，在平安湖南建设中奉献青春、锻炼成长。

第一节　平安中国与平安湖南建设

平安是指一种有序的社会状态和安全的社会环境，它是国家和社会发展的前提，也是人民群众幸福安康的保障。建设一个平安稳定的中国社会是国家的职责使命，也是新时代国家治理体系和治理能力现代化的重要目标。中国共产党第十九届中央委员会第五次全体会议首次将统筹发展和安全，建设更高水平的平安中国写进了的党的决议中，要求把“安全发展”贯穿国家发展各领域和全过程，进一步加强国家安全体系和能力建设，确保国家经济安全，保障人民生命安全，维护社会稳定和安全。平安湖南既是湖南省经济社会发展的重要保障，也是建设更高水平平安中国的重要内容。建设更高水平平安湖南是现阶段湖南政法工作的重要任务，也是全省各级政府部门、行政机关、企事业单位、社会组织和广大人民群众的共同责任。

一、平安中国建设的提出与发展

（一）平安中国建设的含义

平安意指平稳安全，没有事故和危险。平安中国是一种违法犯罪率低、灾害事故低发、政治安全、社会稳定、人民安宁的良好的国家和社会治理状态。平安中国建设是指为了维护社会治安稳定，保障人民群众生命财产安全，巩固国家政权，促进经济社会持续健康发展，在各级党委政府的组织下，全民参与的一项群众性创建活动。在中华民族走向伟大复兴的关键历史时期，维护安全稳定的社会秩序，最大限度地增加和谐因素，减少不安定因素，实现国家长治久安、社会安定有序、人民安居乐业既是全国人民的利益所在、生活所盼，也是中国特色社会主义建设的内在要求。随着经济社会发展和社会转型，各种不安定因素和公共安全风险变得越来越复杂，经济金融安全、政治安全、国家安全、网络安全等领域也面临严峻的挑战，维护社会秩序、保障公共安全，维护国家安全和社会稳定不仅是党和国家的职责所在，更是每一个公民义不容辞的责任，需要全社会和人民群众的共同参与，为平安中国建设贡献力量。

（二）平安中国建设的提出

改革开放后，随着人、财、物的大流动，经济社会发展加快，违法犯罪也相应增长，社会治安形势变得越来越严峻复杂，党和国家领导人对此十分关注和重视。1983 年，邓小平同志到江苏省苏州市等地考察后，对政法部门提出了要使“犯罪行为大大减少”等有关平安建设的要求，努力建设领域更广、人民群众更满意、实效性更强的平安中国。2003 年 8 月，胡锦涛同志在江西考察时指出：“搞好‘平安建设’是构建和谐社会的具体举措，是推进‘平安中国’建设的基础工程，是新形势下社会管理综合治理的创新与发展。”党的十八大后，国家从更高起点上着手谋划平安中国建设，提出了“创新社会管理，深化平安建设，完善立体化社会治安防控体系，强化司法基本保障，依法防范和惩治违法犯罪活动，保障人民生命财产安全”的治理目标。2013 年 5 月，深化平安中国建设工作会议在北京召开，首次从国家治理层面提出了“平安中国”建设的发展战略。

（三）平安中国建设的发展

平安中国建设经历了从“平安建设”到“平安中国建设”再到“更高水平平安中国建设”三个发展阶段，其内容、目标、任务和要求也随着国家治理方式的改革而不断变化。

1. 平安建设阶段。平安建设是 21 世纪以来党中央提出的由各级党委政府组织全民参与维护社会稳定的一项群众性创建活动。为了维护社会治安稳定，保障人民群众生命财产安全，巩固国家政权，促进经济社会持续健康发展，2005 年 10 月，中共中央办公厅、国务院办公厅转发了《中央政法委员会、中央社会治安综合治理委员会关于深入开展平安建设的意见》（以下简称《意见》），提出了平安建设的指导思想、目标任务、工作重点和主要措施，由社会治安综合治理专项平安建设的行动全面开启。《意见》明确指出，平安建设是新形势下加强社会治安综合治理工作的新举措，是构建社会主义和谐社会、促进经济社会协调发展的保障工程，是维护广大人民群众根本利益、为人民群众所期盼的民心工程，是提高党的执政能力、巩固党的执政地位的基础工程。《意见》对平安建设进行了总体部署，要求健全矛盾纠纷排查调处工作机制、工作制度和工作网络；建立完善社会治安形势评估预警和政法部门配合制约等工作机制；要加强社会治安综合治理基层基础工作；加强公民道德、法制宣传教育和民主法制建设工作。

2. 平安中国建设阶段。随着社会主义市场经济体制的建立和社会结构的转型，社会治安形势和特点也不断发生变化，人民内部矛盾纠纷日益凸显，群体性事件不断增多，严重影响了社会的和谐稳定。在公共安全领域，治安灾害事故、食品药品安全得到了社会的普遍关注；在生产领域，安全事故、交通事故不断增多；在社会治安领域，违法犯罪高发，社会丑恶现象增多，严重影响了人民群众的安全感。平安建设由群众性创建活动上升为“平安中国建设”的国家治理目标。2013 年 1 月，全国政法工作电视电话会议提出了“深化平安建设，建设平安中国”的目标。要求全国政法综治部门进一步完善工作机制、创新工作模式，从更高起点、更高层次上全面深化平安建设，确保人民安居乐业、社会安定有序。2013 年 5 月，习近平总书记对深化平安中国建设作出明确指示，要求将“平安中国”建设置于中国特色社会主义事业发展全局中来谋划，把人民群众对平安中国建设的要求作为努力方向，坚持源头治理、系统治理、综合治理、依法治理，努力解决深层次问题，着力建设平安中国，确保人民安居乐业、社会安定有序、国家长治久安。

3. 更高水平平安中国建设阶段。更高水平平安中国建设是平安中国建设的更高形态，是国家治理体系和治理能力现代化的重要目标。2019 年 10 月，党的十九届四中全会提出了“建设更高水平平安中国”的目标，要求加强和创新社会治理，完善党委领导、政府负责、民主协商、社会协同、公众参与、法治保障、科技支撑的社会治理体系，建设人人有责、人人尽责、人人享有的社会治理共同体，确保人民安居乐业、社会安定有序，建设更高水平的平安中国。2020 年 11 月，党的十九届五中全会进一步明确了建设更高水平的平安中国的目标和路径。要求统筹传统安全和非传统安全，把“安全发展”贯穿国家发展各领域和全过程，防范和化解影响我国现代化进程的各种风险，筑牢国家安全屏障，加强国家安全体系和能力建设，确保国家经济安全，保障人民生命安全，维护社会稳定和安全。

全国政法机关以人民群众对社会平安的需求为导向，充分发挥平安建设职能作用，抓住影响群众安全感的突出治安问题，紧紧依靠群众、组织群众，最广泛地组织动员广大人民群众投身平安建设，深入推进社会治安综合治理，取得了明显成效。中国已成为世界上最具安全感的国家之一，是世界各国人民最向往的学习、工作、生活和旅游之地。新时期，建设更高水平平安中国建设主要围绕以下工作展开：一是深入开展扫黑除恶专项斗争，严惩违法犯罪，维护社会治安；二是不断完善矛盾纠纷调处机制，加大矛盾纠纷排查化解力度，建设和谐社会；三是持续完善立体化社会防范体系和公共安全体系，不断增强人民群众的安全感。

【拓展阅读】

建设更高水平的平安中国有何内涵?

2020 年 11 月 10 日，平安中国建设工作会议在北京召开，会议对建设更高水平的平安中国的丰富内涵进行了阐释。一是领域更宽广，突出“大平安”理念，把平安中国建设融入“五位一体”总体布局，实现经济安全、政治安全、文化安全、社会安全和生态安全的全方位之治；二是体制更完善，党的领导优势和我国社会主义制度优势得到充分发挥，共建共治共享的格局不断深化拓展，全社会参与平安建设的自觉性、主动性显著增强；三是成效更明显，既能更快更好解决突出问题，又能更有力更有效地从源头上进行预防，确保政治更安全、社会更安定、人民更安宁、网络更安靖；四是人民更满意，人民群众对平安建设的关切和感受得到有效回应，人民群众获得感、幸福感、安全感更加充实、更有保障、更可持续，促进全体人民共同富裕取得更为明显的实质性进展。

平安是老百姓亘古不变的期盼，是最基本的民生需要。随着我国社会主要矛盾发生历史性变化，人民群众对平安的需要呈现出多样化、多层次、多方面的特点。平安已经从传统意义上的生命财产安全，上升到安业、安居、安康、安心等各方面，内涵外延不断拓展，标准要求更新更高。只有主动适应社会主要矛盾新变化，更好满足人民群众对美好生活的向往，从更宽领域、以更高标准推进平安中国建设，才能让人民群众获得感、幸福感、安全感更加充实、更有保障、更可持续。

（来源：澎湃新闻，https://www.sohu.com/a/431374512_260616）

二、平安湖南建设的缘起与发展

平安湖南是湖南经济社会发展的前提和保障，是平安中国建设的重要组成部分。湖南省地域辽阔，历史悠久，人口众多，资源丰富，地理区位优势明显，是东部沿海地区和中西部地区过渡带、长江开放经济带和沿海开放经济带接合部，经济地位特殊。党的十八大以来，湖南省委、省政府抓住产业梯度转移和国家支持中西部地区发展的重大机遇，深化改革开放，不断提高经济要素质量和竞争力，形成了结构合理、区域协调、城乡一体的发展新格局。经济社会发展持续向好离不开安全稳定的社会环境，因此，建设平安湖南是全省6000多万人民群众的共同期盼和良好愿望。

（一）平安湖南建设的缘起

平安湖南是指在全省行政区划范围内一种良好的治安状况和安全稳定的社会环境。平南湖南是新时代地方党委开展社会治安综合治理的重要目标，也是推进地方政府治理体系与治理能力现代化的内在要求。随着国家总体安全观的提出，平安湖南的内涵也发生了深刻的变化，不再局限于一种低犯罪率的社会治安状况，而是衍生发展为涵盖国家安全、公共安全、政权安全、制度安全、意识形态安全、经济金融安全、生产经营安全、食品药品安全和网络安全等在内的一种安全、和谐、稳定、有序的社会治理形态。

1. 平安湖南建设的提出。2004年，党的十六届四中全会提出了“社会管理创新”的概念。提出从传统的“整治命令”思维到“寓管理于服务之中”；从政府“包打天下”到注重运用社会力量，形成社会合力；从“灭火式”被动管理到突出源头治理；从硬性行政手段到重视运用经济、行政、道德、科技等手段综合管理的思维，逐渐形成了党委领导、政府负责、社会协同、公众参与的社会管理格局。为推进社会管理创新，建设安全稳定有序的社会治安环境，2004年10月，湖南省委、省政府出台了《关于创建“平安湖南”的决定》，要求用三年左右时间使全省绝大多数县市区达到平安创建标准，用五年左右时间使湖南成为全国最稳定、最安全的地区之一。到2006年，全省90%的城乡基层单位常年不发生刑事犯罪案件，80%的县市区不发生在全国造成重大影响的恶性案件、群体性事件和安全生产事故。

2. 平安湖南建设的目标。平安湖南建设是在湖南省委、省政府的领导下，充分发挥政法机关的职能作用，动员组织国家机关、企事业单位、社会组织和广大人民群众进行的平安创建活动。“平安湖南”建设的目标是为湖南省经济发展、政治稳定、文化繁荣、社会和谐、人民安康创造一个平稳安定的社会环境。2004年，省委、省政府对“平安湖南”创建活动提出了六条具体目标：增强维护国家安全和政治稳定能力、突发事件和紧急情况的处置能力、打击各类犯罪活动的能力、社会治安防控能力、执法为民的能力，使人民群众的安全感明显增强。①

3. 平安湖南建设的任务。平安湖南建设是一项系统工程，湖南省政法机关和综合治理部门立足和谐社会建设，按照“标本兼治、重在治本”的原则，通过源头治理、多措并举、预防和打击违法犯罪，维护社会治安，保障公共安全。具体任务包括四个方面：一是将社会治安综合治理、开展平安创建活动与关注弱势群体、为人民群众解决实际困难和问题结合起来，关注企业下岗职工、失地农民等弱势群体和“失亲”青少年、刑满解教人员等特殊群体生活，进一步完善保障政策，积极为他们提供就业、上学、居住等基本的生产生活条件；二是推动“平安湖南”创建活动，开展平安乡镇、平安村、平安社区、平安单位、平安家庭、平安企业、平安校园、平安大道、平安医院、平安文化场所、平安工地、平安市场、平安景区、平安金融网点等建设，实现平安建设的全覆盖；三是广泛宣传发动，营造人人关心、人人支持、人人参与创建“平安湖南”的浓厚氛围；四是按照“属地管理”和“谁主管，谁负责”的原则，加强平安创建制度建设，把“平安湖南”创建工作任务落实到部门、家庭和个人，提高社会治安防范能力和水平，减少违法犯罪，保护人民群众生命财产安全。

【拓展阅读】

湖南出台决议：要用5年时间成为全国最安全地区

日前，省委、省政府出台了《关于创建“平安湖南”的决定》，力争用3年左右时间使全省绝大多数县市区达到平安创建标准，用5年左右时间使湖南成为全国最稳定最安全的地区之一。湖南省创建“平安湖南”的总体目标是：为湖南省经

① 高莹：《省委省政府提出：用5年时间打造平安湖南》，载《湖南安全与防灾》2004年第10期。

济发展、政治稳定、文化繁荣、社会和谐、人民安康创造一个更加平稳安定的社会环境。主要内容包括：(1) 开展重点整治和专项斗争。健全完善社会治安综合治理制度和工作机制，健全完善社会治安形势分析评估制度和治安重点地区、重点问题排查制度，及时开展重点整治和专项斗争。(2) 发展见义勇为基金。大力发展见义勇为事业，设立见义勇为基金，保障见义勇为行为，弘扬社会正气，推进见义勇为保障奖励工作的规范化、法制化，激励全社会参与维护社会治安工作。(3) 严肃查处侵犯人权案件。推进法治建设，依法严肃查处侵犯人权特别是国家工作人员利用职权实施的侵犯人权的违法犯罪案件，依法查处非法拘禁、非法搜查、刑讯逼供、暴力取证、虐待被监管人员等侵犯公民人身权利的行为。(4) 维护消费者权益。推进食品药品放心工程建设，加强食品药品生产、流通过程的监管，严厉打击危害人民群众身体健康和生命安全的非法生产经营活动，切实维护消费者权益，保障公共安全。(5) 健全各种预警和应急体系。建立健全自然灾害预测、预警综合防御体系，提高防灾减灾能力。建立健全各种预警和应急体系，增强快速反应能力，努力把突发事件造成的影响和损失减少到最低程度。(6) 关注帮助弱势群体。加强社会保障体系建设，逐步建立与湖南省经济社会发展水平相适应、城乡统筹、多层次的社会保险体系，努力构建新型社会救助体系。开展多种形式的扶贫帮困活动，进一步改善社会弱势群体的生产生活条件。(7) 加强未成年人思想道德建设。不断提高全省人民思想道德素质和科学文化素质，大力加强未成年人思想道德建设，预防青少年违法犯罪。

(来源：东方新报，http：//www. sina. com. cn，2004 年 10 月 13 日)

(二) 平安湖南建设的发展

平安湖南建设是在国家统筹推进更高水平平安中国建设行动下的地方治理实践。党的十八大以来，党和国家着眼于维护广大人民群众的根本利益，最大限度地增加和谐因素，增强社会发展活力，提高社会治理水平，全面推进平安中国建设，有力地维护了国家安全和社会稳定。平安湖南建设也随着平安中国建设的推进而不断向纵深发展，形成了人民安居乐业、社会安定有序的良好局面。

1. 平安中国建设的推进。2013 年，深化平安中国建设工作会议在苏州召开。会议要求，积极适应小康社会新要求和人民群众新期待，继承优良传统，积极改革创新，着力把握规律，下大气力解决影响社会和谐稳定的突出问题，加强源头性基础性工作，在更高起点上全面推进平安中国建设，努力建设领域更广、人民群众更满意、实效性更强的平安中国。2015 年 4 月，中央办公厅、国务院办公厅下发《关于加强社会治安防控体系建设的意见》，确立了全面推进平安中国建设的指导思想、目标任务和方法路径，为平安中国建设提供了依据和指南。2021 年 3 月，《中华人民共和国国民经济和社会发展第十四个五年规划和 2035 年远景目标纲要》

明确了“十四五”时期“统筹发展和安全，建设更高水平的平安中国”的重大战略目标，对国家安全、经济安全、公共安全、能源安全、金融安全、社会稳定和安全进行了全面部署。

2. 平安湖南建设的深化。2016年，湖南省委、省政府将推进治安防控体系建设，高起点谋划平安湖南建设写进了政府工作报告。要求牢固树立“安全发展”的理念，健全公共安全体系，落实安全生产责任和管理制度。要健全立体化社会治安防控体系，精准打击暴力恐怖分子，依法严厉打击各类违法犯罪行为。2018年2月，湖南省政法工作会议首次提出了建设更高水平平安湖南的目标，要求政法机关应围绕中心、服务大局，充分履职尽责，建设更高水平的平安湖南，推动法治湖南建设迈上新台阶，保障人民群众安居乐业，坚决维护新时代全省改革发展稳定大局。2021年2月，湖南省政府工作报告明确提出，以安全稳定为底线，坚持生命至上、安全第一，全面提高公共安全保障能力，建设更高水平平安湖南。2021年11月，湖南省委首次以党代会决议的形式对平安创建活动进行了部署。提出了“深化平安创建活动，常态化地开展扫黑除恶斗争，坚决防范和打击各类违法犯罪活动，提升公共安全保障能力”的平安建设要求。

3. 更高水平平安湖南建设行动。平安建设没有最好，只有更好。湖南省政法机关认真贯彻落实湖南省第十二次党代会精神，以落实总体国家安全观为统领，以共建共治共享为导向，以防范化解影响安全稳定的重大风险为切入点，以市域社会治理现代化、基层社会治理创新、县域警务改革和平安创建活动为着力点，不断推进社会治理理念思路、体制机制、方法手段创新，不断提升平安湖南建设的科学化、社会化、法治化、智能化水平，确保全省政治更安全、社会更安定、人民更安宁、网络更清朗，为湖南经济社会发展创造安全稳定的政治社会环境。

【拓展阅读】

湖南省党代会对平安湖南建设作出部署

2021年，湖南省第十二次党代会对持续深化平安湖南建设进行了全面部署，具体措施包括：(1) 加强国家安全体系和能力建设，坚决维护国家政权安全、制度安全、意识形态安全，严密防范和坚决打击各种渗透颠覆破坏活动。(2) 加强经济安全风险预警、防控机制和能力建设，有效防范化解金融、债务领域风险，确保重要产业、基础设施、战略资源、重大科技等关键领域安全可控。(3) 深化平安创建活动，开展常态化扫黑除恶斗争，坚决防范和打击各类违法犯罪活动，提升公共安全保障能力。(4) 强化安全生产责任落实，坚决防范遏制重特大安全事故，确保全省安全生产形势持续稳定向好。(5) 维护人民群众生命安全，加强食品药品和特种设备安全监管，健全完善战略物资和应急物资储备体系、突发事件应急响应和处置机制，提高防灾、减灾、抗灾、救灾能力。

（来源：张庆伟：《在中国共产党湖南省第十二次代表大会上的报告》，2021年11月25日）

三、平安湖南建设面临的机遇与挑战

平安湖南建设是一项社会治理的系统工程，涉及国家和社会治理的方方面面。风险与机会同在，机遇和挑战并存。在更高水平平安湖南建设的进程中，湖南省委、省政府透过现象看本质，充分把握湖南经济社会发展的规律，准确分析了平安湖南建设的资源要素及其优势，抓住各种有利条件和发展机遇，积极应对各种风险与挑战，全力维护全省的平安稳定。

（一）平安湖南建设面临的机遇

1. 党中央、国务院对平安建设的重视。党的十八大以来，党中央、国务院高起点、高标准谋划平安中国建设，将“更高水平平安中国建设”纳入了国民经济和社会发展“十四五”规划和中长期发展目标，为平安湖南建设谋划提供了参考和依据。2020年中央政法工作会议对推进实施市域社会治理现代化进行了部署，并在全国开展试点，社会治安治理水平不断提升，为平安湖南建设创造了良好的政治社会环境。

2. 党委和政府的高度重视。湖南省委、省政府坚持统筹发展和安全发展，把平安建设纳入经济社会发展总体规划中，先后出台了《关于深化平安湖南建设的意见》《关于推进全省社会治理创新的指导意见》《关于加强社会治安防控体系建设的实施意见》。按照“一体谋划、一体推进”的原则，加强对平安建设的科学设计和统筹谋划，将更高水平平安湖南建设纳入省委、省政府工作重点，不断完善平安建设工作体制、机制，形成了“问题联治、工作联动、平安联创”的平安建设工作体系。合理整合社会资源，成立了省平安建设领导小组指导全省平安创建工作，提升平安湖南建设的科学化、社会化、法治化和智能化水平。

3. 良好的经济社会发展环境。经济社会发展是平安湖南建设的前提和基础。湖南省委、省政府聚焦“三高四新”战略发展目标和重点任务，积极谋划，科学规划，不断优化产业结构，大力发展高新制造企业、大数据、人工智能、信息技术等高新企业，着力将湖南打造成国家重要先进制造业高地、具有核心竞争力的科技创新高地和内陆地区改革开放的高地。不断探索在推动湖南高质量发展上闯出新路子，在构建经济社会新发展格局中展现新作为，在推动中部地区崛起和长江经济带发展中彰显新担当。积极回应人民群众对美好生活的期待，着力推进民生工程建设，不断增进民生福祉，提升人民群众的获得感、幸福感，为平安湖南建设创造了良好的经济社会环境。

（二）平安湖南建设面临的挑战

湖南省政法机关通过推进地方政府治理体系与治理能力现代化建设，不断加强社会治安综合治理，湖南经济社会发展大局稳定，治安秩序、社会风气、发展环境持续向好，人民群众的安全感不断增强。刑事案件、治安案件、命案以及交通事故起数和死亡人数、吸毒人数逐年下降，人民群众安全感测评稳步提升。然而，在国家转型发展的进程中，受国际国内各种不确定性因素的影响，建设更高水平的平安湖南依然面临诸多挑战。

1. 经济社会发展不平衡不充分影响了平安湖南基础建设水平。湖南省属于中部欠发达地区，与沿海发达省份和地区相比，经济社会发展质量还有待提高，主要表现为产业结构不合理，高新企业比例小，县域经济薄弱，城乡区域发展差距较大，GDP 增速较慢，财政收支平衡、生态环境保护和能源、土地、资金等要素保障存在不少现实困难，导致有些地市公共安全基础设施薄弱，群众安全意识不强，平安建设基础工作水平较低，突发事件应对能力不强。

2. 违法犯罪案件高发影响了人民群众安全感的提升。通过政法机关的严打整治，传统的盗窃案件，抢劫、抢夺、强奸等暴力违法犯罪案件逐年减少，但新型违法犯罪逐年增多，影响了群众安全感，主要表现为：一是涉黑涉恶犯罪破坏治安生态。2021 年湖南省政法机关就打掉涉黑组织 18 个，铲除恶势力团伙 232 个，破获刑事案件 1268 起，查处涉案资产 28. 6 亿元；起诉涉黑涉恶案件 284 件，审结生效黑恶犯罪案件 266 件，407 人被判处五年有期徒刑以上刑罚；查处涉黑涉恶腐败和“保护伞”问题 423 个。[①] 二是网络信息犯罪逐年上升。中国司法大数据研究院发布的《涉信息网络犯罪特点和趋势（2017. 1—2021. 12）司法大数据专题报告》显示，2017 年至 2021 年，我国涉信息网络犯罪案件数量呈逐年上升趋势，近四成案件涉及诈骗罪。[②] 2021 年湖南省仅电信网络诈骗犯罪破案数达 1. 33 万起，抓获犯罪嫌疑人 3. 45 万名。破获“两卡”黑灰产案件 5952 起，捣毁窝点 1915 个，缴获涉案“两卡”7. 4 万张，抓获跨境涉诈、妨害国（边）境管理违法犯罪人员 6764 名。[③] 三是新型毒品违法犯罪突出。2021 年湖南省法院共审结毒品案件 7590 件 10718 人，其中被判处五年有期徒刑以上刑罚 1993 人，重刑率达 18. 6%，比其他

---

① 杨佳俊：《湖南省常态化开展扫黑除恶斗争战果公布》，https：//new. qq. com/omn/20220501/20220501A01LTM00. html. 转自《湖南日报》2022 年 4 月 30 日。

② 《司法大数据专题报告显示——涉信息网络犯罪案件量逐年上升，诈骗罪占比最高》，http：//finance. sina. com. cn/jjxw/2022-08-01/doc-imizmscv4438474. shtml，2022 年 8 月 1 日。

③ 《湖南反电诈行动：湖南公安 2021 年破案数上万　抓获嫌犯 3 万多名》，https：//baijiahao. baidu. com/s？id＝1722827265909805659&wfr＝spider&for＝pc，2022 年 1 月 24 日。

犯罪的重刑率高 9.5 个百分点。吸食、制贩新型毒品违法犯罪呈高发态势。① 四是"涉众型"经济犯罪突出。非法吸收公众存款、集资诈骗、传销、非法销售未上市公司股票等金融证券类、传销类、欺诈类经济违法犯罪活动，涉及不特定群体，受害者成员复杂，被害者人数众多，涉及地域广，严重影响了社会治安和群众安全感。

3. 生产领域安全事件频发影响了平安湖南建设质量。在生产经营过程中，由于管理者安全意识不强、责任落实不力、安全投入不足、监管执法不到位的情况还依然存在，各类事故隐患和安全风险交织叠加，交通、建筑、采矿等方面安全事故多发，安全生产面临的形势较为复杂。2021 年，湖南省发生各类生产安全事故 1484 起，死亡 1579 人，超过了全国平均水平。其中长沙市 1~3 月就发生生产安全事故 61 起、死亡 61 人、受伤 27 人、直接经济损失 3900 万元。② 2022 年 4 月 29 日，长沙居民自建房倒塌事故造成 53 人死亡，更是引发了民众对公共安全的担心。

4. 经济和社会领域矛盾纠纷影响了社会的和谐稳定。在生产经营、土地权使用、就业安置、养老保险、生态环保等领域，因矛盾纠纷引发的上访、群体性事件仍是影响社会和谐稳定的重要因素。例如，在生产经营中，因企业资金链断裂、减产破产、产业政策结构调整、行业收入锐减、合同纠纷、经营不善或面临倒闭导致企业难以兑付员工工资，特别是企业受"新冠"疫情的影响较大，减产减收情况严重，进一步增加了企业的经营困难。在产业园区规划建设中因补偿标准、拆迁安置、工程纠纷等问题和周围居民引发的矛盾纠纷等治安稳定风险依然存在。据司法厅公布的消息，2021 年截止到 11 月 5 日，湖南省各级调解组织化解矛盾纠纷 20.5 万件，其中重大矛盾纠纷 1.3 万件，邻里纠纷 5.1 万件，合同纠纷 1 万件，生产经营纠纷 4900 余件，物业纠纷 2500 余件，涉及农民工纠纷 3900 余件，调解成功率 98.2%。③ 这组数据从侧面反映了湖南省在经济社会发展、民生领域存在的矛盾纠纷不容忽视。

5. 政法队伍能力素质不能适应平安湖南建设的要求。高素质法治队伍是平安湖南建设的重要保障。政法队伍能力素质跟不上新时期政法工作发展的需要是制约更高水平平安建设的重要因素。随着社会发展的转型，平安建设的重心已经由过去的打击、惩治违法犯罪向预防违法犯罪、公共安全服务和风险防控转型。政法干警在法律素养、政策意识、业务水平、管理能力等方面与平安建设要求还存在较大差

① 陶琛：《湖南通报 2021 年涉毒犯罪专项审判工作情况》，https：//baijiahao. baidu. com/s？id=1721427023892420565&wfr=spider&for=pc，2022 年 1 月 9 日。

② 《长沙市应急管理局，长沙市安全生产委员会办公室关于 2021 年 1~3 月全市生产安全事故情况的通报》，http：//cssafe. changsha. gov. cn/zfxxgk/fdzdgknr/cssaj_ tjsj/202104/t20210415_ 9886098. html.

③ 《"小事不出村、大事不出镇" 今年湖南省各级调解组织化解矛盾纠纷 20.5 万件》，https：//baijiahao. baidu. com/s？id=1715560435301801776&wfr=spider&for=pc. 2022 年 11 月 5 日。

距。例如，面对网络信息等新型的违法犯罪，普遍存在防范、侦查、打击能力不够的问题；面对矛盾纠纷，不少政法干部存在不懂群众心理，不懂群众诉求，不会做群众工作现象；在社区管理中，政法干警对社区存在的风险缺乏识别、研判、防范、化解能力；由于缺乏相关的专业知识和防范技能，难以为企业提供专业的安全指导和服务，不能准确把握影响社会稳定的重大风险。

第二节　平安湖南社会实践的内涵

社会实践作为人才培养的一种重要方式，旨在培养学生了解社会、发现和解决社会问题的能力，培养学生的社会责任感，促进学生身心健康发展和能力素质的全面提升，为社会培养德智体美劳全面发展的社会主义建设者和接班人。“平安湖南社会实践”课程的任务是开展大学生思想政治教育和培养学生的专业能力，通过引导和教育政法、公安院校大学生参与平安湖南建设实践，运用理论知识和专业技能服务湖南平安建设，并在实践中锻炼本领、增长才干。

一、平安湖南社会实践的含义

（一）社会实践的概念

社会实践是指人类能动地改造自然和改造社会的全部活动。社会实践活动作为人才培养的一种方式，是学生在教师的指导下，参与社会活动，理解知识、发展技能、提升能力的过程。社会实践在培养学生能力，塑造学生人格方面发挥着重要作用，其核心就是在社会的变化中把握思想价值观念，塑造个体价值的社会认同，进而在新的实践中推动社会的变革。[①] 大学生社会实践是高等学校有组织、有计划且带有持续性特点的育人活动，包括学生假期实习或校外学习、生活体验和工作见习等活动，是学生理解世界和自我的重要途径。在社会实践活动中，大学生走出校园，利用所学的理论知识服务社会或参与生产劳动的活动，有助于大学生加深对本专业的了解，提高专业技能，增强就业竞争优势，并为走向社会、参加工作做准备。

（二）平安湖南社会实践的内涵

平安湖南社会实践是指大学生利用暑期或者课余时间，参与平安湖南建设行动，将理论知识服务平安湖南建设，提升自身综合素质和专业能力的活动。一方面，大学生通过参加社会治安综合治理、市域社会治理、县域警务实践、扫黑除

---

① 刘伟：《马克思主义哲学视阈中的社会实践价值理论探索》，载《南昌教育学院学报》2014 年第 6 期。

恶、禁毒、反电信诈骗、交通安全宣传、社会治安整治行动等平安建设工作，深化对社会治安治理、公共安全理论知识的学习，更好地了解湖南社会治安形势，增强对平安创建工作的认识，激发学生对理论知识和专业技能学习的兴趣，提高专业能力；另一方面，通过暑期的“三下乡”“科技服务”“社会调查”等活动，利用在学校学习的理论和专业知识，走入社会开展法律咨询、治安调查宣传、交通安全教育、禁毒宣传等公共安全服务活动，实现第一课堂和第二课堂的有机衔接，为平安湖南建设作出贡献。

二、平安湖南社会实践的属性

平安湖南社会实践作为高等学校人才培养的一种重要方式，具有社会实践课程的一般属性，其任务是培养学生的专业实践能力，引导和教育政法、公安院校大学生参与到更高水平平安湖南建设的实践中去，运用理论知识和专业技能服务平安湖南建设，并在实践中锻炼本领、增长才干。

（一）平安湖南社会实践属于实践教学的内容

实践教学主要包括课程实践教学、专业实践教学和社会实践教学三种形式，分别对应大学生的课程教学需求、专业教学需求和社会认知需求。课程实践教学主要包括实验、实训等教学形式，更多地体现为一种知识验证性实践。专业实践教学主要包括专业实习、毕业论文（设计），以职业体验为核心目标，提升学生对专业知识的理解，帮助掌握熟练的专业技能。社会实践教学将大学课堂切实延伸到社会中去，面对真实社会环境进行理论与实践的磨合和转化，有利于培养学生的应用性、操作性技能，提升专业实践能力，更好地对接职业需求。

（二）平安湖南社会实践属于思想政治教育的形式

中共中央、国务院在《关于进一步加强和改进大学生思想政治教育的意见》中明确指出：“社会实践是大学生思想政治教育的重要环节，对于促进大学生了解社会、了解国情，增长才干、贡献社会、锻炼能力、培养品格、增强社会责任感具有不可替代的作用。”青年大学生是推动历史发展与社会进步的重要力量，是国家十分宝贵的人才资源，是祖国的未来，是党和人民实现百年“中国梦”的希望。大学生社会实践是高等学校有组织、有计划、有目的的社会教育活动。中宣部、教育部、团中央等部门根据社会主义建设和大学生思想政治教育的需要，规定全国各高等学校每年都要组织学生进行社会实践活动。大学生社会实践活动每年都有不同的主题，如以“三下乡”为代表的高校暑期社会实践优秀典型的评选活动，主要内容和形式包括：“科技、文化、卫生三下乡”活动，“青年志愿者”政策宣讲、教育帮扶、社会服务、环境保护、勤工俭学活动等。大学生社会实践可以拓宽学生的活动空间，增长见识、增强本领，提升个人综合素质和实际工作能力，有利于大学生正确认识自己，能看到自己和社会需求之间的差距，看到自身知识和能力上存在的不足，从而重新认识和评价自我，摆正个人在社会中所处的位置，进一步增强学生建功新时代的社会责任感和使命感。

三、平安湖南社会实践的特点

平安湖南社会实践是湖南省高等学校教育教学的第二课堂，是大学生社会实践的重要组成部分，也是社会管理和法治人才培养的重要途径。平安湖南社会实践涉及的范围广，内容丰富，形式多样，具有以下几个方面的特点。

（一）教育双重性

社会实践既有学校教育的属性，又有社会教育的属性，它是理论联系实际的基本途径，将第一课堂与第二课堂有效连接在一起。一方面，平安湖南社会实践要求学生通过在校学习，掌握社会管理、公共安全、安全防范、风险防控等基本理论知识和专业技能，用理论知识指导实践，更好地走向社会、服务社会。另一方面，社会实践教学应与课堂教学同步进行，让学生参与到湖南平安建设的各项行动中去，通过接触、了解社会，切实感受社会治安形势，发现社会治安问题，增强维护社会稳定的使命感，自觉承担其维护社会治安的职责任务，并在解决社会治安问题、化解公共安全风险的实践中提升自身的工作能力和素质。

（二）开放灵活性

平安湖南社会实践内容的广泛性、丰富性决定了实践类型、方式的开放性和灵活性。平安是人民群众最朴素的愿望和需求，平安湖南建设涉及社会治理的方方面面，需要全社会的广泛参与，具有较强的开放性，为大学生实践提供了广阔的空间和舞台。学生可以根据自身的爱好兴趣，利用暑期深入社区、乡村、学校、企业等地开展形式多样的平安创建活动，既可以以个体的形式参加社会调查、政策宣讲、创新研究等，也可以以团队的形式组织治安宣传、安全防范、技术服务等“三下乡”或“志愿服务”活动，还可以通过参加科技创新研究，服务智慧平安建设。学校和大学生均可以根据时代需要和社会实际进行灵活选择。

（三）协同合作性

个人的力量是有限的，干事创业离不开人与人之间的合作。团队实践是平安湖南社会实践的主要形式。团队实践需要在学院团委的统一组织和学科老师的指导下通过集体合作的方式进行，如平安志愿者服务团队、社会调查团队、科研创新团队、安全服务团队等。有的团队实践还要求不同学校之间、院系之间、不同学科教师之间，以及社会组织、机构、人员之间相互配合，也需要家长的支持和帮助，在家庭、学校、社会之间形成合力，协同完成实践任务。通过团队协同配合，有利于实现学生之间的优势互补，提高社会实践的工作效率。通过成员间的相互交流、成果分享，激发团队成员的动力，提高团队成员的凝聚力和归属感，也有利于培养大学生的人际交往能力和团队合作精神。

（四）学生自主性

青年大学生是参与平安湖南实践的重要主体。平安湖南社会实践作为大学生自主学习、自我教育、自我管理的一项教育活动，为大学生提供了一个接触社会、认识自我、提升能力的有效平台。大学生社会实践特别重视学生主观能动性的发挥，引导学生认识自身在知识学习和能力方面的优势和不足，帮助他们架起理论知识与社会现实之间的桥梁。平安湖南社会实践要求大学生以一种开放的态度，自我选择的方式参与到平安湖南建设的行动中，提高学生自主发展的内驱力。在学校的统一安排下，学生既可以以团队的形式参加实践活动，也可以独自参加平安湖南建设的社会实践。通过社会调查了解社会治安形势，研究影响公共安全、社会治安和社会稳定的因素及其解决方案，为公共安全科技创新、智慧平安建设贡献自己的力量。

（五）内容特定性

平安湖南社会实践是提高大学生平安意识、安全防范技能、科技创新能力的重要育人方式。平安湖南社会实践要求高等学校和大学生准确把握社会治安形势的变化和发展规律，主动回应新时期广大人民群众对平安的期待、安全感的关切和公平正义的诉求，参与到平安建设的具体实践中。作为新时代大学生，要以省委、省政府关于防范化解经济领域风险、社会稳定风险、公共安全风险与网络安全风险等工作部署为主要内容开展社会实践活动。让大学生自觉承担起维护国家和社会安全稳定的责任和使命，在平安湖南建设中提升自身综合素质，实现个人发展与社会价值的有机统一。

四、平安湖南社会实践的意义

培养有理想、有道德、有文化、有纪律的社会主义合格建设者和可靠接班人是高等院校的任务使命。平安湖南社会实践为大学生能力的培养、综合素质的提升、促进大学生就业和服务社会提供了广阔的舞台，其价值和意义主要表现在以下几个方面。

（一）是实施素质教育的重要内容

教育的最终目的是要实现学生德智体美劳的全面发展和综合素质的提升。综合素质包括学生的思想政治、道德修养、理论知识、艺术素养、劳动技能和身心健康等方面。社会实践能力是大学生综合素质的重要方面。平安湖南社会实践通过让学生参与各类平安创建活动，帮助他们完成专业知识的聚合与整合，理论与实践的结合，实现思想和观念的创新，学习能力和综合素质的提升。政法、公安高等院校学生通过参加社会治安防控、治安综合治理、扫黑除恶行动和市域社会治理行动的实习、调研、志愿服务等平安建设活动，可以更好地了解自身的职责使命，提高分析判断能力、行政管理能力、现场执法和矛盾纠纷调处等实践能力。在社会实践中能够接触、了解政法战线的英雄模范人物，学习他们的先进事迹、优秀品质，帮助他们深化对社会主义核心价值观和职业道德的认识。

（二）有利于提升专业实践能力

实践是教育之要。对于高等教育而言，社会实践是课堂教学的延伸和补充。课堂理论教学比较系统完整，但也相对抽象化、概念化，唯有结合实践才能更好地为大学生所接受、消化。理论学习和社会实践相结合，更容易被理解、巩固和运用，并将其转化为实际工作能力。平安湖南建设涵盖了社会治安治理、风险防控、公共安全工作的方方面面，平安湖南创建工作与政法、公安院校学生专业能力要求高度契合，涉及社会治安管理、刑事案件侦查、交通秩序管理、毒品防范宣传、风险识别防范、治安宣传教育等课程知识。学生通过参与社会治安综合治理、扫黑除恶斗争、严打整治斗争、社会治安防控、基层社会治理等平安建设，可以深化对平安创建的认识，并在公共安全服务实践中不断磨炼自己，提高自身的专业实践能力。

（三）促进学生就业的重要举措

中共中央、国务院《关于进一步加强和改进大学生思想政治教育的意见》指出，要积极探索和建立社会实践与专业学习相结合、与服务社会相结合、与勤工助学相结合、与择业就业相结合、与创新创业相结合的管理体制，增强社会实践活动的效果。平安湖南建设是在坚持党委领导、政府负责、社会协同、公众参与、法治保障原则下的社会治安治理方式的创新与实践，需要政府、社会组织、人民团体以及广大人民群众包括青年大学生的积极参与，形成共建共治共享的良好局面。平安湖南社会实践可以让大学生提前了解社会，发现自身在知识和能力方面的不足，及时调整课程学习内容、完善知识结构，有针对性地进行对平安建设所需知识和技能的学习和训练，进一步明确职业发展目标，为在平安建设单位就业打下良好的专业基础。

（四）是学生服务社会的重要途径

服务社会是高等学校的基本职能，培养服务社会的人才是高等教育的重要使命。2021 年 12 月，习近平总书记在平安中国建设表彰大会上指出："进一步发挥人民群众的主体作用，搭建群众参与平安建设的平台和载体，充分发挥保安员、网格员、义警、平安志愿者等群防群治力量的作用，强化全社会广泛参与平安建设的激励保障。"大学生是人民群众的一员，是国家最为宝贵的人力资源，是服务湖南经济社会发展和平安创建的重要力量。平安湖南社会实践给大学生提供了一个参与社会治安服务的舞台，起到了学校与社会之间的桥梁作用。学生可以利用自身所学的理论知识开展社会治安调查、治安防范宣传等社会管理服务工作，也可以运用科技创新成果服务公共安全建设，为建设富饶美丽平安和谐稳定的新湖南作出应有的贡献。

【实践案例】

爱满童心——关注乡村儿童心理健康，守护童心关爱成长

7月18日~7月27日，广东工业大学法学院“爱满童心，携手童行”团队前往湖南省怀化市靖州县藕团乡开展社会实践活动。在活动前期，团队成员通过访谈村委、走访村民、探访部分儿童以全面了解当地乡村儿童的心理健康情况与相关活动开展情况。在此基础上，团队结合社会工作专业知识，为乡村儿童开展了主题为“相信自我，勇赴未来”的小组活动，从认识自身优势、了解情绪、管理情绪、自我表达等多方面帮助乡村儿童提升心理健康水平，切合当地儿童需要。通过寓教于乐的形式传递知识，深受当地儿童喜爱。团队成员在实践中提升了专业知识应用水平与社会责任感。

团委老师推荐语：爱满童心团队在实践活动中践行青春之志，深入基层、服务社会，在社会课堂中“受教育、长才干、作贡献”，以实际行动推动乡村儿童心理健康水平的提高，助力乡村振兴。

（来源：微博HTML5版，中国共青团杂志，2022年9月13日推送）

第三节　平安湖南社会实践的基本理论

教育是人类社会特有的现象，是一种有目的地培养人的社会活动，它的目的在于影响和促进人的发展，培养人的实践意识和实践能力。[①] 为社会主义社会培养合格的劳动者是高等教育的基本任务。生产劳动既是教育的目的，也是培养人的重要手段，是高等教育的重要组成部分。大学生社会实践有着特殊的历史发展背景和重要的现实教育价值，是人才培养的重要途径。教育与生产劳动相结合、人在实践中成长发展和人的社会化理论是社会实践教育的重要理论基础。

一、社会实践的认识论

（一）社会实践的概念

“实践”一词源于古希腊，是指“行为”或“活动”。[②] 实践作为一个哲学概念，是人们能动地改造客观世界的活动。在中国，往往与理论相对应地进行理解，即“知”与“行”的关系。任何行为都有其目的。马克思主义认为，实践是指人类有目的地探索和改造世界的一切社会物质活动，人类的生产活动是最基本的实践形式，是决定其他一切活动的东西。实践是检验真理的唯一标准。毛泽东同志在《实践论》中指出：“抓着了世界的规律性的认识，必须把它再回到改造世界的实践中去。”可见，真理需要在实践中予以反复验证，实践是人们认识和掌握真理的源泉。

社会实践既是一个哲学的概念，又属于教育理论的基本范畴。社会实践作为一种重要的人才培养方式，是指大学生在学习理论知识的基础上，从学校走出来，主动接触和了解社会，参加考察、调查、服务等社会活动。社会实践作为一种实践教学的形式，是一项有组织、有计划的教育教学实践活动，在培养学生能力、塑造学生人格方面发挥着重要作用。通过社会实践，让学生更好地理解世界和认识自我，在应用知识服务社会的同时，不断提升自身的社会认知能力，增强社会交往沟通能力，提高综合素质和专业技能。

（二）社会实践的价值与功能

1. 社会实践是大学生认识的重要来源。人们的社会存在，决定人们的思想。人的认识依赖于实践，又反作用于实践。人们的认识经历一个由浅入深，由片面到

---

① 赵本纲：《大学生社会实践的核心价值体系教育功能的相关理论阐述》，载《社科纵横》2017年第10期。

② 黄正华：《实践的含义及其使用界限》，载《理论与评论》2019年第4期。

全面，由低级向高级的发展过程，而这一过程离不开社会实践活动。人们在生产、生活、科学实验、阶级斗争和社会服务的社会实践中形成并得到的认识，再经过反复的实践活动由感性认识逐渐飞跃到理性认识，形成对客观事物的规律性认知，从而获得认识和改造世界的方法。马克思主义认为："人类的生产活动是最基本的实践活动，是决定其他一切活动的东西……一切这些知识，离开生产活动是不能得到的。"大学生通过参与社会实践可以深入了解社会，掌握第一手资料和素材，提升对社会的认识。

2. 社会实践是大学生认识发展的重要途径。马克思说："理论一经掌握群众，也会变成物质力量。"理论是改造社会、改造世界的物质力量，而社会实践则决定理论来源的正确性、科学性和可靠性。人们在认识的过程中，由对事物的现象、片面、外部联系的感性认识，上升到对事物的本质、全体、内在联系的理性认识，进而产生了概念，这是认识的第一个飞跃。从理性认识到革命实践的飞跃是认识的第二次飞跃。马克思、恩格斯在对资本主义社会生产关系深入研究的基础上，科学地揭示了人类社会发展的客观规律，世界无产阶级革命和斗争的实践推动社会向前发展，也充分证明了马克思主义社会实践理论的科学性。大学生通过社会实践，将理论知识与社会实际相结合，可以进一步深化对理论知识的认识，并将理论具体服务于实践，实现对理论的再认识和升华。

3. 社会实践是大学生获得真理的根本方式。马克思主义者认为，真理的标准只能是实践。实践的观点是辩证唯物论的认识论的基本观点。认识只有在社会实践中取得了预想结果，才能被证实。实践中出现失败或错误，则说明主观与客观是不一致的，需要进一步改进认识。辩证唯物论把实践置于第一位，不仅因为认识来源于实践，更是因为实践是检验、认识真理性的唯一标准。大学生只有坚持走向社会、融入社会，在生产劳动中不断地使自己的认识符合客观情况的变化，在社会实践中不断调整和改变不符合实际的认识，不断保持认识与实践的一致性，才能防止脱离实际，获得真理性的认识。

4. 社会实践是大学生价值实现的重要途径。现实的个人是以一定的方式进行生产活动的个人。人是实践的主体，实践活动具有主体性。实践是人们为着满足一定的需要而进行的能动改造和探索物质世界的活动①。社会实践具有客观性、能动性和社会性，社会生活本质上是实践的，它改造了自然界、社会和人类自身。党的路线和政策来自群众的实践，又指导群众的实践，并在群众实践中得到检验、实现和发展。党的从群众中来，到群众中去的群众路线为实践主体提供了广阔的舞台和空间，大学生作为社会的生力军，是国家的未来、民族的希望，只有通过深入群众、走进社会，从事社会服务和劳动生产，才能创造财富和价值，为社会作出贡献，从而实现自己的人生价值。

---

① 《马克思恩格斯选集》（第一卷），人民出版社 1995 年版。

【拓展阅读】

马克思以前的唯物论，离开人的社会性，离开人的历史发展，去观察认识问题，因此不能了解认识对社会实践的依赖关系，即认识对生产和阶级斗争的依赖关系。

首先，马克思主义者认为人类的生产活动是最基本的实践活动，是决定其他一切活动的东西。人的认识，主要地依赖于物质的生产活动，逐渐地了解自然的现象、自然的性质、自然的规律性、人和自然的关系；而且经过生产活动，也在不同程度上逐渐地认识了人和人的一定的相互关系。一切这些知识，离开生产活动是不能得到的。在没有阶级的社会中，每个人以社会一员的资格，同其他社会成员协力，结成一定的生产关系，从事生产活动，以解决人类物质生活问题。在各种阶级的社会中，各阶级的社会成员，则又以各种不同的方式，结成一定的生产关系，从事生产活动，以解决人类物质生活问题。这是人的认识发展的基本来源……

［来源：毛泽东：《实践论》（节选），1937 年 7 月］

二、教育与生产劳动相结合理论

（一）生产劳动的理论内涵

马克思主义关于人的全面发展学说认为，人的发展是和社会生产的发展，保持步调相同的。[①] 社会实践是教育与生产劳动相结合的重要形式，也是马克思主义关于人的本质、人的全面发展的题中之义。生产劳动对促进大学生的全面发展具有重要意义，是大学生社会实践教育的重要理论来源。

1. 生产劳动的概念。生产劳动是指发生在人与自然界之间的活动，是一种以参与物质资料生产或提供劳动服务为形式，满足社会需求的实践活动。生产劳动的实质是通过人的有意识、有目的的活动来调整、控制和改造自然界，使之发生物质变换，即改变自然物的形态或性质，为人类的生活和自己的需要服务。生产劳动是人类运动的一种特殊形式，也是人类最原始、最基本的社会实践形式。在商品生产体系中，劳动是劳动力的支出和使用。马克思指出：“劳动力的使用就是劳动本身。劳动力的买者消费劳动力，就是让劳动力的卖者为其提供劳动。”[②] 生产劳动是人类社会生存和发展的基础，主要是指生产物质资料的过程，通常是指能够对外输出劳动量或劳动价值的人类活动，劳动是人维持自我生存和自我发展的唯一手

① 邹广文、沈丹丹：《社会主要矛盾的演变与人的存在方式——一种基于历史唯物主义视角的考察》，载《马克思主义与现实》2019 年第 1 期。

② 马克思：《资本论》（第一卷），人民出版社 1975 年版。

段。按照传统的劳动分类理论，劳动可分为脑力劳动和体力劳动两大类。

2. 生产劳动的作用。从哲学高度看，生产劳动是主体、客体和意义的内涵集成体，其本质是人类的实践活动。劳动是人类适应和改造自然的独特方式。生产劳动能力和实践活动能力构成了人类改造自然的生产力，即人类征服自然、改造社会和塑造自我的能力，归根结底，是人类的本质力量在历史中的全部展开。[①] 恩格斯在《劳动在从猿到人转变过程中的作用》中指出，劳动是一切财富的源泉。但是劳动的价值还远不止如此，它是整个人类生活的第一个基本条件，而且达到这样的程度，以致我们在某种意义上不得不说：劳动创造了人本身。[②] 恩格斯的这一价值判断深刻诠释了劳动在实践中的地位和作用。

（二）生产劳动的教育价值

从教育的质的规定性来看，教育是一种社会现象，它产生于社会生活的需要，而归根到底产生于生产劳动，生产劳动与教育相结合是马克思主义教育观、劳动观理论的重要组成部分。

1. 生产劳动是教育的目的。著名教育家陶行知认为，教育的目的在“谋求手脑相长，以增进自立能力，获得事物之真知及了解劳动之甘苦”，将教育与生产劳动、社会生活相联系，才能实现教育的“知行合一”。[③] 早在 1978 年，邓小平在《在全国教育工作会议上的讲话》中指出，教育应该为社会主义建设服务，应该使受教育者在德育、智育、体育几个方面都得到发展，成为有社会主义觉悟的有文化的劳动者。现代经济和技术的迅速发展对生产劳动能力提出了更高的要求，需要更多的既掌握扎实理论知识，又懂得实践操作的劳动技术型、社会服务型人才。这就要求教育必须与生产劳动结合，并在内容、方法上不断创新和发展。劳动教育是以劳动为纽带，让学生通过运用手、脑、劳动工具与真实世界相连接，并通过反思，达到促进学生身心全面发展的育人目的。[④]

2. 生产劳动是教育的重要方式。劳动教育具有谋生性和超越性的功能。[⑤] 通过“教学做合一”的劳动教育方式可以促进人的全面发展，培养德智体美劳全面发展的社会主义劳动者。正如列宁在《俄共（布）党纲草案》中所说：“没有年轻一代的教育与生产实践劳动相结合，未来社会的理想是不能想象的：无论是脱离生产劳

---

① 许光伟：《广义生产力理论与马克思主义劳动价值论理论基础的重建——一个综述马克思主义劳动价值论的分析框架》，载《生产力研究》2003 年第 2 期。

② 马克思、恩格斯：《马克思恩格斯选集》（第三卷），人民出版社 1995 年版。

③ 陶行知著：《陶行知全集》（第三卷），四川教育出版社 2009 年版。

④ 刘祥玲：《高校以服务学习课程开展劳动教育的路径探析》，载《中国高教研究》2020 年第 10 期。

⑤ 徐乐乐：《劳动教育是什么?》，载《广西师范大学学报（哲学社会科学版）》2021 年第 2 期。

动的教学和教育，或是没有同时进行教学和教育的生产劳动，都不能达到现代技术水平和科学知识现状所要求的高度。”劳动教育课程以学生掌握劳动知识与技能为目的，以提升学生劳动素养、培育劳动精神和形成正确的劳动价值观为核心，通过与其他学科融合以及社会实践等形式，可以充分发挥劳动教育在树德、增智、强体、育美方面的综合育人价值，促进人的全面发展。①

3. 劳动教育是中国的基本教育制度。1958 年 9 月，中共中央发布了《关于教育工作的指示》，明确了党的教育方针是：教育与生产劳动相结合，实现教育为无产阶级的政治服务，多快好省地发展教育事业，坚持“半工半读”“两种教育制度、两种劳动制度”的“两条腿走路”的方式。② 改革开放后，我国始终把劳动教育纳入人才培养的全过程，贯通大中小学各学段，将其作为培养社会主义建设者和接班人的精神面貌、价值取向和技能水平的重要方面。根据不同时期经济社会发展变化和学生生活实际，积极探索具有中国特色的劳动教育模式，创新劳动教育体制机制，注重教育实效，实现知行合一，促进学生形成正确的世界观、人生观、价值观。2018 年 9 月，习近平总书记在全国教育大会上的讲话中指出：“劳动可以树德、可以增智、可以强体、可以育美。要采取适应当前环境和条件的有效措施，加强劳动教育，组织好形式多样的劳动实践，让学生在实践中养成劳动习惯，学会劳动、学会勤俭。”2020 年 3 月 20 日，中共中央、国务院出台的《关于全面加强新时代大中小学劳动教育的意见》指出：“劳动教育是中国特色社会主义教育制度的重要内容，要把劳动教育纳入人才培养全过程。”

【拓展阅读】

教育与生产劳动相结合是培养全面发展人才的重要途径。各级各类学校要从实际出发，加强和改进对学生的生产劳动和实践教育，使其接触自然、了解社会，培养热爱劳动的习惯和艰苦奋斗的精神。建立青少年参与社区服务和社区建设的制度。中小学要鼓励学生积极参加形式多样的课外实践活动，培养动手能力；职业学校要实行产教结合，鼓励学生在实践中掌握职业技能；高等学校要加强社会实践，组织学生参加科学研究、技术开发和推广活动以及社会服务活动。利用假期组织志愿者到城乡支工、支农、支医和支教。社会各方面要为学校开展生产劳动、科技活动和其他社会实践活动提供必要的条件，同时要加强学生校外劳动和社会实践基地的建设。

（来源：中共中央、国务院《关于深化教育改革，全面推进素质教育的决定》，1999 年 6 月 13 日）

---

① 张珍珍：《陶行知劳动教育思想及时代意蕴》，载《巢湖学院学报》2021 年第 5 期。

② 纪志耿：《教育必须和生产劳动相结合——新中国成立初期党的教育思想及其当代价值》，载《学理论》2015 年第 34 期。

三、在实践中成长发展理论

（一）社会实践与青少年成长的关系

教育的目的是要让青少年成长成才，而人的成长与发展离不开社会实践。坚持理论学习与社会实践相统一，让学生走出校门、走向社会，向实践学习、向人民群众学习，是大学生成长成才的必由之路。马克思在《资本论》中深刻指出，生产劳动同智育和体育相结合，它不仅是提高社会生产的一种方法，而且是造就全面发展的人的唯一方法。社会实践可以让青年学生从实践中获得感性认识，把感性认识上升到理性认识，再把理性认识付诸实践，从而促进自己的提高和发展。青年只有在社会实践中不断探索、勇于实践，才能出真知、长才干，实现德智体美劳的全面发展，更快地成长成才。

（二）社会实践符合青年成长发展规律

大学生社会实践活动以青年大学生为主体，具有自身的特殊属性。大学阶段的学习与中学阶段相比，学习方式、学习容量以及学习目标都发生了较大的变化。在学习方式上，大学以自学为主，学生有充分的可以自由支配的学习时间，有更多的时间和条件接触、了解社会；在学习内容上，大学既有人文社科知识的学习，又有自然科学的学习，既有专业技能的学习，又有兴趣爱好的培养；在学习目标上，大学主要培养自主学习和独立思考问题、分析问题、解决问题的能力，这就需要走进社会发现真问题，同时在实践中探索问题解决的方式，促进自身能力的培养。社会实践活动内容丰富，形式多样，学校可以根据大学的不同阶段和完成学习任务的不同需要，有针对性地组织开展社会实践，为毕业以后走向社会，从事科学研究、物质资料生产、社会服务或者就业打下良好的基础。

（三）社会实践可以促进青年的综合发展

社会实践是青年大学生全面系统地掌握知识、提升能力、锤炼品格、了解社会、成长为社会需要的高素质复合型人才的必要途径。康德将实践分为两种：一种是“按照自然概念的实践”，即生产技术意义上的实践；另一种是“按照自由概念的实践”，即道德意义上的实践。社会实践包括道德实践、生产实践和交往实践等多个方面。通过社会道德实践，可以增进对国家法律、社会制度、社会公德的理解，进一步强化对社会主义核心价值观的认识，增强劳动观念和服务理念。通过生产实践，可让学生将理论知识与生产劳动相结合，创造社会财富和价值，提升业务技能。通过交往实践，可以进一步了解社会心理、社会心态，促进与人民群众的交往，增进与人民群众的感情，提升对社会的认识能力和水平。可见，社会实践活动也是大学生对未来社会生活、工作方式与学习方式的一种预演，毕业后可以更快地适应社会、服务社会。

四、人的社会化理论

（一）社会化是人的本质要求

人的本质是人的社会化理论的核心思想，也是社会实践教育的直接理论依据。马克思在《1844年经济学哲学手稿》中提出了劳动、自由自觉的活动是人的本质的科学论断。他深刻指出了人的本质问题的最直接概念：“人的本质不是单个人所固有的抽象物，在其现实性上，它是一切社会关系的总和。”① 可见，人的本质体现在人的社会属性上。人是社会的人，社会也是人的社会。人的一切实践活动总是在一定的社会关系中进行。人的社会化是个体从“自然人”发展成为“社会人”，不断认识社会、适应社会、融入社会并积极作用于社会的过程。人在社会化过程中，不断实现经济、政治、法律、教育、道德等内容的社会化。

（二）人的社会化理论内涵

马克思、恩格斯曾指出，“既然是环境造就人，那就必须以合乎人性的方式去改造环境。既然人天生就是社会的，那他就只能在社会中发展自己的真正的天性；不应当根据单个个人的力量，而应当根据社会的力量来衡量人的天性的力量”。人的社会化是个人被动接受和能动选择社会的文化教化以实现自己的社会性的人生发展的过程。人的成长可以分为两个方面：生理成长和社会成长。生理成长，是指人从出生到死亡经历的婴幼儿、少年、青年、壮年、老年等不同阶段。社会成长，是指一个人从最初自然的生命个体转变为社会人的过程，即人的社会化过程。人的社会化是国家、学校和行业、企业等社会力量通过各种教育方式，使自然人逐步学习社会知识、技能和规范，从而形成自觉遵守与维护社会秩序的价值观念和行为方式，取得社会人的资格的过程。② 学生从学校步入社会，需要完成从一个受教育者到掌握一定本领、从事生产劳动和社会服务，为社会作贡献的社会角色转变。

（三）社会化的基本内容

社会化在社会和人的发展过程中起着非常重大的作用。社会化的目的就是生存和发展。③ 人的社会化有三个方面的内容：其一，从文化的角度看，社会化是一个文化传递、延续和熏染的过程，社会化的实质是人对于文化的内化。④ 其二，从个性形成的角度来说，社会化是一个人个性形成和发展的过程，社会人就是经由社会

---

① 和雪梅：《人的本质与高职院校思想政治教育社会化》，载《思想政治研究》2021年第6期。

② 《中国大百科全书·社会学卷》，中国大百科全书出版社1991年版。

③ 周晓虹著：《现代社会心理学》，上海人民出版社1997年版。

④ 陆洋：《人的社会化：自我控制的社会生成和心理生成》，载《西南民族大学学报》2017年第5期。

化过程而形成有个性的人。其三，从社会结构的角度来分析，社会化过程是一个角色学习过程，社会化就是使人变得具有社会性，具有维持和发展社会结构的功能。社会化过程能促进人适应社会角色规范，为踏入社会、适应工作岗位做好准备。社会化能使人在社会文化浸染、道德规范约束、生产生活实践中逐渐形成正确的自我观念、掌握基本的生存技能、承担起自身的社会责任。

（四）社会实践对社会化的作用

马克思在《德意志意识形态》中指出："人创造环境，同时环境也创造人。"① 学校和社会是大学生社会化的重要场所，大学生社会实践活动在帮助大学生完成社会化过程中有着不可替代的作用。具体表现在以下几个方面。

1. 大学生社会实践可以促进学习。人的社会化是社会化对象主动学习的过程，如果没有这种主动性，社会化效果就会大打折扣。② 我们生存所依赖的一切外部环境都是人类实践活动的表现和结果，人想要生存首先要从事生产实践，正是在满足人类基本生存需要的生产实践中、在人与自然的能量交换之中，实现了人对自然的改造，对社会的改造以及人对自身的改造。社会实践既是知识的目的，也是知识的来源。社会实践可以看成是一种以学习、应用和创新知识为基本特征的实践性学习，通过社会实践活动，学生在实地进行调查研究或者进行相关技能操作后，可以更好地了解自己的学习能力和兴趣，并愿意学习、乐意学习。

2. 大学生社会实践可以增强社会责任感。学生的社会化成长包括学业的深化、职业精神的培养和社会责任感的认知。社会责任感是个体社会化的重要内容，拥有良好的社会责任感能够使个人在社会生活中有正确的行为，对个体社会行为起着引导、调节和支持的作用。③ 高校教学的重要目标之一是培养大学生的社会责任感。感觉和思想是社会生活的产物，社会生活变化，感觉和思想也变化。④ 社会实践则是培养大学生社会责任感的重要途径和必要手段。大学生正处于价值观尚未成熟、思想和情绪缺乏稳定性的阶段，是形成社会责任感的关键时期，结合专业知识进行社会实践能帮助大学生形成对专业知识和职业价值的良好感知，有利于培养职业认同、强化责任担当。

3. 大学生社会实践可以促进工作技能提升。掌握生产和劳动技能是一个人社会化的基本要求。当今社会对劳动者的素质和技能要求越来越高，甚至将工作经历作为入职的重要条件。大学生社会实践教育的开展源于两个方面的因素：一是因为

---

① 《马克思恩格斯全集》（第三卷），人民出版社 1960 年版。

② 白楠楠：《基于人的社会化理论培养大学生的社会责任感》，载《黑龙江高教研究》2018 年第 1 期。

③ 陈贤博：《个体社会化理论视角下职业院校校企合作的价值、困境及出路》，载《职业教育》2021 年第 29 期。

④ 中共中央文献研究室：《毛泽东哲学批注集》，中央文献出版社 1988 年版。

大学生所接受的主体教育过程是在学校这个相对封闭的环境下完成的，有脱离社会实际的弊端；二是因为大学生走出校门、踏入社会，需要掌握工作技能和服务社会的本领。社会实践把大学生直接引入社会生活，走进企业、矿山、工地、社区和农村，将科学知识与生产劳动相结合，将理论知识与国情、社情和民情结合，更好地掌握生产技能、工作方法，进一步提升能力素质，为今后的工作打下坚实的基础。

第四节　平安湖南社会实践的依据、原则和方法

中国自古以来就重视以“知行合一”“学以致用”为核心思想的劳动实践教育，形成了“经世致用、崇尚实践”的治学传统。荀子曾说：“见之不若知之，知之不若行之”，阐述了劳动实践对于理论学习的重要性。平安湖南建设作为一项群众性创建活动，需要社会协同、公众参与、人人有责、人人尽责。大学生是参与平安湖南建设的重要力量，有知识、有文化、有激情、有干劲，应遵循教育与生产劳动相结合的教育方针，将自身的成长和发展与时代发展和社会需要紧密结合起来，利用好平安湖南建设的各种平台，准确把握平安湖南实践的原则和方法，为创造平安和谐稳定的社会环境作出自己应有的贡献，并在奉献中锻炼自己。

一、平安湖南社会实践的主要依据

平安湖南建设在社会治理现代化理论的指导和不同阶段国家治理方略、政策的推动下，经历了从社会治安综合治理、社会治安防控体系建设到社会治安治理、市域社会治理现代化的转型与升级，不断向更高水平平安湖南建设的目标迈进，促进了湖南经济社会安全有序稳定发展。人才培养应当与时代发展的重大主题和社会主义建设的现实需要相结合，是高等教育的基本要求，也是大学生社会实践的应有之义。教育部《卓越法治人才培养计划 2.0 版》提出，要围绕建设社会主义法治国家需要，坚持“立德树人、德法兼修”，认真践行“明法笃行、知行合一”，找准人才培养和行业需求的结合点，深化高等法学教育教学改革，强化法学实践教育，完善协同育人机制，构建法治人才培养共同体，培育一流法治人才。因此，平安湖南社会实践应根据湖南省委、省政府关于平安、法治湖南建设的决策部署，将平安湖南建设行动作为平安湖南社会实践教学的重要平台，积极引导、动员广大青年学生参与平安湖南建设，并在平安建设的各项行动与具体实践中提升政法工作的能力和水平。

（一）社会治安综合治理

1. 社会治安综合治理的内涵。社会治安综合治理，是指在各级党委和政府的统一领导下，依靠国家机关、企事业单位、社会团体和广大人民群众的力量，各部

门协调一致，齐抓共管，运用政治、经济、行政、法律、文化、教育等多种手段，整治社会治安，打击犯罪和预防犯罪，保障社会稳定。1991 年 2 月 19 日，中共中央、国务院下发的《关于加强社会治安综合治理的决定》指出，社会治安综合治理是解决中国社会治安问题的根本出路，社会治安综合治理的主要目标是社会稳定，重大恶性案件和多发性案件得到控制并逐步有所下降，社会丑恶现象大大减少，治安混乱的地区和单位的面貌彻底改观，治安秩序良好，群众有安全感。1997 年 9 月，党的十五大报告提出将“打防结合，预防为主”作为社会治安综合治理方针。2001 年 9 月，中共中央、国务院《关于进一步加强社会治安综合治理的意见》进一步明确了“打防结合，预防为主”是做好社会治安综合治理工作的指导方针，形成了“打击与防范并举，治标和治本兼顾，重在防范，重在治本”的社会综合治理指导思想。

2. 社会治安综合治理的实践要求。社会治安综合治理的任务是预防和惩治违法犯罪，维护社会治安秩序，维护国家和社会的稳定，保障改革开放和社会主义现代化建设的顺利进行。主要任务包括两个方面：一是打击各种危害社会的违法犯罪活动，依法严惩严重危害社会治安的刑事犯罪分子，采取各种措施，严密管理制度，加强治安防范工作，压缩违法犯罪活动的空间；二是从解决根本问题入手，加强对全体公民特别是青少年的思想政治教育和法制教育，提高文化、道德素质，增强法制观念，鼓励群众自觉维护社会秩序，同违法犯罪行为作斗争。

青年大学生是社会治安综合治理的重要参与力量，可以从以下三个方面开展社会实践活动：一是进行预防、惩治违法犯罪的相关课题研究，开展犯罪调查，剖析犯罪原因，提出预防和治理对策；二是参与纠纷调解、疏导和化解社会矛盾纠纷，消除社会不安定因素；三是参与对违法犯罪人员的教育、挽救、改造和帮扶工作，帮助他们重新回归社会。大学生通过参与社会治安综合治理各项行动，可以进一步加深对违法犯罪的认识，提升对社会治安治理方针、原则和指导思想的理解。

（二）社会治安防控体系建设

1. 社会治安防控体系的内涵。社会治安防控体系，是指公安机关在党委、政府的统一领导下，从维护社会稳定的需要出发，充分发挥治安管理的职能作用，运用各种手段科学整合现有的各种警力和社会资源，运用科学的工作机制，把防范、控制、管理、服务等多种措施有机结合，实现统一指挥、整体联动、快速反应，对社会治安实施全方位动态防控的一项系统工程。2012 年党的十八大报告指出，要深化平安建设，完善立体化社会治安防控体系，强化司法基本保障，依法防范和惩治违法犯罪活动，保障人民生命财产安全。党的十八届三中全会通过的《中共中央关于全面深化改革若干重大问题的决定》明确指出，“加强社会治安综合治理，创新立体化社会治安防控体系，依法严密防范和惩治各类违法犯罪活动。”为了有效解决影响社会安全稳定的突出问题，依法严密防范和惩治各类违法犯罪活动，全面推进平安中国建设，2015 年 4 月 13 日，中共中央办公厅、国务院办公厅印发了《关于加强社会治安防控体系建设的意见》，对治安防控体系建设进行了全面部署，提出了以突出治安问题为导向，以体制机制创新为动力，以信息化为引领，以基础建设为支撑，坚持系统治理、依法治理、综合治理、源头治理，健全点线面结合、网上网下结合、人防物防技防结合、打防管控结合的立体化社会治安防控体系建设方略，全面推进信息化、社会化、立体化治安防控体系建设，保障人民安居乐业、社会安定有序、国家长治久安。

2. 社会治安防控体系建设的实践要求。面对日益复杂的治安形势和社会稳定风险产生的不确定性，治安防控体系作为社会治理创新的重要方面，旨在形成党委领导、政府主导、综治协调、各部门齐抓共管、社会力量积极参与的社会治安防控体系建设工作格局，进一步健全社会治安防控运行机制，织密织牢社会治安防控网，提升社会治安防控体系的法治化、社会化、信息化水平，增强社会治安整体防控能力，使影响公共安全的暴力恐怖犯罪、个人极端暴力犯罪等得到有效遏制，使影响群众安全感的多发性案件和公共安全事故得到有效防范，人民群众安全感和满意度明显提升，社会更加安全安定、和谐有序。

大学生平安湖南社会实践可以从以下三个方面开展：一是作为志愿者参与社会治安防控网络建设。积极参与学校或者户籍所在地的街道、社区或单位组织的治安巡逻，充实重点行业、乡镇（街道）和村（社区）、机关、企事业单位治安防控力量。二是参与社会治安防控科研工作。要围绕社会治安防控的体制、机制、效率和技术问题，开展大学生创新课题研究、大学生挑战杯以及“互联网+”学科竞赛等社会实践活动，积极开展社会治安形势调查，加强互联网、物联网、大数据、云计算和智能传感、遥感、卫星定位、地理信息系统等技术应用于智慧城市、智慧社区和治安防控建设的研究，助力社会治安防控的数字化、网络化、智能化水平提升。三是开展社会治安风险调查研究。针对新形势下违法犯罪特点和公共安全风险发生、发展规律，通过“志愿者”“三下乡”等活动，开展治安风险调查、识别、研判以及治安防范宣传教育活动，提升公众安全防范意识和能力。

（三）社会治安治理现代化

1. 社会治安治理现代化的内涵。社会治理是政府、社会组织、企事业单位、社区以及个人等多种主体通过平等对话、协商合作、沟通等方式，依法对社会事务、社会组织和社会生活进行引导和规范，最终实现社会安全有序、社会和谐稳定。2004 年 6 月，党的十六届四中全会正式提出“社会管理创新”的概念，要求适应新形势，推进社会管理体制改革和创新，合理调节社会利益关系，逐渐建立党委领导、政府负责、社会协同、公众参与的社会管理格局。2012 年党的十八大报告提出“在改善民生和创新管理中加强社会建设”“要加快推进社会体制改革，围绕构建中国特色社会主义社会管理体系，加快形成党委领导、政府负责、社会协同、公众参与、法治保障的社会管理体制，加快形成政府主导、覆盖城乡、可持续的基本公共服务体系，加快形成政社分开、权责明确、依法自治的现代社会组织体制，加快形成源头治理、动态管理、应急处置相结合的社会管理机制”。2011 年 9 月，中央社会治安综合治理委员会更名为中央社会管理综合治理委员会，社会治安综合治理的内涵和范围进一步扩大，治理的模式和手段不断创新。2013 年党的十八届三中全会通过的《中共中央关于全面深化改革若干重大问题的决定》明确提出，“创新社会治理，必须着眼于维护最广大人民根本利益，最大限度增加和谐因素，增强社会发展活力，提高社会治理水平”。“社会治理”体现了党对国家与社会、政府与人民之间关系的高度重视，执政理念由单纯的政府自上而下的“管理”转变为政府自上而下与社会自下而上相结合的“治理模式”。社会治安治理是在国家“社会治理”的概念基础上发展起来的，是国家治理体系与治理能力现代化改革的必然要求。

2. 社会治安治理现代化的实践要求。党的十八届三中全会以来，党和国家着眼于维护最广大人民群众的根本利益，最大限度增加和谐因素，增强社会发展活力，提高社会治理水平，全面推进平安中国建设，维护国家安全，确保人民安居乐业、社会安定有序。平安中国建设主要从改进社会治理方式、激发社会组织活力、创新有效预防和化解社会矛盾体制、健全社会公共安全体系四个方面展开，其中创新基层社会治安治理方式是重点。平安湖南社会实践要求大学生紧扣时代发展要求，准确把握平安建设的目标任务，积极参与到地方政府市域社会治理现代化、基层社会治理改革和“网格管理”的行动中来，领悟“枫桥经验”以及“政治、法治、德治、自治和智治”协同治理的科学内涵，积极参与网格化服务志愿者行动，协助地方政府做小、做细、做实基层治理单元，积极参与矛盾纠纷的调查研究和防范化解，为把大矛盾大风险化解在市域、小矛盾小风险化解在基层、苗头性问题隐患解决在城乡社区网格，维护城乡社区的平安和谐作出积极的贡献。

（四）社区警务战略

1. 社区警务战略的内涵。社区警务作为一种警务哲学和组织战略，不是社区和警务的简单相加，而是建立在对警务专业化和现代化的反思基础之上推行的警务形态变革。社区警务的核心是合作伙伴关系和问题解决模式，即通过警察的组织和动员，充分整合和利用社区资源，与社区组织和成员建立良好的伙伴关系，致力于解决社区治安问题，提高社区居民的公共安全感和生活质量。社区警务坚持以社区为导向、以服务为导向、以治本为导向原则，强调预防为主，警民合作和警察形象柔性化，警民关系合作化、警务工作社会化、警务对策前置化。社区警务改变了过去以打击犯罪为核心的警务工作目标，将公众的满意度和安全感作为衡量和评价警察工作的重要方面，从增进公共安全利益的角度来谋划和开展警务工作。社区警务是一种主动提前式的预防警务模式，是对以“案件”为导向的被动反应式的案件处理模式的否定，采取主动、先发制人的防范策略将犯罪遏制在萌芽状态。

2. 社区警务战略的实践要求。2006年10月，公安部下发了《关于实施社区和农村警务战略的决定》，在全国推动实施社区和农村警务战略，对社区的警务划分、警务室建设、社区民警配置、警务运行机制、社区管理体制进行了明确规定，逐步建立了与社区治理与新农村建设相适应的社区警务工作机制。社区警务是通过将警力下沉到基层，警务嵌入到社区，以社区民警为主导，依靠社区组织和自治力量，广泛发动群众，利用社区资源，开展安全管理与防范的警务活动。公安机关在打击犯罪的过程中，要求警察、社区组织和社区民众均应对犯罪作出反应，并且共同关注犯罪的原因和背景，将案件进行归类，聚集为问题，通过系统化的分析，找出治安问题的根源所在，再整合和利用社区的各种资源来预防和打击犯罪，共同维护社区治安秩序。作为公安院校大学生，应明确“发案少，秩序好，社会稳定，群众满意”公安派出所工作目标，在从事实习、见习等社会实践活动中，要注意动员和组织群众，发挥社会组织和社区群众在预防违法犯罪和维护辖区治安秩序中的积极作用，掌握社情民意、管理实有人口、组织安全防范、维护社区治安秩序。作为一名普通大学生，应积极参与到社区警务实践中来，与民警一起进行辖区巡逻、走访调查、邻里守护、安全教育、禁毒宣传等社会实践活动，为建设更高水平的平安湖南作出贡献。

（五）县域警务改革

1. 县域警务的内涵。县级公安机关在我国公安组织结构中处在承上启下的关键一级，承担了绝大部分的治安行政管理与执法，以及预防和惩治违法犯罪活动的任务，是维护社会稳定的“主阵地”，是公安工作谋划全局的“基本盘”。2020年4月，在对全省社会安全风险和治安形势进行调研、分析的基础上，湖南省公安机关聚焦县域风险防控与现代警务机制建设，提出通过加强基础工作、改革警务机制、完善警务保障、规范执法行为、提高民警素质，不断提高县域公安机关维护政治安全、社会稳定和防范治安风险的能力。2021年2月，湖南省政府工作报告明确提出，应以安全稳定为底线，突出抓好县域风险防控和县域警务工作，持续深化“一村一辅警”建设，构建立体化、信息化社会治安防控体系。县域警务将不发生政治性事件、重大群体性事件、重大安全生产方面的事故、特种刑事案件和特种重大治安案件、不实舆情炒作等“五个不发生”作为县域警务的重要目标。通过澄清县域范围内的政治安全、社会稳定、社会治安、公共安全、网络安全等“五大领域”的风险底数，全面推进城乡社区警务改革，制定和完善治安防范和风险防控工作机制，完善警务机制，落实防控责任，补齐在“警力资源、警务机制、基础工作、警务保障、能力素质”等方面存在的短板，优化警务运行机制，提升警务保障水平和执法执勤能力，防止风险渗透外溢，助力平安湖南建设。

2. 县域警务社会实践要求。县域警务改革要求全面贯彻落实“政治建警、改革强警、科技兴警、从严治警”要求，以政治建警为统领，以风险防控为主线，以公安工作现代化为保障，深入实施大抓教育和管理、大抓主责和主业、大抓基层和基础、大抓改革和科技等“四个大抓”警务战略，提升公安机关预防违法犯罪，维护社会安全与稳定的能力。作为政法、公安院校大学生，应积极参与对全省各县（市、区）治安形势、治安特点、治安规律的调查研究，深入城乡社区、中小学校园、产业园区以及公共复杂场所等行业场所开展风险调查、风险登记、风险分析，提出治安对策；要积极参与城乡社区警务改革行动和治安志愿者服务活动，积极参加巡逻防控、政策宣讲、安全教育、纠纷调处，为平安和谐社会建设作出贡献。通过以上社会实践，不断提升自身在治安防范、风险防控方面的能力水平，强化平安建设的责任担当。

二、平安湖南社会实践的形成发展

平安湖南社会实践就是在平安湖南建设与高等教育教学改革实践的互动中逐渐形成和发展起来的，经历了从萌芽到不断完善成熟的发展阶段。

（一）平安湖南社会实践的初始阶段

1. 大学生社会实践的提出。生产劳动是大学生社会实践最基本的形式。1958年《中共中央、国务院关于教育工作的指示》指出，“教育必须为无产阶级政治服务，必须同生产劳动相结合”，培养“有社会主义觉悟的有文化的劳动者”，并将生产劳动列入教学计划。1978 年，邓小平在全国教育工作会议上指出，“各级各类学校对学生参加什么样的劳动，怎样下厂下乡、花多少时间，怎样同教学密切结合都要有恰当的安排”。改革开放后，大学生社会实践最先作为大学生思想政治教育的方式提出。1983 年 10 月，共青团中央、全国学联发出《纪念“一二・九”运动48 周年开展社会实践活动周的通知》指出：“社会实践活动，是近年来高等院校中涌现出的一种思想教育的有效形式，是共青团和学生会在适应改革方面迈出的可喜一步，用知识做桥梁，把学校和社会连接起来，在可能的条件下组织学生走向社会，向人民学习，为社会服务，这是促进大学生健康成长的重要措施”。“大学生社会实践活动”概念的提出，标志着高校社会实践开始逐步向正规化方向发展。1984 年 5 月，共青团中央在辽宁省召开了高等学校社会实践现场观摩会，时任共青团中央书记处书记胡锦涛同志提出了大学生社会实践“受教育、长才干、作贡献”的论述，并被确立为大学生社会实践活动的指导方针。

2. 大学生社会实践的发展。1987 年 5 月，《中共中央关于改进和加强高等学校思想政治工作的决定》提出：“青年学生只有在学习科学文化知识的同时，积极参加社会实践，更多地了解国情，了解社会主义建设和改革的实际，了解人民群众的思想感情，才能树立起为社会主义祖国献身的信念，逐步锻炼成为有用的人才。”为了使高校的社会实践活动进一步适应社会主义现代化建设的要求，让青年大学生更好地为两个文明建设服务。1993年12月，共青团十三届二中全会通过的《在建立社会主义市场经济体制进程中我国青年工作战略发展规划》提出了实施“跨世纪青年文明工程”和“跨世纪青年人才工程”的要求。“青年志愿者”活动和“大学生科技文化服务”成为两个“青年工程”的建设内容和大学生社会实践活动的主要形式。大学生社会实践活动也逐渐走向规范化、科学化，增强了学校教育与社会教育相结合，学校组织青年学生深入社会，了解国情民情，拓展了大学生思想政治教育的途径和方法。

3. 平安湖南社会实践的实施。改革开放后，人财物的大流动促进了经济社会快速发展，违法犯罪现象也随之攀升，社会治安形势变得越来越严峻，社会治安状况成为最大的国情，人民群众安全感成为最大的民情。1983年，邓小平同志到苏州市等地考察后，对政法部门提出了包括“犯罪行为大大减少”等有关平安建设的要求。为了维护社会治安秩序，建设平安中国，保障改革开放的顺利进行，1983年8月，中共中央政治局作出了严厉打击刑事犯罪活动的决定，拉开了从重从快严厉打击刑事犯罪活动的序幕。1991年3月，全国人大常委会通过了《关于加强社会治安综合治理的决定》，将社会治安综合治理作为国家治理的一项长期方针和策略。为了响应团中央提出的组织开展大学生社会实践活动的号召，投入“两个文明”建设的实践中，湖南省各高等学校组织大学生积极参加严打斗争、社会治安综合治理和社会治安管理工作，如参与社会治安防范宣传、参加社会治安形势调查、参与群防群治治安志愿者活动等，为平安湖南建设作出了积极的贡献。

（二）平安湖南社会实践的完善阶段

1. 大学生社会实践的规范。1998年，江泽民同志在庆祝北京大学建校100周年大会上的讲话中指出，“教育应与经济社会发展紧密结合，为现代化建设提供各类人才支持和知识贡献”，大学生要“坚持学习书本知识与投身社会实践的统一”。1999年6月，第三次全国教育工作会议通过的《中共中央、国务院关于深化教育改革全面推进素质教育的决定》指出：“要从实际出发，加强和改进对学生的生产劳动和实践教育，使其接触自然，了解社会，培养热爱劳动的习惯和艰苦奋斗的精神。高等学校要加强社会实践，组织学生参加科学研究、技术开发和推广活动以及社会服务。”同年，教育部、团中央等单位在全国高校组织开展了“挑战杯”大学生课外学术科技作品竞赛和创业计划竞赛，为大学生在实践中运用理论知识提升专业技能，提高科研创新与创业能力提供了重要平台。2002年，共青团中央、教育部、全国学联下发了《关于实施“大学生素质拓展计划”的意见》，决定开展“大学生素质拓展计划”试点工作，积极推进学校文化素质教育工程，大学生社会实践活动作为教育教学改革的重要方面逐渐走向规范。

2. 大学生社会实践的完善。2004年8月，中共中央、国务院颁布了《关于进一步加强和改进大学生思想政治教育的意见》明确指出：“坚持政治理论教育与社会实践相结合。既重视课堂教育，又注重引导大学生深入社会、了解社会、服务社会。”“高等学校要把社会实践纳入学校教育教学的总体规划和教学大纲，规定学时和学分，提供必要的经费。”2005 年 2 月，中宣部、中央文明办、教育部、共青团中央下发了《进一步加强和改进大学生社会实践的意见》指出：“要充分认识加强和改进大学生社会实践的重要意义，进一步明确大学生社会实践的总体要求和工作原则，要把大学生社会实践纳入教学计划，不断丰富社会实践的内容，全面深入开展‘三下乡’和‘四进社区’活动，探索建立大学生社会实践的长效机制，切实加强对大学生社会实践的领导。”2012 年 1 月，教育部、中宣部、共青团中央等七部委联合下发了《关于进一步加强高校实践育人工作的若干意见》提出了“加强新形势下高校实践育人工作”“充分认识高校实践育人工作的重要性”“统筹推进实践育人各项工作”“切实加强对实践育人工作的组织领导”等要求，对社会实践育人工作的深入开展进行了部署。党的十八大以来，社会实践作为高等学校立德树人的重要途径更加得到党和国家的重视。2016 年，习近平总书记在全国高校思想政治工作会议上的讲话指出：“要广泛开展各类社会实践。”2018 年 9 月，习近平总书记在全国教育大会上指出：“要把立德树人融入思想道德教育、文化知识教育、社会实践教育各环节。”《教育部关于加快建设高水平本科教育全面提高人才培养能力的意见》要求大学生应广泛开展社会调查、生产劳动、志愿服务、科技发明、勤工助学等社会实践活动，增强学生表达沟通、团队合作、组织协调、实践操作、敢闯会创的能力。

3. 平安湖南社会实践的成型。为了使湖南成为全国最稳定最安全的地区之一，2004 年湖南省出台了《关于创建“平安湖南”的决定》，要求全社会参与平安创建活动。2018 年，湖南省政法工作会议将建设更高水平的平安湖南，推动法治湖南建设提上工作日程。在团中央、教育部的统一要求下，湖南省高等院校将大学生社会实践与平安湖南建设紧密地结合在一起，坚持理论学习与社会实践相结合，能力发展与社会需求相统一，让学生紧跟时代发展步伐、社会发展需要，参与到更高水平平安湖南建设和高等教育教学改革的具体实践中，既为社会和谐稳定作出了应有的贡献，也锻炼培养了大学生的实践能力和综合素质。高等院校在平安湖南实践中不断总结经验，将法治湖南、平安湖南的最新经验和生动案例引入课堂、写进教材，及时转化为教学资源，增强学生对平安湖南建设的认知。通过教学改革，支持学生参与法律援助、治安服务等活动，切实提高实践教学的质量和效果，提升了学生社会实践能力。例如，湖南警察学院按照应用型警务人才培养要求，加强平安湖南社会实践教学工作，2020 年，《平安湖南社会实践》被教育部立项为首批国家一流实践课程。在学校的统筹协调安排和老师的具体指导下，积极组织大学生开展平安湖南社会实践活动，让大学生将所学的公安理论和安全防范业务知识服务平安湖南的创建工作，增强平安建设应用能力的针对性学习和训练，不断提升学生的专业素养和警务技能。

三、平安湖南社会实践的基本原则

原则是指说话或行事所依据的法则或标准。平安湖南社会实践的基本原则是指大学生在参与平安湖南建设中，通过经验总结和理性分析所得出的应当遵循的基本准则。为了提高大学生平安湖南社会实践的针对性、实效性，应充分了解平安湖南建设以及大学生社会实践的内涵、价值、要求与目标，将两者很好地结合起来，在实践活动中把握以下几个基本原则。

（一）理论与实践相结合原则

理论来源于实践又指导实践，实践是检验理论正确性的重要标准。理论联系实际是高等学校教育教学和人才培养的重要法则。毛泽东同志曾将知识分为书本知识和实践知识。书本知识是对实践经验的概括和总结，实践知识是对书本知识的检验和验证。大学生要真正掌握知识，提高能力，必须将校内学到的理论知识运用到实践中去，在实践中检验和巩固原有的理论知识，并在实践中拓展或创新理论，再指导新的实践。例如，政法、公安院校大学生在学校学习的法学基本理论知识、公安安全理论知识、社会治安治理以及违法犯罪预防、控制和侦查打击等公安业务知识，需要到公安、政法机构进行运用和实践，才能对抽象的法律原则、基本概念进行更好的理解和认识。

当前，世界大变局急剧演变，国际形势云谲波诡，周边环境复杂敏感，改革发展稳定任务仍然艰巨。金融风险、社会矛盾风险等重点领域的风险不容忽视，公共安全事件易发多发，网络违法犯罪活动层出不穷，生态环保任重道远，社会治理仍存在短板弱项。只有坚持理论与实际相结合的原则，通过形式多样的社会实践活动，参与到平安湖南建设的行动中来，才能提高观察、分析社会治安现象和问题的能力。只有将大学所学的管理、法律、安全防范、风险防控知识应用到实际工作中，才能充分理解社会治安的发生发展规律，了解湖南省委、省政府关于平安建设决策与部署的科学性、合理性，在平安湖南建设的参与和实践中锻炼和提高自身的能力。

（二）能力培养与思想政治教育相结合原则

“受教育、长才干、作贡献”是大学生社会实践的重要目的。通过社会实践，使青年大学生在劳动中受到更好的教育和锻炼，进一步巩固和深化理论知识，提升专业技能，增长解决实际问题的能力。“受教育”就是要把社会实践活动作为思想政治工作的有效载体。按照党的教育方针和建设中国特色社会主义对青年一代的整体要求，通过社会实践活动使广大青年大学生受到理想信念教育、爱国主义教育、国情社情教育，激励青年大学生“立大志、明大德、成大才、担大任”，努力成为堪当民族复兴重任的时代新人，让青春在为祖国、为民族、为人民、为人类的不懈奋斗中绽放绚丽之花。

社会实践给青年大学生提供了一个观察社会、了解社会、奉献社会的平台。高等学校应将大学生社会实践活动与思想政治教育的目标、任务和内容紧密结合起来，引导他们走向与实践相结合、与人民群众相结合的成长道路，帮助他们树立正确的世界观、人生观和价值观。通过社会实践帮助大学生能够用历史唯物主义的观点和方法看待社会和人生，正确分析和评价现实生活中的政治、经济、文化道德现象和各种社会思潮；能够运用辩证唯物主义的基本观点，全面、客观地观察问题、分析问题和解决问题。平安湖南社会实践坚持将能力培养与思想政治教育结合，有利于青年大学生正确认识建设平安湖南的时代背景、当代价值和现实意义，强化大学生在平安湖南建设中的时代使命和责任担当，激励青年大学生努力学习、锤炼本领，充分利用所学的专业知识、业务技能为维护社会稳定、建设更高水平平安湖南作出积极的贡献。

（三）目的性与过程性相结合原则

目的性原则是指大学生实践活动应当围绕社会实践的功能和价值展开，实现社会实践课程的育人目的。社会实践是大学生学习专业知识并提高各方面能力的有效途径之一。社会实践中能加强专业知识的渗透和运用，激发、培养学生的专业兴趣，加强学生的专业意识，提高专业技能。高校在组织开展大学生社会实践活动前，可以组织有科研能力的学生确定科研课题，带着课题去调研、去实践，将所学的专业知识“学以致用”，并在这一基础上创新。① 过程性原则，是指社会实践活动作为课程学习行为，应根据知识教学和学生的认知、能力形成的内在规律和联系，让学生参与到社会实践的各项活动中，提高自己认识、判断、思维和行动能力。要实现课程教学目的，应充分认识社会实践对学生综合素质形成、发展的意义，让学生在社会大环境中锻炼和成长。要把完善大学生的知识结构、提升思维和判断能力、培养专业技能、树立风险意识、强化责任担当等作为平安湖南社会实践的重要目的。要围绕平安湖南建设目标，开展预防、打击惩治违法犯罪、治安风险防范、矛盾纠纷排查化解和公共安全服务，投身平安社区、平安校园、平安企业等平安建设活动。过程性原则要求学校在组织开展平安湖南建设的应用性、综合性实践行动中，引导学生强化对平安湖南建设意义的认识，培养建设法治湖南、平安湖南的社会责任感、历史使命感，不断提升维护社会治安的能力和水平。

（四）自主实践与教师指导相结合原则

习近平总书记在同首都各界优秀青年代表座谈时指出，“学习是成长进步的阶梯，实践是提高本领的途径”，大学生“要坚持学以致用，深入基层，深入群众，在改革开放和社会主义现代化建设的大熔炉中，在社会的大学校里，掌握真才实学，增益其所不能，努力成为可堪大用、能担重任的栋梁之材”。社会实践是提升

---

① 王铁梅：《关于深化大学生社会实践活动的思考》，载《光明日报》2006 年 12 月 18 日。

大学生综合素质和专业技能的重要途径，是高等学校开展教育教学改革的重要方面。大学生社会实践活动作为一项社会性活动，具有其参与的普遍性特征，除了大学生主体外，也可以吸引更多的专业教师参与其中，促进“教”与“学”相长。大学生社会实践课程形式多样、内容丰富，具有较强的开放性和灵活性，既可以让学生个人根据自己的专业方向、学习兴趣自行选择实践的内容和方式，也可以在学校的统一组织和老师的专业指导下开展个人或团队实践，还可以通过学生社团联合，或与政府机关、企事业单位和社会组织、民间团体开展合作的方式进行社会实践。自主实践有利于学生个性的充分发挥。社会实践能力强的学生往往具有鲜明的个性，尊重学生个性是发展社会实践能力的必要条件。因此，学生个人自主实践要求尊重学生的主体地位，引导学生根据实践课程的目标任务，结合学生自身的兴趣、爱好和特长，让学生利用自身条件和拥有的社会资源进行个人自主实践，如深入农村、社区、企业开展社会治安调查，根据所学专业知识开展安全防范技术创新研究等，这样更容易发挥学生的主观能动性，调动学生的积极性、主动性、创造性。社会实践作为学校人才培养和教育教学改革的重要内容，应将社会实践纳入教育教学工作中并进行科学谋划、统筹安排、精心组织、严格考核。为了保证社会实践活动的育人成效，应指派教师对学生的社会实践活动进行专业指导。学生在老师的指导和帮助下制订平安湖南社会实践的活动计划、实施方案，明确社会实践的目的，结合专业学习要求有针对性地开展社会实践，帮助他们在平安湖南建设的社会实践中提高专业能力和技术水平。

（五）课内实践与课外实践相结合原则

大学生社会实践活动按照实践场所的不同可以分为校内实践和校外实践两种模式。校内实践活动是指在学校的统一组织下，按照人才培养方案和教学计划组织的实践活动。例如，劳动周、学校志愿者服务、勤工俭学、大学生创新性研究、毕业论文写作、大学生“挑战杯”“互联网+”等科技学术作品创新竞赛等，学生参与的面广、人多，效果好。校外实践是指根据教学计划，在学院团委、学工、教学院系的统一组织安排下，支持和引导学生利用假期走出校园、走向社会进行社会实践。校外实践活动以社会调查、科技、文化服务、志愿者活动等形式为主，也包括人才培养要求的岗位见习、毕业实习等实践活动。平安湖南校外社会实践活动让学生以个人实践或团队实践的形式，走进社区、乡镇、企事业单位、校园等地开展法律咨询、禁毒宣传、交通安全宣传、安全防范教育和社会治安调查，为平安湖南建设作贡献。另外，也可以通过学校与政法机构、安全保卫单位或企业合作，有计划地建立大学生校外实习、实训和科研创新基地等，深入开展校局合作、校企合作，促进大学生社会实践教学，形成“政产学企”一体化的人才培养合作机制。校外社会实践是一种“互利双赢”的育人模式，不仅使学校和学生受益，也能使活动接收单位受益。校外实践把学生培养与社会服务有机结合起来，为地方经济社会建设提供服务，让大学生在服务中成长，在贡献中受教育。

四、平安湖南社会实践的路径方法

服务平安湖南建设是湖南省高等学校的重要使命，培养服务平安湖南建设的高素质人才是湖南高等教育的职责所在。平安湖南建设社会实践是湖南大学生社会实践的重要内容，是培养学生法治思想、风险意识、安全观念以及公共安全服务能力的重要途径。平安湖南社会实践让学生通过各种途径参与到平安湖南建设行动中，既可以提高自身的综合素质和实践能力，也可以为促进湖南经济社会发展，建设安全和谐稳定的社会治安环境作贡献。

（一）开展见习、实习活动

1. 见习。见习也称专业认知实习，是有别于学生毕业实习的一种教学方式，是高等学校加强实践性教学的重要环节。① 专业见习是实践性很强的一项教学活动，这项活动的完成必须借助于特定的社会环境，需要学校加强与见习单位的联系和协调，建立人才培养的协作机制。例如，公安院校学生利用寒暑假实践，到户籍所在地公安机关跟班学习，在公安机关专业骨干老师的指导下，参与一些治安宣传、案件办理、违法犯罪嫌疑人看守、治安调解、法律文书制作等工作，增强对公安工作的了解和认识，培养警察意识。政法院校学生可以到基层法院、律师事务所见习，参与矛盾纠纷调处的法律事务，以培养法治意识，提高对社会稳定和安全的认知水平。

2. 实习。实习是指学生把在校期间学到的理论知识拿到实际工作中去应用和检验，以锻炼工作能力。专业实习是实践教学的一种形式，目的是拓展课堂教学的内容和方式，促进理论联系实际，提升学生岗位适应能力、培养职业精神等。② 例如，政法院校学生可以统一安排到政法机构进行专业实习，参与到平安湖南建设的综合治理、审判、检察、法律服务、青少年犯罪预防等工作中。公安专业学生实习是指在学校的统一安排下，到公安机关参加警务实践，以巩固和加深所学理论知识，提高运用所学知识解决实际问题的能力。公安专业实习要求面向实战、服务实战、融入实战，促进专业教学与公安警务实战“零距离”无缝对接。通过实习，可以培养学生忠诚可靠、吃苦耐劳的警察职业品格，为今后的警察职业生涯奠定坚实的基础。③ 在学生实习过程中，高等学校和实习单位应指派专门老师对学生的实习进行指导，帮助学生完成实习任务和目标，培养学生服务平安湖南建设的素

---

① 李冬云：《专业见习是加强实践性教学的重要环节》，载《公安教育》1995 年第 5 期。

② 郭晓桢：《公安本科院校治安学专业实习模式构建》，载《新疆警察学院学报》2017 年第 4 期。

③ 姜峰：《公安院校专业实习的功能失范及其对策》，载《北京警察学院学报》2022 年第 3 期。

质和能力。

（二）开展平安志愿者服务

习近平总书记强调，志愿服务是社会文明进步的重要标志，充分彰显了理想信念、爱心善意、责任担当。要为志愿服务搭建更多平台，更好发挥志愿服务在社会治理中的积极作用。[①] 志愿服务是指个体自愿将时间无偿分配，使他人、团体或事业受益的任何活动，它是一系列的帮助行为，比自发给家人和朋友提供照顾的范围更加广泛。[②] 建设更高水平平安中国作为国家治理现代化的重要组成部分，需要全社会的广泛参与，青年大学生更应主动融入社会，走进社区、学校、企业开展平安建设志愿服务，既能为社会治安治理献计献策，又能强化对社会平安的认识，提高平安建设的能力水平。高等院校可以利用暑假时段，组织学生开展社区安全防范、单位安全保卫、法律咨询援助、禁毒、交通安全、防溺水、反电信诈骗宣传等社会实践活动，进一步建立健全社会实践教学机制，提升实践教学成效。

（三）科技创新实践

科技创新是指大学生利用自己的专业知识或者技能特长参与科技创新活动，并将其产生的成果运用到个人创业、促进经济发展、推动社会进步中。科技创新社会实践要求学生具有较强的理论基础和专业水准，高校通过举办与时代发展相适应的科技创新研究和竞赛，有利于提升大学生参与科技创新活动的积极性，培育大学生的创新思维，进一步拓展大学生社会实践发展的广度与深度，也为大学生利用知识服务社会提供了一个重要的平台。智治是市域社会治安治理现代化的重要手段，技术防范是平安建设的重要内容。平安湖南建设社会实践中，让大学生参与教师科研团队，开展公共安全技术防范科技创新研究可以直接服务平安湖南建设，也可以在老师的指导下开展大学生“挑战杯”科技学术作品竞赛、“互联网+”创新创业大赛、计算机取证技术、网络安全攻防技能大赛等科技创新实践，为科学技术服务平安湖南建设作出积极的贡献。

（四）开展平安调查

社会调查是大学生开展学术训练和了解社会的重要途径。平安湖南建设涉及社会治理的各个方面，关乎经济社会发展，关乎国家安全、社会安定和人民安宁。通过深入乡镇、村庄、社区、企业、校园开展实地调研和现场访谈，有利于大学生增强对社会治安形势的认识，了解社会治安基本状况，深化对影响社会治安的因素的认识。调研报告是平安湖南社会实践的重要成果形式，也是大学生开展学术调查和

---

① 习近平：《稳扎稳打勇于担当敢于创新善作善成　推动京津冀协同发展取得新的更大进展》，载《北京观察》2019 年第 2 期。

② 谌鸿燕：《大学生志愿者参与社区治理的文化动员机制》，载《当代青年研究》2022 年第 1 期。

学术研究的直接成果。大学生应根据当下建设更高水平平安湖南的行动部署，围绕矛盾纠纷化解、食品药品安全、社会风险防范、扫黑除恶斗争、反电信诈骗等涉及群众利益的重大议题开展课题研究和社会调查，或者在老师的指导下开展与专业学习研究相关的调查活动，进一步了解社会治安形势和社会安全风险，发现平安中国、平安湖南建设中存在的问题，提出问题解决的方法、路径。

（五）大型活动安保服务

大型活动安保服务，是指大学生利用课余时间参加大型活动的安全保卫工作。随着经济社会发展，大型体育竞赛活动、演唱会、展览会、灯会等大型群众性活动以及各种大型会议不断增多，大型群众性活动人员流量大，人员容易聚集，人员关系复杂，容易引发治安案件或治安事件。大型活动安保需要大量的警力和志愿者参与现场引导、秩序维护工作，以保障活动的顺利举办。许多高校的青年大学生作为志愿者参加了冬奥会、“二十国峰会”“金砖五国峰会”等大型会议以及演唱会、体育比赛、展览会等大型群众性活动的安保服务工作，既促进了学生的专业实践，也增强了学生的爱国主义情怀和民族自豪感。大型活动安全保卫是公安院校大学生参加专业实践的重要方式，通过参与制定大型活动安全保卫工作方案、预案，开展活动场地安全检查、清查，现场秩序维护和对失序、违法行为处置，既可以提高平安建设的专业实践能力，也可以缓解公安机关警力不足的压力。

（六）组织公共安全公益活动

大学生公益实践是全社会公益活动的重要组成部分，也是大学生实现自我价值的重要途径。[①] 将公益实践与大学生的专业特色相结合，不仅有利于满足大学生服务社会并得到尊重的心理需要，更能使大学生自身的专业优势和个人能力得以充分展现，为大学生综合素质的培养和展示提供了舞台。公共安全公益实践活动是大学生参与平安湖南建设的重要方式，通过参与平安社区、平安园区、平安小区的公共安全调查、宣讲与服务，可以帮助大学生了解到书本以外更为真实的社会治安情况，将专业知识更好地服务平安建设，真正做到理论联系实际，为平安中国、平安湖南建设作出积极的贡献。

【实践案例】

校地联盟，助力建设平安金井

7月12日至14日，在长沙县金井镇活跃着一群身穿绿色马甲的志愿者，他们

① 蔡伟：《大学生公益实践与专业特色相结合创新路径研究》，载《职教培训》2019年第21期。

举办科普讲座，传授防灾减灾知识，实地调研、测量记录切坡建房情况……这是湖南工程职业技术学院“保家护土为梦护航”防灾减灾应急救援科普小分队在开展暑期“三下乡”实践活动。

“今天真是辛苦这群学生了，不到2个小时就铺好了安全防护网，之前我和老伴好不容易把切坡下层用塑料模盖住了，但总担心下雨天切坡上层的泥沙土会冲下来。”金井镇金龙村星小园组的郑某感谢道。在前期调研过程中，志愿队伍发现此处房屋侧面切坡面积较大，存在安全隐患，便现场进行了勘测。7月14日，服务队再次上门，免费安装了长达100米的防护网，为郑某解忧虑护平安。

金井镇地质属于花岗岩风化壳形成的石英砂（俗称白沙土），松散易滑，山体滑坡情况较为多发。12日，湖南工程职业技术学院走进金井镇，利用所学知识在当地开展灾情调查，以及防灾减灾与应急救援科普培训，尽最大努力提高村民的防灾减灾意识与应急救援能力。

活动前期，志愿团队指导老师及队员们在金井镇金龙村儿童幸福家园开展了应急救援知识课，通过互动体验及现场示范，教家长和孩子们心肺复苏等应急救援知识。并根据实地调查的情况，举办了防灾减灾科普讲座，讲解了地质灾害的成因、预兆以及避险的方法，预防人为制造地质灾害，减轻地质灾害的影响。

此次社会实践活动依托于长沙县共青团校地联盟，由金井镇团委、金龙村主办，金井社工站参与。长沙县共青团校地联盟成立后，强化了地方政府同县域内高校的密切联系和交流互动，在资源对接上给予高校支持，支持青年学生团队和个人

积极深入长沙县基层、企业、农村和社区开展各类公益性志愿服务活动，强化大学生实践能力，助推乡村振兴。

（来源：赵玲：《“志愿活动”校地联盟，助力建设平安金井》，https://www.sohu.com/a/327537834_770687，2019年7月16日）

思考与作业

1. 谈谈更高水平平安中国建设的目标任务。
2. 谈谈平安湖南建设面临哪些机遇和挑战？
3. 简述平安湖南社会实践的含义和特点。
4. 谈谈社会化对平安湖南社会实践的指导意义。
5. 简述教育与生产劳动相结合的内涵与要求。
6. 平安湖南社会实践的基本原则有哪些？

阅读文献

1. 习近平：《维护政治安全、社会安定、人民安宁》，载《习近平谈治国理政》（第三卷），外文出版社2020年版。
2. 习近平：《习近平谈治国理政》（第四卷），外文出版社2022年版。
3. 马克思：《关于费尔巴哈的提纲》，载《马克思恩格斯选集》（第一卷），人民出版社1995年版。
4. 毛泽东：《毛泽东选集》（第一卷），人民出版社1991年版。
5. 曹勇编著：《当代大学生社会实践的理论探索与实践创新》，重庆大学出版社2015年版。
6. 陶行知著：《陶行知全集》，四川教育出版社2009年版。

第二章　平安湖南社会实践的内容与形式

【教学目的和要求】

了解平安湖南建设的重点任务以及大学生参与平安湖南建设社会实践的基本内容，熟悉平安湖南社会实践的常见类型，掌握平安湖南社会实践的基本形式及其特点和实践要求。

【教学重点和难点】

- 平安湖南社会实践的基本内容
- 平安湖南社会实践的主要类型
- 平安湖南社会实践的主要形式

【学习导读】

内容与形式是辩证法的一对基本范畴，是实现事物的内在要素和结构方式的不同方面。内容决定形式，形式为内容服务。平安湖南社会实践的内容应与平安湖南建设的决策部署特别是平安湖南建设重点领域的各项行动结合起来，根据专业人才培养和大学生思想政治教育的现实需要，选择好平安湖南社会实践的类型和形式，确保平安湖南社会实践活动真正取得预期效果。

第一节　平安湖南社会实践的内容

平安湖南社会实践植根于平安湖南建设，其内容来源于平安湖南建设的主要内容和重点领域，与党中央、国务院关于平安中国建设的决策部署和省委、省政府关于平安湖南建设的具体行动结合紧密。学习了解平安湖南建设的重点任务，有助于更好把握平安湖南社会实践的内容，通过投身维护国家安全与社会大局稳定、保障公共安全、维护交通秩序以及平安校园、平安社区、平安家庭等各类平安创建活动中，助力平安湖南建设，并在平安湖南社会实践中，实现自我成长与服务社会的有机统一。

一、平安湖南建设的重点任务

平安湖南建设的基本目标是要为湖南省经济社会发展创建安全稳定和谐的社会治安环境，确保全省不发生重大政治事件、暴力恐怖事件、重特大安全事故、重大群体性事件。实现湖南社会平安稳定，重点要抓好推进市域社会治理现代化、完善基层社会治安治理体系、强化公共安全管理与服务、统筹防范化解经济金融风险四项工作。

（一）推进市域社会治理现代化

市域社会治理是社会治理创新的重要内容。市域社会治理就是要把地级市作为平安湖南建设的重要区域，形成“政治、法治、德治、自治和智治”相结合的社会治理体系，防止风险向上传导，把大矛盾和大风险化解在市域、小矛盾和小风险化解在基层，防止矛盾和风险升级、外溢、上行。政法机关依托市域社会治理现代化试点城市，开展对全省市域社会治理现代化试点县市的分类指导，推进社会治理理念、制度、体制和方式创新，更有效地防范重大矛盾风险，解决疑难复杂的社会问题，维护社会平安稳定。

（二）完善基层社会治安治理体系

基层社会治理创新是平安建设的重中之重，主要从以下几个方面入手：一是树牢强基导向，一体推进市、县、乡、村四级社会治理创新，统筹推进乡镇（街道）和城乡社区治理，推进治安治理工作重心下移、资源下投、力量下沉。二是进一步深化平安创建活动，努力形成“全民参与、平安有我”的局面。三是加强社会治理智能化建设，推广应用政法跨部门大数据办案平台，推动“雪亮工程”与社会治安打防管控、灾害事故监控、交通事故处理、平安校园创建等深度融合。四是加强基层综治中心和公安派出所、社区警务室、检察室、人民法庭、司法所、信访接待中心等规范化、信息化建设，加强大数据、云计算等现代科技应用，夯实基层基础工作，努力将矛盾风险发现在基层、解决在萌芽状态。五是坚持和发展新时代“枫桥经验”，畅通信访渠道，健全社会矛盾多元化解机制，畅通和规范群众诉求表达、利益协调、权益保障通道。六是进一步做小、做细基层治理单元，深化网格化管理服务，发挥社会组织、社会工作者、志愿者在社会治理中的作用。

（三）强化公共安全管理与服务

公共安全管理与服务是满足人民群众平安需求的重要途径。全省各级党委、政府以县域风险防控和县域警务改革为抓手，深化“一村一辅警”建设，不断完善社会化、立体化、信息化社会治安防控体系，提高风险防控和治安治理能力，提升群众安全感。政府公共管理部门以安全稳定为底线，坚持生命至上、安全第一，全面提高公共安全保障能力，把群众满意作为第一标准，全方位提升守护群众平安、保障群众权益的层次和水平。公安机关通过深入开展常态化扫黑除恶，依法打击治理电信网络诈骗、黄赌毒、食药环等违法犯罪，集中整治消防、交通领域顽瘴痼疾。应急管理部门严格落实安全生产责任制，加强应急救援管理体系和能力建设，扎实开展安全生产专项整治行动，排查整治老旧管道、非煤矿山、道路交通、建筑施工、农村危房、消防等重点领域隐患，突出抓好煤矿、烟花爆竹、危险化学品、文化旅游等重点行业领域安全监管，坚决杜绝重特大事故。食品药品管理部门通过食品药品全过程监管，进一步健全食品药品监管责任体系，保障食品药品安全，让人民群众安全感更加充实、更有保障、更可持续。

（四）统筹防范化解经济金融风险

经济金融风险，是指在多种经济变量的共同作用下导致国家、社会和行为人遭受损失的可能性。经济金融风险普遍存在于经济金融活动中，是影响社会安定的一种系统性风险。金融监管部门和金融单位通过化解地方政府存量隐性债务，推进平台公司市场化转型，加强对新增政府隐性债务监督问责，确保了政府隐性债务不新增，并实现逐年化解。通过强化专项债券项目合规性审核和风险把控，严格落实专项债券发行使用负面清单，确保发得出、用得好、见效快。积极构建全省非法金融活动监测预警平台，持续开展“一非三贷”（非法融资、套路贷、校园贷款、放高利贷）和金融领域涉黑涉恶专项整治，加强对金融领域违法犯罪防范宣传、预警，严厉打击非法吸收公众存款、集资诈骗、传销、非法销售未上市公司股票等“涉众型”经济犯罪活动，守住老百姓的“钱袋子”，保障人民群众的合法财产权利。

二、平安湖南社会实践的内容

党的二十大报告指出，我国发展进入战略机遇和风险挑战并存、不确定难预料因素增多的时期，各种“黑天鹅”“灰犀牛”事件随时可能发生。必须增强忧患意识，坚持底线思维，做到居安思危、未雨绸缪，准备经受风高浪急甚至惊涛骇浪的重大考验。必须坚持以人民安全为宗旨、以政治安全为根本、以经济安全为基础，统筹外部安全和内部安全、国土安全和国民安全、传统安全和非传统安全、自身安全和共同安全，夯实国家安全和社会稳定的基层基础，建设更高水平的平安中国，以新安全格局保障新发展格局。[①] 平安湖南社会实践应当以平安中国建设的总体要求为指引，以平安湖南建设的重点任务、重点领域为依据，积极参与到维护国家安全与社会大局稳定、保障公共安全，维护交通秩序以及平安校园、平安社区、平安家庭等各类平安创建活动中来。

① 习近平：《高举中国特色社会主义伟大旗帜为全面建设社会主义现代化国家而团结奋斗——在中国共产党第二十次全国代表大会上的报告》，2022 年 10 月 16 日。

（一）维护国家安全社会实践

1. 维护国家安全的基本内涵。国家安全是指国家政权、主权、统一和领土完整、人民福祉、经济社会可持续发展和国家其他重大利益相对处于没有危险和不受内外威胁的状态，以及保障持续安全状态的能力。在总体国家安全观理论体系下，国家安全就是一个国家所有国民、所有领域、所有方面、所有层级安全的总和。当代国家安全包括十六个方面的内容：政治安全、国土安全、军事安全、经济安全、文化安全、社会安全、科技安全、网络安全、生态安全、资源安全、核安全、海外利益安全、生物安全、太空安全、极地安全、深海安全。维护国家安全是平安湖南建设的重要内容。中共湖南省第十二次代表大会报告指出，持续深化平安湖南建设。加强国家安全体系和能力建设，坚决维护国家政权安全、制度安全、意识形态安全，严密防范和坚决打击各种渗透颠覆破坏活动。

2. 维护国家安全社会实践要求。一个国家的安全关系着国内的每个人，作为新时代的大学生，受过高等教育，接受了新知识，知道国家安全的重要性。平安湖南社会实践活动的开展要围绕“为国家安全作贡献”的目标主题展开，积极开展维护国家安全的宣传、教育和保卫国家安全的实践活动，努力做到以下几点：

一是要有维护国家安全的意识。要自觉接受国家安全的政策、法律教育，树立国家安全重于泰山的思想观念，时刻警醒自己，国家的安全是自己的事情。

二是要有保护国家安全的责任。国家兴亡，匹夫有责。国家的安全是我们幸福生活的基础，如果国家的安全受到了威胁，每个公民的自由与安全就会失去保障。作为新一代的大学生，就是祖国的栋梁和希望，要挺身而出，为国家的安全事业作出自己应有的贡献。

三是坚决制止损害国家安全的行为。要把国家的利益置于个人利益之上，一切对国家安全可能造成危害的行为，要坚决抵制、勇于制止，与破坏国家安全的行为斗争到底。

四是积极宣传国家安全知识。任何时候、任何地点都不能忘了宣传的重要性，特别是在国家安全教育日要开展国家安全主题宣传教育活动，让每一个大学生把国家安全铭记于心，让更多的人知道国家的安全关系着个人的命运。

作为在校大学生，要积极参与政法机关组织的反渗透、反颠覆、反恐怖、反分裂斗争，自觉抵制宗教渗透和开展反邪教以及网上意识形态斗争，自觉维护国家政治安全。

（二）维护社会稳定的社会实践

1. 维护社会稳定的基本内涵。国家安全是民族复兴的根基，社会稳定是国家强盛的前提，是经济社会发展的基础。社会稳定是指社会系统运行的有序性和连续性，是社会和政治关系的和谐状态，是人们对社会秩序的自觉服从和认可，它与社会动荡相冲突。[1] 社会稳定是国家安全、政治清明、秩序良好的重要表征，实现社会稳定与发展是任何一个国家和政府都极力追求并为之奋斗的一种社会状态和社会理想。维护社会稳定是政法机关的重要任务和基本指导方针。1990 年《中共中央关于维护社会稳定加强政法工作的通知》指出，维护稳定是全党和全国人民压倒一切的政治任务。维护社会稳定是平安湖南建设的重要内容。实现“三高四新”战略发展目标，必须加强经济安全风险预警、防控机制和能力建设，有效防范化解金融、债务领域风险，确保重要产业、基础设施、战略资源、重大科技等关键领域安全可控。要进一步深化平安创建活动，常态化地开展扫黑除恶斗争，坚决防范和打击各类违法犯罪活动，提升公共安全保障能力，切实维护社会稳定。

2. 维护社会稳定社会实践要求。社会稳定涉及每个人的利益和发展，当代大学生必须发挥主人翁精神，自觉承担起维护社会稳定的使命任务，要从以下几个方面开展平安湖南社会实践活动：

一是开展调查研究。要弄清发展与稳定的辩证关系，深入社会、深入基层，开展调研，分析当前影响社会稳定的主要因素，从维护社会稳定的重点环节和机制体制建设等方面提出对策建议。

二是积极参与预防和化解社会矛盾风险。要结合政法机关开展的矛盾纠纷大排查、大化解行动，要深入经济金融、房地产、教育培训、新业态等重点领域，参与社会风险和矛盾纠纷的排查、调解和处理，提高社会工作能力。

三是树立社会稳定风险意识，提高对“涉众型”经济犯罪、群体性事件、重大社会舆情等影响社会稳定的案（事）件的敏感性，及时提供情报信息工作。

四是坚持经济发展以保障和改善民生为出发点和落脚点，就人民群众关心的教育、就业、收入、社保、医疗卫生、食品安全等问题开展科学研究和社会服务活动，让改革发展成果更多、更公平、更实在地惠及广大人民群众。

（三）公共安全管理的社会实践

1. 公共安全管理的基本内涵。公共安全，是指不特定多数人的生命和财产安全，也是社会和公民个人从事和进行正常的生活、工作、学习、娱乐和交往所需要的稳定的外部环境和秩序。公共安全管理，则是指国家行政机关为了维护社会的公共安全和秩序，保障公民的合法权益，以及社会各项活动的正常进行而做出的各种行政活动的总和。维护公共安全，需要进一步健全有效预防和化解社会矛盾的体制机制，健全公共安全体系，积极预防、减少和化解社会矛盾，妥善处置公共卫生、社会安全等影响国家安全和社会稳定的突发事件，促进社会和谐，维护公共安全和社会安定。《国民经济和社会发展第十四个五年规划和 2035 年远景目标纲要》要求，应当正确处理新形势下人民内部矛盾，加强社会治安防控，编织全方位、立体

---

① 张爱军：《社会矛盾及社会稳定机制构建》，载《行政科学论坛》2022 年第 3 期。

化、智能化社会安全网；要坚持总体国家安全观，实施国家安全战略，维护和塑造国家安全，统筹传统安全和非传统安全，把“安全发展”贯穿国家发展各领域和全过程，防范和化解影响我国现代化进程的各种风险，筑牢保障公共安全的屏障。湖南省第十二次党代会报告指出，强化安全生产责任落实，坚决防范遏制重特大安全事故，确保全省安全生产形势持续稳定向好。维护人民群众生命安全，加强食品药品和特种设备安全监管，健全完善战略物资和应急物资储备体系、突发事件应急响应和处置机制，提高防灾、减灾、抗灾、救灾能力。

2. 公共安全管理社会实践要求。公共安全涉及每一个不特定人的生命财产安全，是人类的基本需求。大学生应牢固树立公共安全意识，强化公共安全责任，积极参与公共安全的管理和服务。

一是主动参与治安防范体系建设。通过治安巡逻、治安宣传、安全教育、安全防范技术研究等活动，为立体化、法治化、专业化、智能化的治安防控体系建设作出贡献。

二是积极参与打击整治突出违法犯罪活动。应关注全省社会治安重点地区和突出问题排查整治工作，坚决与“黄赌毒、食药环、盗抢骗”以及“涉枪、涉爆”等严重影响公共安全的违法犯罪作斗争。

三是要遵纪守法，杜绝“醉驾”“毒驾”等违反交通安全的违法犯罪行为。

四是积极参与全省性的打击整治养老诈骗、洗钱等金融犯罪和推进反假币、打击侵犯知识产权专项行动，积极开展防诈骗、反洗钱、防侵权等知识宣传，提高全民安全意识。

五是参与“净网行动”，与网络违法犯罪作斗争。积极参与防范、打击和整治电信网络诈骗、网络贩枪、网络黄赌毒、网络传销、网络套路贷等新型网络犯罪和各种“黑客”违法犯罪。

六是积极参与重点人群服务管理，为构建政府、社会、家庭三位一体的重点人群服务管理体系作贡献。

（四）平安交通社会实践

1. 平安交通的基本内涵。随着经济社会发展，交通安全涉及千家万户的平安幸福，平安交通是平安湖南建设的重要内容。平安交通创建的目的是要提高全民交通安全意识，建立良好的交通秩序，减少和杜绝交通安全事故的发生。广义上的交通安全包括行人安全、非机动车行驶安全、机动车驾驶的安全和船舶、飞行器、火车等交通工具行进中的安全等多个方面的内容。狭义的交通安全一般是指人们在道路上进行活动、玩耍中，按照交通法规的规定，安全地行车、走路，避免发生人身伤亡或财物损失。近年来，湖南省委、省政府全力构建现代化综合交通运输体系，高铁、公路、航运、水上交通得到了长足的发展。为了维护交通安全秩序、整治交通领域的顽瘴痼疾，防范和化解重大交通安全风险，湖南省公安机关积极实施县域警务战略，聚焦交通领域的安全风险，各地各职能部门立足本职工作，紧盯人、车、路、企业等核心要素，坚持专群结合、部门联动、城乡统筹、社会共治，全力压实属地管理、部门监管、企业主体“三大责任”，交通基础设施持续升级、重大交通安全事故得到了有效整治。

2. 平安交通社会实践要求。道路交通安全事关经济社会大局稳定，事关人民群众生命财产安全，平安交通创建是城市文明建设的关键环节，也是人民群众安居乐业的重要保障。在校大学生可通过以下方式推进平安交通创建：

一是组织交通安全宣传。可以利用暑假实践开展交通安全宣讲进校园、进社区、进企业等活动，提高学生、社区群众、客货运公司员工、驾驶人员的交通安全意识，提高交通参与者的交通文明素质。

二是开展交通事故防范教育。积极参加交通安全调研，通过对交通事故的发生规律、变化趋势、事故特点的研究，分析交通事故的发生原因，提出预防、处置的基本对策，开展交通事故防范和处置的基本常识教育，提醒和教育广大群众防范和处置发生在共享单车等新兴交通工具使用中的安全问题。

（五）毒品预防社会实践

1. 毒品预防的基本含义。毒品，是指鸦片、海洛因、甲基苯丙胺（冰毒）、吗啡、大麻、可卡因，以及国家规定管制的其他能够使人形成瘾癖的麻醉药品和精神药品。涉毒违法犯罪不仅严重损害公民身心健康，同时还严重危害社会秩序，阻碍经济社会发展，是人类社会的一大毒瘤。禁毒是全社会的共同责任，毒品违法犯罪预防是一项多主体参与的综合性、系统性工作。国家机关、社会团体、企事业单位以及其他组织和公民，应当依法履行禁毒职责或者义务，坚持“预防为主，综合治理，禁种、禁制、禁贩、禁吸并举”的方针，既要依法严惩毒品违法犯罪，又要加强毒品预防，铲除涉毒违法犯罪赖以滋生的温床。国家采取多种形式开展全民禁毒宣传教育，普及禁毒知识，增强公民禁毒意识，提高公民自觉禁毒能力。各级人民政府要经常组织开展多种形式的禁毒宣传教育。教育行政部门和学校应当将禁毒知识纳入教育教学内容，对学生进行禁毒宣传教育。

2. 毒品预防社会实践要求。平安湖南社会实践活动中，组织大学生面向社会广泛开展毒品预防和社会禁毒宣传，既有利于帮助公众了解毒品的危害及预防方法，又有利于增强大学生社会责任感与社会服务意识，提高大学生禁毒宣传工作实践能力。大学生可以通过举办讲座、布置展板与张贴禁毒宣传知识、现场答疑、分发宣传毒品预防和社会禁毒知识的相关资料、参与媒体访谈节目以及通过暑期“三下乡”活动深入社区、学校、企业、公共场所进行各种形式的禁毒宣传，提高人民群众特别是广大青少年防毒、拒毒、远离毒品的意识。平安湖南社会实践活动中，大学生开展“毒品预防”宣讲的内容可以从以下六个方面进行：

一是教育广大群众识别常见毒品，包括毒品种类、外观形态、基本特征等。

二是宣讲毒品危害，通过生动的案例、鲜活的事例警示人们远离毒品。

三是介绍当前世界和中国的毒情，提醒人们提高警惕，拒绝毒品。

四是宣讲毒品预防的常用措施，动员广大人民群众参与“禁毒人民战争”。

五是宣传戒毒康复方法，帮助吸毒人员尽快回归社会。

六是宣传禁毒相关法规，提高人们与毒品违法犯罪作斗争的能力与水平。

（六）校园安全防范社会实践

1. 校园安全防范的基本内涵。学校安全是社会安全的重要组成部分，它直接关系到青少年学生能否安全、健康地成长，关系到千千万万个家庭的幸福安宁和社会稳定。由于中小学、幼儿园学生安全意识薄弱，自我防范能力差，容易成为被侵害的对象和各类事故的受害者。近年来，校园安全事件、事故频发，校园安全问题已成为社会各界关注的热点问题。保护好每个孩子，使发生在他们身上的意外事故减少到最低限度，已成为中小学安全教育和管理的重要内容。近年来，党和政府十分重视校园安全工作，全省公安机关把校园安全工作摆在突出位置，积极构建学区警务新模式、新机制，大力开展“护校安园”“利剑护蕾”专项行动，深入排查校园及周边风险隐患，坚决从严从快打击各类侵害师生人身财产安全的违法犯罪活动，加强校园安防建设，加强警校联动，建立常态化督导检查机制，确保校园环境安全稳定和广大师生安全。政府各职能部门充分发挥各级学生安全专业委员会作用，加强各成员单位工作协同，研判评估校园安全隐患风险和薄弱环节，围绕消防安全、校车安全、校园设施安全、学生校外安全等开展经常性的联合督导、检查和执法，及时督促问题整改。同时，强化宣传教育，凝聚政府、学校、家庭、社会合力，营造全社会共同关心、支持、参与校园安全工作的良好氛围。各级各类学校强化人防、物防、技防建设，完善校园安全管理制度，安全防范能力和水平不断提升。

2. 校园安全防范社会实践要求。大学生是校园安全的参与者、受益者、亲历者和见证者，要充分发挥平安校园创建的主人翁精神，增强社会实践的主动性，投身平安校园创建的各项具体行动中。

一是要积极参与校园安全专项整顿行动。要积极参与校园安全大调查、大调研，针对校园存在的安全问题，积极建言献策，帮助学校完善安全管理制度。

二是要参加校园安全突发事件演练。要参加学校定期组织的防火灾、防踩踏、防自然灾害、防暴力恐怖袭击等校园安全演练，提高安全自救能力和突发事件应急处置能力。

三是积极参与校园安全宣传活动。通过学生安全主题抖音短视频大赛、“我是接班人”安全主题网络大课、中小学安全教育教学大比武等学生喜闻乐见的形式，广泛宣传防溺水、防踩踏、防震减灾、防校园欺凌、防范电信网络诈骗及食品卫生、交通、消防、禁毒等知识。

平安校园创建社会实践活动的组织应遵循学生学段、年龄和心理特点，季节性特点和城乡区域性差异特点，增强校园安全防范工作的针对性和实效性。

（七）平安社区（村）创建社会实践

1. 平安社区（村）创建社会实践的基本内涵。社区（村）是社会治理的基本单元，社区和农村平安则社会稳定。开展“平安社区（村）”创建活动，是维护社会稳定，促进社会和谐，保障经济发展，提高社会治安防控整体效能的一项重要举措，对促进经济社会协调发展，改善招商引资环境，提升群众生活质量起到了积极的作用。平安社区（村）建设应按照“发案少、秩序好、服务优、群众满意”的目标要求，高标准、宽领域、多层次组织开展平安创建活动，激励社区群众和村民广泛参与平安建设。具体来讲，应从以下几个方面发力。

一是在街道和乡镇的统一领导下，社区、村委会和派出所，必须把“平安创建”工作作为实施治安防范战略的一项关键性工作来抓，深挖创安潜力，整合社区和乡村资源，服务平安建设。

二是推进社区（村）智能化建设。以小区或农村院落、公交场站、交通卡口等场所为重点，推进包括人脸识别、电子围栏、热力感应、音视频、物联网、“雪亮工程”、社交媒体、智能安防等系统在内的智能感知系统建设，融合社会治理相关部门数据，建设智慧社区和智慧农村。

三是完善人民内部矛盾纠纷调处机制。加强和改进人民信访工作，畅通和规范群众诉求表达、利益协调、权益保障通道，完善网格化管理、精细化服务、信息化支撑的基层治理平台，健全城乡社区治理体系，及时把矛盾纠纷化解在基层、化解在萌芽状态。

四是推进社会治安整体防控建设。发展壮大群防群治力量，健全社区（村）专职治安巡逻队、保安队和治保、调解、帮教、治安信息员等群防群治组织。

五是实施社区警务战略。落实一区一警，实行社区警务、居（村）委会、治安、保安有机结合的社区治安管理服务机制，落实社区治安防范管理的责任。

2. 平安社区（村）创建社会实践要求。大学生平安湖南社会实践应聚焦基层社会治理和平安建设要求，积极开展平安社区（村）建设志愿者活动。

一是开展法制教育和法律服务进社区活动。深入开展城乡居民法律常识教育、传统美德教育、社会公德教育、职业道德教育，增强公民道德和法治意识，调处化解矛盾纠纷。

二是开展安全防范教育。要开展个人和家庭安全防范教育，提高公民个人安全意识和防范技能，指导社区家庭开展物防、技防和自我防范教育，提高家庭预防违法犯罪和防灾抗灾能力水平，建设平安家庭。

三是参与社区、乡村巡逻和邻里守望活动。要通过“三下乡”志愿服务活动，参与城乡社区警务实践和群防群治活动，积极参加治安巡逻、邻里守望，守护社区、乡村平安和谐。

第二节　平安湖南社会实践的主要类型

平安湖南社会实践是以平安中国、平安湖南建设为依托所开展的大学生社会实践活动，内容丰富、形式多样。根据平安湖南社会实践的目的、方式不同，一般可分为调查研究型社会实践、公益服务型社会实践和职业发展型社会实践三种类型。

一、调查研究型社会实践

（一）调查研究的含义

习近平总书记高度重视调查研究，指出“调查研究是谋事之基、成事之道。没有调查，就没有发言权，更没有决策权”。调查研究是我们党的基本工作方法，也是我们党的优良传统和作风。调查研究，是大学生了解社会、认识社会、融入社会的重要途径和方法。提高调查研究能力是大学生进行社会实践活动的重要目的。深入细致的调查研究，是抽丝剥茧探求事物真相的必由之路，可以帮助大学生正确了解、认识社会，提高分析问题和解决问题的能力。平安湖南社会实践中的调查研究，应当坚守科学精神，本着实事求是的科学态度，运用科学的方法，系统、直接地收集被调查对象及相关社会现象的真实情况，通过收集到的第一手资料进行全面分析、归纳，探寻事物发展变化规律，得出客观可靠的结论。参观考察和社会调查是调查研究型社会实践最常见的两种形式。

（二）调查研究的分类

1. 参观考察。

（1）参观考察的含义。参观考察是一种实地调查、学习活动，是了解某一事物最为直接的方式。参观考察注重真实情境的体验，考察所获得的第一手资料或社会认知，主要来源于现场情景感悟和说明性、描述性语言材料，是一种体验式的实践活动。参观考察式的社会实践所得出的结论偏重于感性，需要实践者在参观考察后作进一步的梳理、归纳和分析、加工，才能从对社会现象的表象认知提升到对社会现象的理论思考。大学生组织参观考察，应当注重活动的目标性，立足自身成长的实际需求，确定好参观考察主题、对象和内容，做好参观考察的准备，明确考察目标，在参观考察中真正长见识、受教育、促提升，切忌走马观花，力戒形式主义。

（2）参观考察的内容。参观考察既是服务社会提升自我的重要载体，也是开展大学生思想政治教育的重要途径。大学生在平安湖南社会实践中，可深入乡镇街道、社区（村组）、中小学校、生产企业和部门单位，参观考察新时代新湖南“三高四新”建设、乡村振兴、平安湖南、法治湖南建设以及湖南教育文化事业发展的最新成果，也可参观考察“三湘大地”在民族复兴伟大进程中涌现的诸多先进集体、典型单位，观摩、学习其成功经验。通过进街道、社区、工厂、单位、学校、红色教育基地、纪念馆、博物馆、展览馆等参观考察，近距离观察、学习、了解和感悟新时代特色社会主义事业建设取得的伟大成就，不断加深对党和国家路线、方针、政策的理解以及对时代发展的切身感受，进而坚定理想信念、坚定“四个自信”、切实做到“两个维护”。

2. 社会调查。

（1）社会调查的含义。社会调查是人们有目的地认识社会的一种实践活动，是指人们为达到一定的目的，有意识地通过对社会现象的考察、了解和分析、研究，来认识社会现象及其规律的社会研究方式。完整的社会调查包含调查和研究两个环节，调查是研究的前提和基础，研究应建立在调查基础之上。调查的目的是采用科学的方法和手段直接接触社会、取得客观真实的第一手资料、信息，研究则是指对调查所得的资料、信息进行分析、比较、概括和加工，进而得出结论。社会调查包括五个方面的要素：调查目的、调查对象、科学方法、调查步骤和调查结论。

（2）社会调查的种类。社会调查根据调查的方法不同可以分为定性调查和定量调查。定性调查，是指基于调查，通过对被调查对象进行抽象、理性分析进而得出相关结论；定量调查，则是指基于一定数量的被调查对象样本进行量化测定，进而得出相关结论。根据调查对象以及研究问题性质的不同，社会调查又可以分为宏观调查和微观调查。宏观调查一般是指针对涉及范围广、调查区域大的某类社会现象的调查，如对省域、县域范围内“涉众型”经济犯罪的调查；微观调查则是针对某类特定社会现象的小规模调查，如对存在于某个校园或某个社区中的某类治安问题的调查。

（3）社会调查的要求。社会调查相对参观考察而言要求要高，应探寻与被调查对象相关的三个问题：一是“是什么”。通过社会调查弄清楚被调查对象的本质属性。二是“为什么”。通过社会调查查找被调查对象之所以存在的原因及规律。三是“怎么办”。通过社会调查和研究，寻找解决途径和方法。在开展社会调查时，应立足平安湖南，针对社会热点、民生问题、行业发展、专业需求以及社会需求展开调查，助力平安中国与平安湖南建设。

二、公益服务型社会实践

（一）公益服务的含义

公益是公共利益事业的简称，指有关社会公众的福祉和利益，是为人民服务不求回报的一种通俗讲法。公益服务是个人或组织自愿通过做好事、行善举而提供给社会公众的公共产品，它是现代社会条件下的产物，是公民参与精神的表征。公益服务活动要生产出有利于提升公共安全、有利于增加社会福利的公共产品。在组织公益活动时，要遵循公德、符合公意，努力形成参与者多赢共益的良好氛围。

（二）公益服务的特征

公益服务本质上是一种志愿服务，它是指服务人员自愿贡献个人的时间和精力，在不寻求任何物质报酬的前提下，为推动人类发展、社会进步和社会福利事业而提供的无偿服务。大学生社会公益实践活动具有自愿性、社会性、利他性、组织性以及多方联动性等多重属性，体现了青年学子接触社会、参与社会、改善社会的良好愿望。实践活动的自愿性，是指主动参与性，靠参与者的自觉自愿，不受任何胁迫；社会性，是指实践活动的内生动力源于社会责任感，如增进邻里、社区、社会的福祉，或者促进社会教化、维护社会秩序等；利他性，是指所有参与公益服务活动的人员是本着奉献精神从事无偿服务活动；组织性，是指在公益服务过程中，团队成员身份地位平等，服务工作正常运作秩序主要靠团队成员的自律来维护；联动性，体现为实践活动需要行政机关、企事业单位、社区等基层单位的支持，但实践内容与措施属于非权力领域的实践活动，不具备行政强制力。

（三）公益服务的功能

大学生社会公益实践活动由大学生发起或参与，以利他为内容，以公共利益为目标指向。大学生社会公益实践是服务社群的一种方式，也是大学生观察、学习和研究社会的途径。经由这一渠道，有利于大学生把专业知识应用到社会服务之中，拓宽青年大学生的视野，提升专业技能，也为社会公益事业带来了新的动力。大学生公益服务实践具有社会动员、社会保障、社会整合、社会教化、促进社会和谐与进步等多方面的功能。

（四）公益服务社会实践的分类

1. “三下乡”志愿活动。“三下乡”活动全称为大中专学生志愿者暑期文化、科技、卫生“三下乡”社会实践活动。“三下乡”活动由党委宣传部门、团委、教育工委、教育行政主管部门、文明办、志工办和学生联合会七个部门单位共同组织发起。平安湖南社会实践中的大学生“三下乡”志愿者活动，应当围绕平安湖南建设的决策部署和目标聚焦，在团委和院系的组织下，结合自身的专业知识开展平安建设科技、平安建设文化和平安环境建设下乡活动。

2. “平安进社区”活动。

（1）平安进社区活动的意义。社区是社会的最小单位，是社会稳定的重要基础。国家《“十四五”规划和2035年远景目标纲要》对统筹发展和安全，建设更高水平的平安中国作出了整体部署。基础不牢，地动山摇。开展平安湖南建设，应夯实基层治理基础，坚持以人民为中心，相信群众、依靠群众、发动群众，始终把握好平安建设是为人民服务的这个出发点和落脚点，努力营造平安和谐社区。

（2）平安进社区实践要求。大学生开展“平安进社区”社会实践活动，应紧紧围绕“推进基层法治和德治建设”这个主题进行：一是通过基层治理法治建设，提升基层党员、干部法治素养，引导群众积极参与、依法支持和配合基层治理，指导村（社区）依法制定村规民约、居民公约，确保符合法律法规和公序良俗。二是通过基层思想道德建设，遏制各类陈规陋习，抵制封建迷信活动，助力培育践行社会主义核心价值观，推动习近平新时代中国特色社会主义思想进社区、进农村、进家庭。健全社区道德评议机制，开展道德模范评选表彰活动，注重发挥家庭家教家风在基层治理中的重要作用。三是通过参与基层社会治理，创新社区与社会组织、社会工作者、社区志愿者、社会慈善资源的联动机制，支持建立乡镇（街道）购买社会工作服务机制，更好地满足群众需求。①

【拓展阅读】

2021年湖南平安建设年度考核的主要内容

1. 是否发生危害国家安全的案（事）件［包括是否发生危害政治安全的案（事）件、涉恐案（事）件、违反保密法律法规的案（事）件、涉邪教案（事）件以及社会、经济、文化、生态、网络、科技、资源等领域危害国家安全的案（事）件等］。

2. 是否发生影响社会稳定的案（事）件（主要涉及非法信访、因重大决策事项未进行社会稳定风险评估引发的重大涉稳事件、因金融机构内部监管不力导致的重特大金融案件以及在册严重精神障碍患者监管等）。

3. 是否发生危害社会治安的案件（主要考核点集中在一般刑事案件和八类主要刑事案件）。

4. 是否发生危害公共安全的事件事故（涉及单位成员或车辆是否发生交通事故、是否发生火灾事故、是否发生较大以上的安全事故、是否发生因防疫不当引发的公共卫生事件、是否发生集体食物中毒安全事故等）。

5. 是否发生危害网络安全的案（事）件（主要集中在计算机安全管理、是否发生网络安全事件和负面舆情等方面）。

6. 基础防范设施建设是否落实到位（主要是三防建设）。

7. 风险防控和重点人员管控是否落实到位。

---

① 中共中央、国务院《关于加强基层治理体系和治理能力现代化建设的意见》，2021年7月。https://baike.baidu.com/reference/57966550/ab199PdUUfdjLwbu-nyArKauSNgWZUAouv7gWvf3xD_xJ1KgeOK-uMgjraxGOVyF1iJC-KboGx4QBQYyxK4P1Hnq4MdTZXg-ZXx-Qh7gVjj2FHT8a E-91wGXECnFnjbU。

8. 平安建设领导责任制与工作责任是否落实到位。

［来源：湖南省平安建设领导小组《2021 年度省直和中央驻湘单位平安建设考评办法》（湘平安〔2021〕2 号）］

3. 其他公益服务。新时代公益服务的内涵越来越丰富，除了“三下乡”“平安进社区”外，当前平安湖南社会实践中的公益服务还涉及学雷锋、扶贫济困、助老助残、安全宣传等社区服务类公益活动和支教宣讲等西部计划类公益活动，以及参与大型活动安保、抢险救灾等公共安全领域的公益类服务活动。组织大学生开展社区公益服务实践活动，能够帮助大学贴近生活、超越课堂、体验社会，有助于培养大学生的劳动观念、服务意识、团队精神和锤炼大学生的意志品质和道德情操。

【实践案例】

我为人民办实事，共建平安新湖南

为深入学习贯彻习近平新时代中国特色社会主义思想、坚持以人民为中心的发展思想，促进平安湖南建设，7 月 9 日上午，湖南警察学院长安实践团在共青团长沙县委、学院领导的大力支持与热切关注下，来到长沙县福临镇开展以“我为人民办实事，共建平安新湖南”为主题的“平安进社区”社会实践活动。

此次活动，以宣传防诈骗、防溺水和消防安全为主要内容，分别面向社区青少年与中老年两类群体。活动中，长安实践团的同学们为中老年居民群众介绍了电信诈骗违法犯罪的现状、特点，讲解了识别、防范电信诈骗的相关知识；为青少年居民群众宣讲了防溺水和消防安全基本常识。通过宣讲有效提升社区居民防范诈骗、防溺水以及消防安全问题的防范意识与安全防范能力，为共建平安湖南贡献自己的一份力量。

（来源：今日头条，https：//www. toutiao. com/i6983853536992068132/）

三、职业发展型社会实践

（一）职业发展的含义

职业发展也称职业生涯或职业管理，它是 20 世纪 90 年代从美国传入中国的人力资源管理中的一种新概念、新职能和新方法。职业发展是指一个人一生的工作经历，特别是职业、职位的变迁及工作理想的实现过程。这里的职业发展是指大学生在社会实践工作中积累经验，得到锻炼，实现个人的成长、发展和职业理想。作为高等学校，应该为学生的成长发展提供锻炼的舞台和机会，并结合专业人才培养的需求为大学生创造条件，帮助他们实现个人理想和职业目标。职业发展型社会实践通过服务社会和创新研究等实践活动，帮助学生理论联系实际，获取未来职业所需的岗位履职技能，促进职业成长。

（二）职业发展型社会实践的要求

在校期间，组织大学生参加职业发展型社会实践，应当坚持专业学习和就业导向，突出实践者本身的个性特点和个性差异开展社会实践活动。在选题和计划制订上，将大学生所学专业、知识、能力、素质发展需要与未来就业预期相结合，在平安湖南社会实践中提高学生职业发展与规划能力。一是围绕职业能力的培养组织安排实践活动，着重培育训练学生解决未来职业中实际问题的能力，注重专业素质教育，加强学生创新思维和实践动手能力培养，着力提高学生的综合职业能力，包括职业道德、职业素养、职业迁移能力等。二是贯彻落实“三全育人”要求，立足专业人才培养目标，充分利用校地两方面教育教学资源和实训、实习基地开展专业技能教育。三是坚持以服务求支持、以贡献求发展的方针，充分发挥高校人才培养、技术创新、文化传承和服务社会的职能，让学生利用所学的理论知识服务经济社会发展和平安建设需要。

（三）职业发展型社会实践的分类

平安湖南社会实践中，大学生参与职业发展型社会实践的主要方式有参观学习、科学研究与创新、技术服务与随岗见习。

1. 参观学习。

（1）参观学习的含义。参观学习作为一种教育手段，是指根据教学目的，组织受教育者到实地或对照实际事物进行观摩、观摹、感受、感悟，以巩固和验证、消化所学的知识或获取新知识、开阔眼界、激发求知欲。组织大学生开展参观学习实践活动，是教学体系中理论和实践教学环节的有益补充。

（2）参观学习的组织。平安湖南社会实践中，参观学习作为一种职业发展型的实践形式，是指学生在完成专业基础课或部分专业课学习后进行的一种理论联系实际的学习型实践活动。参观学习因为学生所学专业以及当次实践活动所确定的目标内容、参观的单位不同，具体操作上都会存在一定的差异。平安湖南社会实践因为其自身包含鲜明的“平安”特色，在一般情况下，会组织学生到湖南省内公安机关的优秀单位、科技强警示范点和安全文明社区，或者红色教育基地、平安建设先进企事业单位、安防博览会等参观学习。一方面，参观学习可以帮助学生拓宽知识面，增加感性认识，巩固和深化所学知识，并将其条理化、系统化，为后续的专业课学习、课程设计、专业实习、毕业设计等环节打下基础；另一方面，可以让学生获得书本学习不易或不能获得的工作现场实际知识，获得本专业国内外科技发展的最新信息，激发学生探索专业前沿理论、实践经验总结学习的积极性，帮助学生感受平安湖南建设的最新成果、了解平安建设的前沿动态，以此强化学生的时代使命感、责任感。①

2. 科学研究与创新。

（1）科学研究与创新的含义。科学研究与创新，一般是指在发现问题后，经过分析找到可能解决问题的方案，并利用科研实验和分析，对相关问题的内在本质和规律进行的调查研究、实验、分析等一系列的活动，为创造发明新产品和新技术提供理论依据，或获得新发明、新技术、新产品。科学研究与创新的基本任务就是探索、认识未知和创新。科技创新是指创造和应用新知识和新技术、新工艺，采用新的生产方式和经营管理模式，开发生产新产品，提高产品质量，提供新的服务的过程。科学研究与创新既有人文社科领域的研究，又有自然科学领域的研究；既有实用新型的研究，又有创造发明的研究。它是大学生开展创新性社会实践的重要内容，也是提高大学生创新能力的重要途径。

（2）科学研究与创新的要求。近年来，随着科技强国、科技强警的不断深入，电子技术、量子技术、网络技术、人工智能、大数据、机器学习、区块链等最新科技成果不断与人民群众的生产、生活深度融合，智慧城市、智能安防、智慧警务等也在不断与平安建设深度融合，对社会管理和治安治理人才培养提出了新的要求。平安湖南社会实践中，学生参与科技发展与研究的平台主要有大学生创新性学习项目研究、大学生“互联网+”项目研究、大学生各类竞赛项目的研究和参与学业导师主持科研项目研究等。通过大学生创新性研究等社会实践活动，能有效地提高学生科研能力和知识应用水平，培养学生良好的学术道德和开拓创新的科学精神，有利于提高学生的科学素养，为经济社会发展和平安湖南建设作出积极的贡献。

【实践案例】

湖南警察学院学子在中国高校计算机大赛喜获多个奖项

2021 年 4 月 24 日，第六届中国高校计算机大赛团体程序设计天梯赛在线上举行，北京大学、浙江大学等全国知名大学共 1100 支队伍参赛。在周建华、赵磊老师的指导下，湖南警察学院学子唐宇群、蒋磊、陶涛、谢琪名、左国祥、谭晓洋均荣获全国个人三等奖，湖南警察学院 1 队荣获全国团队三等奖。

团体程序设计天梯赛由全国高等学校计算机教育研究会主办，是教育部认可的 44 项全国大学生学科竞赛顶级赛事。天梯赛采用 IOI 赛制，比赛过程实时排名，竞

① 刘晓东主编：《大学生社会实践理论与实务》，高等教育出版社 2015 年版。

赛时长为 3 小时，竞赛题目分 3 个梯级共 290 分，竞赛语言包括 C、C++和 Java。

（来源：湖南警察学院官网，http：//xxjs. hnpolice. com/column/rcpy/2021/1619533046826. shtml，2021-04-25）

3. 技术服务。

（1）技术服务的含义。技术服务，是指拥有专业技术的单位、组织或个人为需要解决特定技术问题的单位、组织或者个人所提供的服务。大学生往往掌握着最前沿的理论知识和最新的科学技术，利用自身所掌握的知识、技术服务社会是义不容辞的责任。技术服务与短期实习和志愿服务不同，技术服务可以收取一定的劳动报酬。比如大学生可以利用课余休息时间，立足自身知识和特长开展诸如家教辅导、文体教练、文献翻译、软件开发、工程设计等服务实践，并获得一定的劳动报酬。

（2）技术服务的形式。技术服务形式、种类多样，是大学生发挥自身知识、技术优势服务平安湖南建设的重要途径。技术服务的主要形式有以下两种。

一是开展现场技术指导。拥有相关知识和技术的大学生在向平安建设单位提供技术资料文件的基础上，帮助他们理解和掌握文件资料的内容，解决在使用该技术中所遇到的具体问题，直接提供技术信息，也可以利用专业知识为平安建设单位提供安全防范技能培训服务。

二是技术性辅助服务。拥有知识和技术的大学生以其掌握的技术和装备，为委托方完成安全防范设施产品设计、安防工程设计、大数据支撑服务和食品、药品、毒品、环境违法犯罪理化检测及生物品种分析测试，提供安全防范技术信息收集、检索、整理、翻译以及计算机服务等。大学生在提供平安建设相关服务时应遵守国家法律政策、符合学校相关管理规定的要求，还要注意保护自身合法权益、确保安全，正确处理好课业学习与技术服务的关系，提升自身的技术能力和水平。

4. 随岗见习。

（1）随岗见习的含义。随岗见习，是指大学生为了提升自身专业能力和岗位技能，到机关、企事业单位与所学专业相关的工作岗位跟班学习。随岗见习类似传统的师父带徒弟，采取“一带一”指导或“一带多”指导的方式进行，是大学生专业实践教学的常用方式，也是大学实践教学的重要环节，是大学毕业生尽快熟悉岗位，掌握工作技能的重要阶段。组织在校学生开展随岗见习，目的在于开阔学生的视野，培养学生分析问题、解决问题的能力，也有利于增强学生的劳动观念，激励学生的敬业、创业精神。一般来讲，参与随岗见习的学生有相对稳定的见习单位和见习岗位，有相对稳定的指导学生见习的工作人员。

（2）随岗见习的种类。平安湖南社会实践中的随岗见习有假日随岗见习和专业实习随岗见习两种情形。其中，假日随岗见习，是见习学生利用节假日，在学校统筹安排或自主联系下到见习单位参与相关实际工作，随岗学习相关专业知识与技能；专业实习随岗见习，是见习学生通过专业实习渠道，在学校统一组织下到见习单位参与相关实际工作，随岗学习相关专业知识与技能。

（3）随岗见习的要求。在随岗见习过程中，见习学生均应自觉遵守学院的校规校纪和见习单位的有关规章制度，严格遵守作息制度，不得迟到、早退；有事必须向指导老师请假，未经同意，不得擅自离开见习单位，并严格遵守操作规程、劳动纪律，爱护劳动工具、仪器设备，保证见习安全。同时，见习指导老师也应切实履行好指导职责，对见习学生的见习活动全程跟踪管理、指导监督。见习指导老师职责包括四个方面内容：一是执行见习计划，做好学生随岗见习前有关准备工作；二是做好见习学生思想政治工作，关心见习学生的身体健康和生活状况，了解和处理学生随岗见习中的业务和生活问题，定期向见习单位和见习学生所在学校汇报；三是认真指导见习学生见习，对学生随岗见习过程中所遇到的岗位知识和技能问题及时释疑解惑，并严格要求自身指导的见习学生，纠正见习过程中学生不良言行或工作失误；四是指导见习学生及时做好见习总结报告、专题总结，并出具学生见习鉴定意见或评语。

第三节　平安湖南社会实践的主要形式

形式是内容的抽象表现，是为内容服务的，平安湖南社会实践作为一项具体的社会实践活动，既要注重内容的选择，又要注重形式的安排，做到内容与形式并重、互相匹配。只有这样，才能获得最佳的育人效果和社会效果。根据社会实践活动人数的多少和组织方式，平安湖南社会实践分为团队实践和个人实践两种形式。

一、团队实践

（一）团队实践的内涵

团队实践，是指两名以上的实践者共同参与的社会实践。实践者之所以组成团队来开展社会实践，其内生动力来自团队成员的共同兴趣或者为了完成某一个（或多个）具体的主题活动任务。

（二）团队实践的意义

当代的大学生多为独生子女，社会是个广阔的天地，有计划、有目的地组织大学生开展社会实践，有助于强化同学之间的互动交流、提升相互之间的情谊。把学生个人力量糅合起来，形成合力，更有利于学生基于实践深入社会、融入社会，在感悟社会中相互促进、共同进步。

（三）团队实践的优势

团队实践具有较强的凝聚功能、控制功能和激励功能，更能培养和锻炼大学生的团队意识、互助精神和实践能力，是学生参与平安湖南社会实践的主要组织形式，其优势体现在以下几个方面。

1. 明确的目标，内容丰富。实践团队一般围绕活动主题而组建，目标明确，容易达成一致的目的性。活动主题的选择灵活性强、内容丰富，调查研究、公益服务、职业发展三大层面尽可依据自身特长自主选择、倾情演绎。

2. 共同的兴趣，高度自觉。团队成员之所以选择参与团队，基本上是凭借个人兴趣爱好或共同的专业任务目标而自愿加入的，没有强迫和强制，工作起来主动性强、高度自觉，能更好地发挥各自的主观能动性和创造性。

3. 良好的沟通，相互信任。表面上看，团队实践虽然成员数量较多、每个成员均具有各自不同的喜好与特长，但事实上因为团队成员基本来自同一专业或同一班级，成员之间相互熟悉，每个人对团队内其他成员的品质和能力都确信不疑，具有扎实的信任基础，信息沟通与交流更顺畅、更有效。

4. 自发的组织，更具活力。实践团队是同学自发组织的，属于自组织范畴，从领队到骨干都是自主产生，凝聚力强，加之共同的兴趣或目标任务驱动。成员在同一团队内为共同的目标同行、同吃、同住、同劳动，更容易激发奉献精神、彰显各自的聪明才智，因此，比个人实践更具活力。

（四）团队实践类型

平安湖南建设内容丰富、舞台广阔，高等学校大学生可根据平安湖南建设的决策部署和重点任务，选择好平安社会实践的主题和内容，围绕社会治安综合治理、平安交通、平安校园、平安社区、无毒社区等内容积极组建富有创新性、开拓性的实践团队，如“长安实践团”“禁毒宣讲实践团”“畅通工程实践团”等大学生社会实践团体，在治安、禁毒、交通宣传服务等实践中不断增长才干，提升专业技能，助力平安湖南建设。

【拓展阅读】

湖南大中专学生暑期“三下乡”重点团队类型①

2021年，湖南省委宣传部、团省委、省教育工委、省教育厅、省文明办、省志愿者工作办公室和省学联七部门联合确定的湖南大中专学生暑期“三下乡”重点团队主要有以下几种类型：

1. 党史学习实践团。主要依托全省各地红色资源，组织青年学生开展重走红色足迹、追溯红色记忆、访谈红色人物、挖掘红色故事、体悟红色文化，引导青年

① 湖南省委宣传部、团省委、省教育工委、省教育厅、省文明办、省志愿者工作办公室和省学联联合下发的“湘团联〔2021〕11号”文件。

学生学史明理、学史增信、学史崇德、学史力行，更好地传承红色基因、担当时代责任。

2. 理论宣讲实践团。主要是组织引导青年学生理论学习与社会实践相结合，深入一线基层、深入人民群众，宣传党的科学理论，开展政策解读，努力让党的理论和方针政策走进基层、走进群众。

3. 国情省情观察实践团。注重以新时代新湖南建设最新成果为现实教材，组织青年学生开展参观考察、国情省情调研、学习体验等活动，引导青年学生感悟祖国发展，树牢爱国奉献的坚定理想信念。

4. 乡村振兴实践团。着眼于帮助和引导青年学生了解、认知当前乡村状况，面向广大乡村组织青年学生开展科技支农、科普宣讲、调研献策、志愿服务等实践活动。

5. 民族团结实践团。组织在湘新疆籍、西藏籍大学生在就读地开展“民族团结我践行”社会实践活动，也可以组织大学生到新疆、西藏等地开展社会实践活动。

6. 教育关爱服务团。关注农村教育基础薄弱地区，开展青少年心理健康疏导和培训、学业辅导、亲情陪伴、自护教育、素质拓展、敬老孝亲等形式的精准关爱志愿服务等活动。

7. 百名博士服务乡村振兴社会实践团。聚力乡村振兴和乡村建设，组织百名在校博士研究生围绕乡村产业振兴、人才振兴、文化振兴、生态振兴和组织振兴等内容，奔赴乡村开展实践。

（五）团队实践注意事项

选择以团队形式开展社会实践活动，应当注意以下两点。

一是坚持育人导向，突出团队实践的价值引领。教育与生产劳动、社会实践相结合是党的教育方针的重要内容，理论教育和实践教育相结合是大学生思想政治教育的根本原则。在开展平安湖南社会实践过程中，团队负责人应当充分理解和把握好社会实践活动的重要意义，立足于社会认知、能力培养与理想信念、价值理念、道德观念的教育有机结合，选择好实践活动的主题，从选题上把握好实践主题的价值引领。平安湖南社会实践中的团队实践既可以围绕单一主题展开，也可以围绕多个主题展开；既可以是临时性的单次实践活动，也可以是连续性的多次实践活动。

二是坚持目标导向，注重实践的精准施策。在实践活动的准备阶段，团队负责人应根据任务需求，招募并组建好团队。团队组建后，团队成员应在负责人组织和导师指导下，共同围绕实践主题制订好实践活动的计划，对实践目标、实践内容、实践步骤、成员任务分工与进程要求、预期成果等都要作出明确的安排。在实践活动中，团队负责人应切实负起责任，组织团队成员按照活动计划中的目标要求、任务分工、进度安排，稳步推进、精准施策，统筹解决好活动过程中遇到的各类突发情况、难点问题。

二、个人实践

（一）个人实践的含义

个人实践，是与团体实践具有不同的形式、不同的规模和不同的性质的一种实践。它指的是个人从事生产、艺术、科学研究等活动的总称。[①] 从哲学的范畴来看，个人实践是人们能动地改造和探索现实世界的一种社会性质的客观物质活动。在这里，个人实践是指大学生以个人名义单独开展的平安湖南社会实践活动，是大学生个人了解自我、感悟社会、认识国情、奉献社会、锻炼毅力、培养品格的有效途径。

（二）个人实践的意义

在大学生的求学生涯中，从学校到学校的学习经历让大学生对于社会的认识和了解仅限于在日常学习和生活中所接触到的领域和空间，或者从电视、报纸等媒体中所得到的关于社会的知识，而社会实践可以让大学生直面社会的方方面面，提供一个与社会接触的良好载体。[②] 大学生通过个人实践的方式走进社会，独立地完成某项实践目标，是大学生认识自我、了解自我的重要途径。参加实践的过程也是大学生检验所学知识成效的重要途径，在实践中明确努力的方向和目标，从而进一步完善自我、提高自我。

（三）个人实践的特点

目前，在平安湖南社会实践中，个人社会实践在实践的规模、产生的社会影响等方面要明显弱于团队社会实践。在高等学校社会实践活动的组织中，无论是方案征集还是方案立项、基地建设、资金投入、宣传保障等方面，都倾向于甚至完全放在团队实践上，对个人实践的关注相对较少，个人实践往往靠个人的社会资源去联系实践场地和实践事项，对于那些缺乏社会资源的大学生来讲，个人实践难以收到理想的效果。因此，个人社会实践需要学校、学生、社会三方尤其是学校的努力才能够实现三方共赢，真正让每一名学生都能够在实践中“受教育、长才干、作贡献”。而对于那些条件允许、社会资源丰富、个人活动能力强的同学来讲，个人社会实践具有灵活性、个性化的特点，有利于大学生根据个人职业发展的规划、个人自身能力培养的需要选择适合自己的实践主题和内容，有利于更好地提升自己。

---

① 林青山：《论社会实践和个人实践的关系》，载《学习与探索》1984 年第 2 期。

② 杨勇、何萌：《推进大学生个人社会实践提升实践育人效果》，载《教育探索》2007 年第 20 期。

（四）个人实践的要求

选择以个人形式开展平安湖南社会实践，应当做到两个结合。

一是目标选择应与个人能力相结合。个人实践不同于团队实践。在学生个人社会实践中，实践目标的实现没有同伴协助、配合，全靠实践者个人自身综合能力来实现，因此，在实践活动中，应立足于自身实际情况来确定选题方向，确立出切合自身能力的实践主题，以确保实践活动的可行性和效果。整体而言，公益服务类、职业发展类的活动主题比较适合大学生个人社会实践形式。选题过程中建议多考虑从公益服务、职业发展方向入手，既考虑自己的社会实践立意高、方向准、收获多，又不宜一味地追求高、大、上，否则，实践活动难以取得预期效果，甚至是难以为继、半途而废。

二是内容选择应与社会需求相结合。在选择个人实践的内容时，要将在实践过程中受教育、长才干与平安建设服务有机结合起来，让大学生立足自身专业优势和能力特长，为社会实践所在地的单位、企业、社区平安建设提供知识、技术服务，为当地平安建设作贡献。

思考与作业

1. 平安湖南社会建设的重点任务有哪些？
2. 平安湖南社会实践应围绕哪些内容展开？
3. 什么是调查研究型社会实践？
4. 简述公益服务型社会实践的功能。
5. 团队实践具有哪些优势？

阅读文献

1.《中华人民共和国国民经济和社会发展第十四个五年规划和 2035 年远景目标纲要》，2021 年 3 月 14 日。

2. 刘晓东主编：《大学生社会实践理论与实务》，高等教育出版社 2015 年版。

3. 郭凤安编著：《大学生安全教育》，清华大学出版社 2010 年版。

第三章　平安湖南社会实践的方法与技能

【教学目的和要求】

了解与掌握平安湖南社会实践中调查研究型、公益服务型以及职业发展型三大社会实践活动的基本方法与技能，知晓平安湖南社会实践资料的分析方法与技能。

【教学重点和难点】

- 平安湖南调查研究型社会实践的方法与技能
- 平安湖南公益服务型社会实践的方法与技能
- 平安湖南职业发展型社会实践的方法与技能
- 平安湖南社会实践资料的分析方法与技能

【学习导读】

掌握平安湖南社会实践必要的技能与方法，对成功开展该类活动有着非常重要的意义，反之，其效果必将直接受到影响，甚至无法开展。因此，掌握常见的平安湖南社会实践活动的基本经验、技巧与方法成为必需。本章内容分为四大块：平安湖南调查研究型社会实践的方法与技能；平安湖南公益服务型社会实践的方法与技能；平安湖南职业发展型社会实践的方法与技能；平安湖南社会实践资料的分析方法与技能。

第一节　调查研究型社会实践的方法与技能

社会调查包含社会“调查”和“研究”两个方面，调查是手段与途径，研究是目的。在社会调查中，人们为达到一定目的，会有意识地通过对社会现象的考察、了解和分析、研究，以了解社会真实情况。社会调查作为一项大学生社会实践活动的基本类型，长期以来其已经形成了一定的科学方法，在开展平安湖南调查实践活动中，这些基本方法必须掌握。

一、访谈法

访谈法又称晤谈法、访问研究法，是指通过访谈员和受访人面对面交谈来了解受访人的心理和行为的心理学基本研究方法，包括：面谈、书信访谈、电话访谈等形式。[①] 因研究问题的性质、目的或对象不同，访谈法具有不同的形式。访谈法运用面广，能够简单而迅速地收集多方面的工作分析资料，因而深受人们的青睐。

（一）适用范围

访谈法收集信息资料是通过研究者与被调查对象面对面直接交谈方式实现的，具有较好的灵活性和适应性。访谈广泛适用于教育调查、求职、咨询等，既有事实的调查，也有意见的征询，更多用于个性、个别化研究。

（二）访谈法类型

根据受访人数多少，可分为个人访谈和团体访谈。在访谈过程中，尽管谈话者和听话者的角色经常在交换，但归根结底访谈员是听话者，受访人是谈话者。访谈以一人对一人为主，但也可以在集体中进行。

根据访谈员掌握主导性的程度，可分为指导性访谈和非指导性访谈。

根据访谈内容的作用方向，可分为导出访谈（从受访人那里引导出情况或意见）、注入访谈（访谈员把情况和意见告知受访人）以及既有导出又有注入的商讨访谈。

在商讨访谈中所商讨的内容以受访人为中心时，称为当事人本位访谈；以问题事件为中心时，称为问题本位访谈。

作为心理学研究手段的访谈法，还可以分为访谈检测法和访谈调查法。访谈检测是指在心理学研究过程中，一边访谈，一边观察受访人，对实验、测验、诊断中观察到的有关心理学问题进行检验。访谈调查是对许多受访人一个个地进行访谈，进行社会心理学调查、舆论调查和态度调查等。

以特定问题为焦点进行详细的访谈称为集中访谈。这种访谈多用于一般性调查结果的整理之后对特定问题的调查。为了追寻受访人更深层的东西（如无意识动机或遭受过的挫折等）还可进行投射法访谈。这种深入受访人自我深层的访谈称为深层访谈。深层访谈在临床心理学中有广泛的应用。

当然，还有学者将访谈分为：结构化访谈、非结构化访谈以及混合式访谈。所谓结构化访谈，是指访谈者事先制定格式化问题清单，对所有受访者的基本问题和挖掘性提问都一样，把访谈内容控制在预先确定的主题上。所谓非结构化访谈，是

---

① 林聚任、刘玉安主编：《社会科学研究方法》，山东人民出版社2008年版。

指访谈者与受访者的交谈没有任何预设的格式，访谈的话题可能比较广泛，对不同受访者可能提出完全不同的问题。所谓混合式访谈，是指把结构化访谈与非结构化访谈结合起来，是最常用的一种方法。①

（三）访谈法的优劣

1. 访谈法的优点。

（1）可以对工作者的工作态度与工作动机等较深层次的内容有比较详细的了解；

（2）运用面广，能够收集多方面的工作分析资料；

（3）由任职者亲口讲出工作内容，具体而准确；

（4）使工作分析人员了解到短期内直接观察法不容易发现的情况，有助于管理者发现问题；

（5）为任职者解释工作分析的必要性及功能；

（6）有助于与员工的沟通，缓解工作压力。

2. 访谈法的缺陷。

（1）需较高的专业技能。访谈法需要专门的技巧与受过专门训练的工作分析专业人员。比如，访谈人须具备提问题的能力，通过提问，获得对自己有意义的信息；营造氛围的能力，能创造和谐的谈话氛围，让受访人畅所欲言等。

（2）易失真。收集到的信息往往已经扭曲和失真。访谈法易为受访人认为是其工作业绩考核或薪酬、职级等方面调整的依据，所以他们会故意夸大或弱化某些职责。

（3）成本高。比较费精力费时间，工作成本较高。访谈调查常采用面对面的个别访问。面对面的交流必须寻找受访人，路途往返时间往往超过访谈时间，调查中还会发生数访不遇或拒访情形，因此耗费时间和精力较多。另外，较大规模的访谈常常需要训练一批访谈人员，这就使费用支出大大增加。与问卷相比，访谈要付出更多的时间、人力和物力。由于访谈调查费用大、耗时多，故难以大规模进行，所以一般访谈调查样本较小。

（4）缺乏隐秘性。由于访谈调查要求受访人当面作答，这会使受访人感觉到缺乏隐秘性从而产生顾虑，尤其对一些敏感的问题，往往会使被访者回避或不作真实的回答。

（5）受访谈员影响大。由于访谈调查是研究者单独的调查方式，不同访谈员的个人特征，可能引起被访者的心理反应，从而影响回答内容；访谈双方往往是陌生人，也容易使被访者产生不信任感，以致影响访谈结果；另外，访谈员的价值

① 胡丽、崔连斌、罗胜飞等：《数据收集中访谈法与问卷调查法分别要怎么做》，载《杭州金融研修学院学报》2019年第8期。

观、态度、谈话的水平都会影响被访者，造成访谈结果的偏差。

（6）记录困难。访谈调查是访谈双方进行的语言交流，如果被访者不同意现场录音，对访谈员的笔录速度的要求就很高，而一般没有进行专门速记训练的访谈员，往往无法完整地将谈话内容记录下来，追记和补记往往会遗漏很多信息。

（7）处理结果难。访谈调查有灵活的一面，但同时也增加了这种调查过程的随意性。不同的被访者回答多种多样，没有统一的答案，这样，对访谈结果的处理和分析就比较复杂，由于标准化程度低，导致难以作定量分析。

（四）注意事项

1. 访谈邀请的注意事项。

为了接近被访谈者，使访谈顺利进行，应当做到以下几点：

（1）穿着干净整洁，称呼恰如其分。

（2）自我介绍简洁明了，不卑不亢。

（3）发出邀请时应热情，语气应该肯定和正面。

（4）以适当方式消除被访者的紧张、戒备心理，告知其将对访谈内容予以保密，有时应主动出示身份证等文件。

（5）电话预约邀请方式为首选。预约方式有电话、QQ、电子邮件和普通信件等，其中电话最好；预约时首先介绍自己，然后说明找到他的途径、自己的采访目的以及进行采访所需要的时间（通常30分钟左右），确认采访的日期、时间和地点。

（6）访谈方式以面谈为宜。访谈方式可以是面谈、电话访谈、QQ访谈，最好是面谈。

2. 应对拒绝访谈的注意事项。

（1）应有耐心。

（2）不要轻易放弃。

（3）搞清拒绝的原因，做相应的对策。

3. 实施访谈的注意事项。

（1）使受访人有轻松愉快的心情（访谈员当然也应如此）。

（2）创设恰当的谈话情境，不使受访人感到有社会压力。

（3）面谈一定要守时、简洁，不浪费他人时间。

（4）应具备正确的预备知识，要时刻注意安全问题，增强安全意识，提高防范能力，确保万无一失。

（5）应具备细致的洞察力、耐心和责任感。

（6）不对受访人进行暗示和诱导，尊重受访人，注意保护他们的信息安全和个人隐私。

（7）对相同的事情会从不同的角度提问。

(8) 能如实准确地记录访谈资料，不曲解受访人的回答。

(9) 所提问题要简单明白，易于回答；提问的方式、用词的选择、问题的范围要适合受访人的知识水平和习惯；谈话内容要及时记录。

(10) 在访谈过程中，要有精彩的问题设计，注意提问方式的转变，掌握一定的语言技巧，善于掌控访谈现场并形成独特的访谈风格。

(五) 访谈调查的流程

实施访谈调查，一般要做好访谈准备、预约采访者、接近受访者、制定采访纲要、进行访谈、访谈记录等环节。

1. 访谈准备。正式开展访谈前，必要的准备工作不可或缺。首先，明确访谈目的与主要任务。只有事先确立访谈目的与任务，方可为访谈计划制订、访谈中心任务完成确定方向与前提。其次，应做好谈话计划，即访谈提纲，包括关键问题的准确措辞以及对受访人所作回答的分类方法。一般谈话计划以下面内容为必备：①谈话进行的方式。②提问的措辞及其说明。③必要时的备用方案。④规定对受访人所作回答的记录和分类方法。再次，精选受访人。受访人的情况是关系访谈成败的关键之一。要根据访谈目的，对拟访谈候选人的经历、个性、地位、职业、专长、兴趣等有所了解；要分析受访人能否提供有价值的材料；要考虑如何取得受访人的信任和合作。最后，是选好合适的访谈时间、地点与场合。访谈地点应因人、因事而异。一般应选择受访人时间较为宽裕、心情较为愉悦时机。有关工作方面问题，建议在工作地点访谈为宜；有关个人或家庭方面的问题，则以家里访谈为好。

2. 接近受访人。接近受访人是正式访谈的必经环节，务必高度重视。首先，要称呼恰当。要有礼貌地称呼受访人，并根据时间、场合表示适当的问候，给受访人好的印象。其次，采取适当方式与受访人接近。常用的接近方式包括如下类型：自然接近法，在某种共同活动中与受访人接触，如运动、学习、吃饭、乘车等场合与受访人交流；求同接近，在寻求与受访人的共同语言中接近对方；友好接近，从关心、帮助受访人入手建立感情，增加信任；正面接近，开门见山直接说明调查目的、意义、内容、方法与有关规则，之后正式访谈。此外，还有隐蔽接近法，通过化装、微服私访、伪装访谈等方式予以调查受访人。

3. 访谈记录。访谈调查通常要做记录，记录有两种方式，当场记录和事后追记。具体选用哪种记录方式，没有硬性规定，由访谈人依据实际情况自行选择。两种记录方式各有利弊。

【拓展阅读】

访谈座谈法

访谈座谈法是由训练有素的主持人以非结构化的自然方式对一小群调查对象进行访谈，主持人引导讨论。主要目的是从适当的目标市场中抽取一群人，通过听取他们谈论研究人员所感兴趣的话题来得到观点。这一方法的价值在于自由的小组讨论经常可以得到意想不到的发现，是最重要的定性研究方法。座谈会主持人作为小组座谈会的核心，作用特别重要。一个优秀的座谈会主持人可以点石成金，一个素质不够的主持人会把座谈会变成聊天会。

（一）座谈会主持人必须具备的基本素质

1. 互动亲和能力

在小组座谈会中，一群相互之间完全陌生的人集中到一起，而且要畅所欲言，是有相当难度的。首要的就是要建立大家之间的信任感，特别是要建立主持人与参会人员之间的信任感。这就要求主持人一定要是个有热情的人，是一个让大家一见就感到信赖和亲切的人，是一个有着高度亲和力的人。

有亲和力的主持人通过这种友好表示，使得在座的人员合作在一起，有一种合作的意识、趋向意识和共同作用的力量。有亲和力是促成合作的起因，只有具有了合作意向，才会使大家结合在一起共同合作，才能更好地达成会议目标。

座谈会要让每个与会者都能真实地表达自己的意思。特别是遇到一些可能触及个人价值观或判断能力的话题，小组成员往往有顾虑，或者看别人的眼色随波逐流、随声附和。最好的办法是让大家进入一种忘我的境界，全心全意地投入讨论当中，这时候的人们更多的是感性的人们，而不是一个说话要斟酌再三的“理性”的人。对于主持人来说，就是要很快进入会议主持状态，让小组成员放下思想包袱，在不论对错与没有水平高低的担忧下充分讨论。

2. 会议过程控制能力

首先是语速控制。语言要中速，不快不慢，既不让大家感到压抑，又不让大家听不清楚。

其次是能够控制与会人员的谈话脉络，保证会议正常地按照既定主题发展。如果有人跑题了、拖堂了，能够顺着发言者的意思很轻松地牵到下一个主题，而不是突兀地打断。这个要靠平时知识的积累和修养的养成。

最后是时间进度管理。要在规定的时间内完成既定访谈任务，会前的提纲准备，须将会议的主题划分为几个相关的步骤，有一条时间线；现场将每个小组成员的发言控制在合理的水平，既表达充分，又不啰唆。如果发现时间控制方面出现了问题，应该及时调整话题方向和过程，加快节奏，不能仓促结束。如果需要可以再适当地延长访谈时间。

3. 提问和倾听能力

主持人的提问能力很重要。如果没有好的提问技巧，不能就事论事，步步为营，深入挖掘，而是照本宣科，所获得的访谈成果一定是表面和肤浅的。所以，合格的主持人应该掌握基本的提问技巧，懂得借助专业知识和恰当的问题挖掘出问题的本质和核心。

倾听能力对于座谈会主持人来讲也是非常重要的，要能认真地倾听发言者的真实意思表达，包括表面意思和隐性意思，在充分理解的基础上展开下一步的讨论。也要能够识别小组成员的非语言行为，更好地理解每个成员的真实意见和态度。

（二）形式及内容

座谈会是一种圆桌讨论会议，一般是由6~10人聚到一起，在一个主持人的引导下对某一主题进行深入讨论。座谈会的时间通常在30分钟到2小时。举办座谈会的目的是了解和理解人们对于主持人事先拟定的主题的看法以及影响这种看法的背后原因。座谈会不同于一问一答式的面访。因为是多人讨论，在有经验的主持人的主持下，受访者互相之间有一个互动作用，一个人的反应会成为对其他人的刺激，这种互动作用比同样数量的人作单独陈述时所能提供的信息更多。

座谈会研究是定性的、指导性的。如果要获取定量的信息，通常在座谈会之后结合大样本调查：通过座谈会找到一个问题的相关影响因素，然后通过大样本调查找到一个影响因素定量的影响程度。要开好一个座谈会，首先要明确它的主题、目的，事前作大量的调查研究，多查一些数据性的资料，分析研究，得出最后的结论。

（来源：360百科，https：//baike. so. com/doc/5378026-5614194. html）

（六）访谈具体技巧

1. 提问技巧。在访谈中，提出问题是最核心的工作，它是访谈最主要的手段与环节，因而提问在访谈中分量颇重，必须掌握适当的技巧，访谈才可能取得预期效果。常见的提问方式主要有以下几种：

（1）有趣提问：采用一些诙谐有趣、形象生动的话题或提问方式发问，以此消除陌生感，拉近双方的距离。比如，董卿主持的第二期访谈中，对方嘉宾为动物饲养员，性格内向，不善言辞，董卿提问比较有趣，“我特别好奇有多少只需要你喂养的动物，你最喜欢哪一只”，这一问题一下子吸引了嘉宾的注意力，打开了话匣子。

（2）直接提问：不拐弯抹角，把主题直截了当地提出来。同样是董卿主持的节目，第九期访谈中，请来了全国著名的焊接专家潘际銮。主持人和潘老握手问候之后，直接抛出主题“咱们这期的主题词是家，所以先来说一说潘老的家”，简单明了。

（3）推理提问：运用逻辑推理，提出问题。比如，你既然认为这件事情比较容易，那么对你来说一定是轻而易举可以完成的吧？

（4）追问：追根究底地提问，打破砂锅问到底，问清具体细节与缘由。例如，你既然对她很熟悉，那么请问：她身高？年龄？家庭住址？工作单位？爱好？

2. 听取技巧。听取技巧总体而言可概括为“善问”和“会听”。“善问”前文已述，不赘述。“会听”意为具备听取受调查者回答的技巧，简单说就是善于倾听，访谈法收集资料的主要形式是“倾听”。“倾听”可以在不同的层面上进行：

（1）在态度层面上，访谈者应该是“积极关注的听”，而不应该是“表面的或消极的听”；

（2）在情感层面上，访谈者要“有感情的听”和“共情的听”，避免“无感情的听”；

（3）在认知层面上，要随时将受访者所说的话或信息迅速纳入自己的认知结构中加以理解和同化，必要时还要与对方进行对话，与对方进行平等交流，共同建构新的认识和意义。

访谈中最大的注意事项是不要轻易打断受访者的讲话，要善于察言观色，做到用心听，同时积极思考，仔细认真揣摩领悟受访者的观点及题外之意，牢记在心并思考反应对策。

3. 回应技巧。所谓“回应”，是指在访谈过程中访谈者对受访者的言行作出的反应。访谈实质为双方之间的言语交流，彼此之间相互提问与应答，推动访谈的深入进行。如访谈者对受访者的谈话不能做到有效相互应和，置其于“独角戏”的地步，那访谈必定不会成功。回应包括言语行为与非言语行为两种方式。前者主要应用于以下两种场合：一是对受访者话题的引导和追询。引导是保证受访者的话题不偏离访谈计划；追询主要用于受访者谈话欠真实、具体、完整之处，意在保证受访者讲话真实、清晰与全面。二是用于鼓励、解释、共性与引导性言语等场面。比如，对受访者的话语表示鼓励与肯定，对其谈话加以复述与总结等。非言语行为主要对言语行为起辅助性作用，比如访谈者对受访者的讲话表示肯定时，除了言语表达外，还可用眼神、肢体等行为进行回应，让受访者感到身心愉悦。

4. 访谈结束技巧。本阶段是访谈最后一个环节，做好访谈结束工作也至关重要，否则虎头蛇尾、功亏一篑。结束访谈应注意两个方面问题：一是适可而止。访谈时间不可过长，一般控制在两小时以内为佳，整个访谈务必营造温馨、和谐、友好的氛围，如受访者有紧急事项，应立即结束访谈。二是善始善终。一方面对受访嘉宾表示真诚谢意，另一方面为再次访谈做好铺垫，对受访者表示出下次访谈的意愿，或约定好下次访谈的时间、地点及内容等。

【拓展阅读】

中国网访谈对外经济贸易大学国际经济贸易学院院长洪俊杰

时间：2018年11月6日。

中国网：习近平主席的主旨演讲，虽然只有半个多小时，却有很多掷地有声、让人为之振奋的话语。比如，“包容普惠、互利共赢才是越走越宽的人间正道”“中国经济是一片大海，而不是一个小池塘”等。听了这个演讲，您最大的感触是什么？

洪俊杰：我最大的感触可以用两个词来形容，第一个是“自信”，第二个是“自豪”。我认为习主席的讲话高屋建瓴，不仅给全世界人民增强了开放型世界经济发展的自信心，而且也让世界人民增强了对中国经济增长的自信心。所以，我想第一个关键词是“自信”。

我作为一名中国人，从习主席讲话中看到了未来的希望，也为我们国家这么多年的发展，特别是开放型经济的发展感到由衷的自豪。

中国网：主旨演讲聚焦“开放合作、共同发展”，在您看来有哪些亮点？

洪俊杰：我认为，亮点第一，习主席的讲话非常高端，站在一个很高的角度，不仅仅是从中国经济发展的角度，而且是从整个人类命运共同体的角度和开放型世界经济的角度。第二，不仅仅是一些理论上的阐述和概念上的阐述，更重要的是，在主旨演讲中宣布了很多中国开放的具体举措，非常值得我们期待。

中国网：这是非常精妙的比喻，最后一句话，增强了我们的自信，就是“中国永远在这儿”。

洪俊杰：是。

中国网：习近平主席在演讲中指出，中国开放的大门不会关闭，只会越开越大，并强调，中国国际进口博览会不仅要年年办下去，而且要办出水平、办出成效、越办越好。那我们应该如何正确看待进口博览会这个国际化的平台对于世界经济、全球治理改革的一些作用呢？

洪俊杰：我觉得对全球治理改革应该是有非常重要的作用的。我们前段时间已经有一些消费品降税了，向全世界展示了我们的决心。这次进博会展示了我们更大的决心，我们是要致力于贸易投资自由化和便利化的，而且采取了很多具体的举措来实现贸易投资的便利化和自由化。也就是说，我们在多边贸易体制当中是个追随者或规则的遵守者，在下一步的发展当中，随着中国体量的增大，作为负责任的大国，我们会为未来全球经济以及国际规则贡献更多的智慧，提供更多的中国方案。这一次的进博会我认为就是个非常好的创举，人类历史上第一次，我们办得很成功的话，可以对世界上其他国家起到很好的带动示范作用。

中国网：再次感谢洪院长今天做客《中国访谈》，对习近平主席的主旨演讲进行了详细解读。谢谢！

洪俊杰：谢谢主持人！

（来源：中国访谈《习近平首届进博会主旨演讲解读：构建更高层次对外开放新格局》，http：//fangtan. china. com. cn/2018-11/06/content_ 70524283. htm）

二、问卷调查法

（一）问卷调查法概述

1. 问卷调查法的定义。问卷调查法简称问卷法，是国内外社会调查中使用较为广泛的一种方法。问卷是指为统计和调查所用的、以设问的方式表述问题的表格。问卷法就是调查者运用这种统一设置的问卷表格对所研究的问题进行度量，从而搜集到可靠资料的一种调查方法。问卷法大多用邮寄、个别分送或集体分发等方式进行。发送问卷，由调查者按照表格所问来填写答案。一般来讲，问卷较之访谈表要更详细、完整和易于控制。问卷法的主要优点在于标准化和成本低、匿名性强、方便易行等方面。不足主要表现为缺乏弹性、情况难明以及专业性过强等方面。

2. 问卷调查法与访谈法的异同。问卷调查法与访谈法作为两种较为重要的社会调查方法，二者既有相同点，又有不同点。

（1）相同点。都是通过受访者的回答来了解情况或征询意见，然后通过对征集的情况或意见进行研判最后得出结论。

（2）不同点。第一，调查方式不一。问卷调查以间接调查方式为主，由被调查者自已独立填答问卷；访谈法则通常是调查者、被调查者之间面谈或通过通信网络进行单一的交流与对话。第二，受调查对象选择方式不一。问卷法一般是定量调查，主要目的在于通过样本统计量来推断调查总体；采用抽样调查方式，受访问者通常通过随机抽样方式选择，样本较多。访谈法则通常为定性调查，被访谈者一般事先确定，且样本数量较少。

3. 问卷调查法的类型。问卷调查法依据不同划分标准分为不同种类。按照问卷填答者不同，可分为自填式与代填式问卷调查。代填式问卷调查中，按照与受调查者交谈方式不同，又可分为访问问卷调查与电话问卷调查。按照问卷传递媒介不同，可分为线下问卷调查与线上问卷调查，其中，线下问卷调查又细分为报刊问卷调查、邮政问卷调查、送发问卷调查等类型。此外，根据问卷调查的性质或应用领域，还可划分为行政性问卷调查、学术性问卷调查、应用性问卷调查、生活状况问卷调查、社会问题问卷调查、市场问卷调查、民意问卷调查、家庭问卷调查、个人问卷调查等。

4. 问卷调查的手段。当前，问卷调查手段方式多样，但通常而言，其主要涵括计算机辅助电话访问平台运用、手机电子问卷访问平台使用、面对面访问、集中组织发放和回收问卷方式等方式。

（1）运用计算机辅助电话访问平台。其优点是成本低、干扰少、快捷实用、承担的样本量适中，承载的调查内容和信息量较少（题目10个左右，提问一般不超过20问）；题干不长（题目叙述一般控制在一句话，简明扼要、通俗易懂、字数越短越好）；选项不多（问题项一般控制在6个以内）；多选题和开放题不多；成本尚可，电话访问的成本每份问卷在10~20元。存在的不足表现为：在值守（固定电话）接听电话的人群中，老年人和学生所占比重较多，在数据代表性评估中应予考虑，或通过身份甄别的方式来解决。如果手机用户为访问对象，中途挂断或拒绝访问的比例会很大，问卷成功率很低。

（2）使用手机电子问卷访问平台。主要是利用手机网络功能进行的一种调查方法。其优点是：成本低、干扰少、快捷；信息量适中；实现的样本量大；承载的调查内容和信息量适宜（题目20个左右），题干不长（题目叙述一般控制在一句话，简明扼要、通俗易懂、字数越短越好。例如，你对湖南禁毒形势的看法）；选项不多（问题的选项一般控制在6个以内、一屏一题）；开放题较少；访问的成本不高，每份问卷在15~20元。其缺点：一是在响应或配合调查的人群中，年龄大多分布在55岁以下，56~65岁接受访问的人较少。如果调查的内容涉及老年人较多，应考虑其他方式进行补充，以提高数据的代表性。二是受垃圾短信和诈骗短信的影响，公众配合程度越来越低。

（3）面对面访问。作为传统调查方式，该方式承载的调查内容和信息量大，需动用较多的人力、物力，费用较高，拦截或访问员入户难度大，而且在调查过程中外部人为因素影响较多，考核、评价性调查易受干扰。面访方法无论是实现成功拦截，还是成功入户，配合程度均很低，所以除非迫不得已，一般不建议采用此类调查方法。目前此类访问的成本每份问卷在60~200元。

（4）集中组织发放和回收问卷方式。这是党政机关经常采用的方式，承载的调查内容较多，但是回收的问卷雷同现象普遍，数据客观性较差。形式性、一般性了解、非考核性质的调查可采用此法。①

（二）问卷设计

问卷设计是问卷调查的核心部分，直接关系到问卷质量的高低与效果，对之必须高度重视。问卷设计应遵循一定的原则，不可过于随意。问卷法作为一种使用非常广泛的社会调查方法，在长期使用中已基本形成较固定的范式，对此应原则上遵

---

① 王俊峰：《浅议问卷调查的基本思路》，载《统计与管理》2019年第6期。

循，不可轻率地去追求所谓的标新立异。

1. 问卷设计的基本原则。

（1）有效性原则。问卷的有效性不仅基于样本数据的多少，还在于单份问卷的有效性。因此，为了使问卷尽可能地有效回收，在设计问卷时应站在被调查者的立场上，设身处地地为他们考虑。应注重个体差异，从文化知识储备、教育背景、价值观念、生活方式差异等多个方面考虑不同层次被调查者的情况。第一，问卷的卷首语应该明确道明问卷的用途。应承诺不会泄露被调查者的私人信息，使被调查者乐意填写问卷，这是提高问卷有效性的先决条件。第二，问卷问题不宜设计过多。若问卷问题过多，极易出现被访者挂断电话或不加思索地应付调查者。此外，开放性问题也不宜设计过多，否则会严重影响访问效率或出现中途拒访，也会对问卷后半部分问题答案的准确性产生影响。第三，问卷中应避免出现生僻词、专业词汇、否定词、双重否定词、非官方英文单词缩写或非官方认定机构简称等，这些词汇会阻碍被调查者对题目的理解，从而影响问卷质量。①

（2）客观性原则。设计的问题必须符合客观实际情况。客观性原则包括三个方面要求：其一，设计的问题必须符合被调查对象的客观情况，与其密切相关，才可能引发其兴趣，其才会如实回答。其二，设计的问题不可带有倾向性、暗示性。问卷问题设计不可出现诱导被调查者的倾向。比如，“你认为湖南交通安全形势很好，对吗？”否则调查者可能会被带偏，调查结论容易失真。其三，必须符合被调查者回答问题的能力。凡是超越被调查者理解力、记忆力、计算与回答能力的问题，都不应该提出。

（3）必要性原则。必须围绕调查课题和研究假设设计最必要的问题。

（4）自愿性原则。必须考虑被调查者是否自愿真实回答问题。凡被调查者不可能自愿真实回答的问题，都不应该正面提出。

（5）准确性原则。问卷中一些概念、用词要准确、具体。问题回答应该与问题是对应关系，切不可答非所问，且回答设计应该精准详尽，不可含糊其词、模棱两可。

（6）简明性原则。一是问卷中的表述语言应尽可能简单、明确；二是问卷的整体篇幅设计简洁明了，与调查目的相匹配；三是选项不宜长、不宜多，长了或多了都会造成被访者应付，甚至反感或中途拒访，选项多了被访者容易选择后面提到的内容。

（7）目的性原则。问卷调查事先必须设置调查目的，围绕目的设计组织需询问的问题，否则问卷会无的放矢，无任何实际意义。

（8）创新性原则。大部分问卷都是纯文字形式，看久了容易让人产生疲劳感，且没有新意。譬如，可以在问卷中加入形式多样的表格、图形、图片等来辅助理

① 贺珍：《问卷设计五原则》，载《秘书之友》2018 年第 9 期。

解，且问题与回答之间也可以抛弃传统的选项选择式，而采取连线式，即将问题放置在左边，答案设计在右边，被调查者认同哪一个答案，就将题目与其连线。

（9）逻辑性原则。逻辑性是指问卷的设计要有整体感和统一性。这种整体感和统一性就是问题与问题之间要具有逻辑性和前呼后应，层层推进，独立的问题本身也不能出现逻辑上的谬误，从而使问卷成为一个相对完善的小系统。问卷中的问题一般可按下列顺序排列：

先易后难、先简后繁。容易回答的问题放在前面，难以回答的问题放在后面；简单的问题放在前面，复杂的问题放在后面。问卷的前几道题目容易作答能够提高回答者的积极性，有利于把问卷答完，这是一种预热效应。如果一开始就让被调查者感到费力，容易使人对问卷失去信心。此外，一份问卷中可能包含几个时期的问题，有的问题是关于近期的事情，如昨天、一周前的情况，有的问题则是关于一个月或几个月前的事情。近期的问题易于回答，而远期的事情，记忆容易受到干扰，不容易回忆起来。根据此原则，对于这种有时间顺序的问题，一般可先从最近的事情问起，而后才问较远期的事情。例如，可先问“您现在使用什么品牌的牙膏?”然后续问“使用这种牙膏之前您使用的是什么牙膏?”最后再问“您还使用过什么品牌的牙膏?”这样，被调查者就容易回答了。不过，有些问题如果从远期问起便于作答，那么也可以按时间的自然顺序进行。

先一般性问题，后敏感性问题。敏感性问题如个人收入、家庭收入等，一般来说，被调查者都会有种种顾虑和畏难情绪，若将这类问题放在前面，一旦遭到被调查者的拒绝，就会影响到后继问题的作答，阻碍调查工作的顺利进行。然而，如果将被调查者不会产生顾虑或紧张的一般性问题放在问卷前面，被调查者一般都愿意回答，即使被调查者不愿意回答置于后面的敏感性问题，其他非敏感性问题也已作出回答，资料可以得到保留。

先封闭性问题，后开放性问题。封闭性问题，又称定选性问题，指已给出可供选择答案的问题，回答者的作答方法是从问卷中已列出的多个答案中选择一个或多个答案。例如，您认为平安湖南建设中应重点建设哪些领域？①治安防控；②消防管理；③食药品管制；④毒品控制；⑤其他。封闭性问题回答者不用花费过多的时间去考虑，很快可以作出选择，一般都愿意回答，因此，应放在问卷前面。而开放性问题不给回答者提供具体供选答案，由回答者自由作答。例如，“您认为湖南安全状况如何?”开放性问题一般需要较长时间来作答，而一般被调查者是不愿意花太多时间来完成一份问卷的。因此，如果开放性置于前面，会使被调查者觉得问卷需要很长时间，从而拒绝接受调查。而将开放性问题放在后面，即使不作答，也不至于有太大的影响。例如，要对城市报纸读者阅读情况进行一项调查，其中几个问题的设置如下：①您通常每日读几份报纸？不读报；一份；二份；三份以上。②您通常用多长时间读报？10 分钟以内；半小时左右；1 小时；1 小时以上。③您经常读的是下面哪类（或几类）报纸？×市晚报；×省日报；人民日报；参考消息；中国广播电视报；足球……在以上的几个问题中，由于问题设置紧密相关，因而能够获得比较完整的信息。被调查者也会感到问题集中、提问有章法；相反，假如问题是发散的、带有意识流痕迹的，问卷就会给人以随意性而不是严谨性的感觉。

2. 问卷设计的基本步骤。问卷设计对搞好问卷调查具有重大作用，在一定程度上直接决定问卷调查的成败，因而在开展问卷调查前务必精准设计问卷，确保问卷内容本身质量。

（1）做好准备工作。第一，确定问卷提纲。提纲一般包括调查的指导思想、调查目的、研究假设、问卷设计、调查的重点等。第二，了解基本情况。通过多方途径了解被调查者的基本情况，这是设计问卷的前提和依据。第三，收集已有相关问卷，对前人问卷予以有针对性借鉴。

（2）设计问卷初稿。设计初稿一般有两种方法，一种为卡片法，即首先设计出一批问题分别写在卡片上，然后按照问题内容、日常习惯、心理反应和填答方便，对卡片分类排序，从而整理出有一定条理性的问卷初稿。当然，现今手机网络较为方便，也可将问题存于互联网上，使用 Excel 制作文档也较方便。另一种方法为框图法，即先根据研究假设画出问卷各部分的框架图，然后按照框架图设计出各部分需要询问的社会指标、调查指标及其答项，最终生成问卷。

（3）评审和试调查。问卷设计后，一般要经过主观评审和客观试调查的检验。主观评审就是将设计的初稿委托相关专家、教师以及有代表性的调查对象进行评审，征求他们的意见与建议。客观性试调查就是将问卷调查表初稿交付给一些代表性调查者，让其填答，从中发现问题再对问卷予以修订。

（4）修改和定稿。根据主观评审及时调查发现的问题，对问卷进行修改和完善，最终形成较健全的问卷调查表。

3. 问卷的常规结构。问卷一般由卷首语、问题与回答方式、编码和其他资料四项组成。

（1）卷首语。它是问卷调查的自我介绍部分。卷首语的内容应该包括：调查的目的、意义和主要内容，选择被调查者的途径和方法，对被调查者的希望和要求，填写问卷的说明，回复问卷的方式和时间，调查的匿名和保密原则，以及调查者的名称等。为了能引起被调查者的重视和兴趣，争取他们的合作和支持，卷首语的语气要谦虚、诚恳、平易近人，文字要简明、通俗、有可读性。卷首语一般放在问卷第一页的上面，也可单独作为一封信放在问卷的前面（详见“问卷调查的设计与实施”范例）。

（2）问题和回答方式。它是问卷的主要组成部分，一般包括调查所要询问的问题、回答问题的方式以及对回答方式的指导和说明等。

【实践案例】

问卷调查的设计与实施

<table>
<tr><td colspan="3">“对自愿戒毒方式的认识”问卷调查表</td></tr>
<tr><td colspan="3">自愿戒毒是指吸毒者本人自觉意识到自身吸毒行为给自己、他人与社会带来了负面影响后，积极进行脱毒治疗的行为，即吸毒人员主动去一些正规的、专业的、经过授权的戒毒医疗机构进行戒毒治疗。现耽误您宝贵的几分钟时间，向您进行自愿戒毒方式认识情况的调查，敬请您填写这份调查问卷，感谢您热心的参与！</td></tr>
<tr><td colspan="3">调查问卷说明：
（1）本调查问卷简明扼要并易于回答，请您以最直接的看法逐一填写。
（2）您可以匿名填写，也可以实名填写。此份调查问卷中所涉及您的信息将严格保密，所以敬请您放心作答。
（3）请您按实际情况作答，否则将有可能影响本次调查结果的准确性。</td></tr>
<tr><td colspan="3">个人信息表</td></tr>
<tr><td>姓名：</td><td>性别：
□男 □女</td><td>年龄：□18 岁以下 □18～40 岁 □40～60 岁 □60 岁以上</td></tr>
<tr><td>户籍地：</td><td>婚姻状况：□已婚 □未婚</td><td>宗教信仰：□有信仰 □无信仰</td></tr>
<tr><td>政治面貌：
□中共党员 □非中共党员</td><td>移动电话：
QQ：</td><td>MSN：
E-mail：</td></tr>
<tr><td colspan="3">学历：□初中或以下 □高中或中专 □大学或大专 □硕士及以上</td></tr>
<tr><td colspan="3">所从事的行业状况：□机关、事业单位职工 □企业、公司员工 □经商 □务农 □学生 □其他</td></tr>
</table>

1. 您对毒品危害的了解？

□完全不了解 □有一定了解 □十分了解

2. 你认识以下哪几种戒毒方式？（可多选）

□强制戒毒 □社区戒毒 □自愿戒毒 □其他种类戒毒方式

3. 您所了解到的吸毒人员进行何种戒毒治疗方式较多？

□强制戒毒 □社区戒毒 □自愿戒毒 □不太了解

4. 您曾经听说过自愿戒毒这种方式吗？

□听说过 □没听说过

5. 您是通过何种方式了解到自愿戒毒这种方式的？

□政府、社区等宣传　□电子网络　□书籍、报刊等　□他人告知　□其他

6. 您所在地区有多少戒毒机构?

□不太了解　□没有　□1~3所　□3所以上

7. 您认为自愿戒毒的治疗周期多长时间合适?

□1个月以内　□1~3个月　□3~6个月　□6个月以上

8. 您认为进行自愿戒毒的花费应在多少范围内较为合适?

□1000~5000元　□5000~10000元　□10000~30000元　□30000元以上

9. 您认为自愿戒毒这种方式对吸毒人员脱毒有多大作用?

□没有作用　□有一定作用　□有较大作用　□十分有用

10. 您认为自愿戒毒与强制戒毒等方式相比，何种方式对脱毒更为有效?

□自愿戒毒　□强制戒毒等方式　□二者都有效

11. 您认为自愿戒毒与强制戒毒等方式相比，它的优势在哪?(可多选)

□专业自愿戒毒医疗机构拥有独特与先进的科学与技术优势

□自愿戒毒机构依托高等院校可对相关医学进行深入彻底的研究

□通过集体进行治疗可以有效降低复吸率

□自愿戒毒对象数量巨大（隐性吸毒人员数量巨大）

□自愿戒毒可以有效减少国家财政开支

□自愿戒毒的吸毒人员可不留案底，不被处罚

□其他

12. 您认为目前制约我国自愿戒毒发展的原因有哪些?(可多选)

□自愿戒毒机构自身存在缺陷，治疗费用昂贵，作用不明显

□相关法律不够完备，不能提供有效法律依据

□政府等对自愿戒毒方式的宣传力度不够

□社会、公民对自愿戒毒方式认识不够，甚至错误认识

□其他

13. 您认为该如何推广自愿戒毒方式?(可多选)

□加快推进相关立法，提供完备法律依据

□推进以社会公益为宗旨设立自愿戒毒机构

□加大自愿戒毒方式宣传力度，提高社会、公民认识水平

□通过专业医疗手段解决吸毒成瘾问题

□加强对吸毒人员心理问题的关注和矫治

□其他

14. 您对自愿戒毒方式的发展前景持何种态度?

□乐观态度　□中立态度　□悲观态度　□不太关注

15. 您认为国家是否应该加强对自愿戒毒方式的研究投入与建设?

□加强投入与建设　□应当不鼓励不限制　□限制投入与建设　□不太关注

16. 您认为本份问卷调查的质量如何？

□优良　□一般　□较差

（3）编码。所谓编码，就是对每一份问卷、问卷中的每一个问题和每一个答案都编定一个唯一的代码，以便录入计算机并以此为依据对问卷进行数据处理（具体内容详见后文“拓展阅读”）。

（4）其他资料。包括问卷名称、被访问者的地址或单位（可以是编号）、访问员姓名、访问开始时间和结束时间、访问完成情况、审核员姓名和审核意见、问卷编号等。这些资料，是对问卷进行审核和分析的重要依据。

此外，有的自填式问卷还有一个结束语。结束语可以是简短的几句话，对被调查者的合作表示真诚感谢，也可稍长一点，顺便征询一下对问卷设计和问卷调查的看法。

例如，在问卷的最后可设计这样一组问题：

您填写完这份问卷后认为还有什么需要补充吗？如有，请写在下面：

您填写完这份问卷后有何感想？

①很有意义□　②可能有些用处□

③没有意义□　④不清楚□

您以后还愿意填答问卷吗？

①愿意□　②不愿意□

如果是访问问卷，在结束语（或卷首语）后，还应该有以下一些内容：

问卷编号：

访问地点或单位：

完成情况：完成；未完成（不在家；拒绝回答；其他）

访问时间：年　月　日　时　分至　时　分，合计　分钟

访问员姓名

对回答的评价：可信；基本可信；不可信

复核员姓名

复核员的意见：合格；基本合格；不合格

【拓展阅读】

问卷调查法中编码的常用方法

把问卷中询问的问题和被调查者的回答，全部转变成为 A、B、C、…或 a、b、c、…代号和数字，以便运用电子计算机对调查问卷进行数据处理。

1. 对问卷的编码，包括编定被调查者的地址、类别和户代码；调查开始时间、结束时间和合计时间的代码；调查完成情况的代码；调查员和调查结果评价的代码；复核员和复核意见的代码等。所有这些，都是对问卷分类和处理的依据。

2. 对问题的编码，就是对每一个询问问题编定一个代码。

3. 对答案的编码，有前编码和后编码之分。封闭型回答的每一个答案，在设计问卷时就设计了代码，叫前编码；开放型回答的答案，一般是在调查结束后根据答案的具体情况再编定代码，叫后编码。

为了便于计算机录入和处理，一般编码都由A、B、C、D等英文字母和1、2、3、4等阿拉伯数字组成。编码的主要任务是：

①给每一份问卷、每一个问题、每一个答案确定一个唯一的代码。例如，A1、A2、A3、A4；Q1、Q2、Q3、Q4等。

②根据被调查者、问题、答案的数量编定一个代码的位数。例如，被调查者在100人以下，就编定2位数；1000人以下，就编定3位数。同样，根据问题、答案的数量，也分别编定它们的位数（即1位数为0~9；2位数为0~99；3位数为0~999；4位数为0~9999）。

③设计每一个代码的填写方式：(　)(　)(　)等方式。

例如，被调查者的地址、类别和户编码，可以设计为：

省编码　地市编码　县市编码　乡镇编码

A1　A2　A3　A4

□□　□□　□□　□□

村编码　类别编码　户编码

A5　B1　C1

□□　□□　□□

又如，问题及其答案的编码，可以设计为：

Q1 您的性别：

01 男(　)　　02 女(　)

Q2 您的文化程度：

q1 文盲或半文盲□

q2 小学□

q3 初中□

q4 高中或中专、技校□

q5 大专□

q6 大学本科□

q7 硕士□

q8 博士□

（来源：360百科“问卷调查法”，https://baike.so.com/doc/1963748-2078150.html）

（三）问卷调查方法的实施

1. 线下问卷调查的组织与实施。问卷调查法根据采用的路径，可分为线上与线下两种形式。线下问卷调查是传统的调查方式。它通常历经选择、培训调查员，选择并联系调查对象，开展调查与分发问卷，回收问卷并审查等几个环节。

（1）选择、培训调查员。调查员是问卷调查、收集资料的主力军，直接负担调查资料的收集工作，因此选择、培训调查员工作非常重要。选择调查员时，其应当具备下列素质条件：诚实守信，工作认真负责；具备基本的调查技能，拥有较好的观察、分析与交往能力；吃苦耐劳，谦虚耐心。培训调查员时，要做到扎实、细致，要针对所调查事项进行针对性培训，如调查目的、意义、调查方法、注意事项、调查内容等，这些都要让调查员牢记于心，人人过关，不能华而无实。

（2）选择并联系调查对象。调查对象的选择十分关键，如选择不当则会极大地影响调查质量。选择调查对象要做到所选对象应当具备合适性与代表性。联系调查对象有三种途径可供参考：第一，通过相关组织与机构出面联系被调查者。组织机构较个人权威性更大，影响性强。组织机构可以多样化，譬如政府部门、社会组织或企事业单位，最好是对被调查者有一定影响性的组织机构，以便于联系工作的顺利开展。第二，通过私人关系联系。私人关系可以是通过自己的亲朋好友、熟人、同事、领导等联系受调查者。第三，直接与被调查者联系，在联系时注意自己的言行举止，带好相关证件，如介绍信、学生证等。

（3）开展调查与分发问卷。开展调查与分发问卷是问卷调查法的具体实施阶段，实施好坏直接决定调查的成败，因此开展调查时务必做好外部协调与内部沟通工作，力求以最小的成本取得最佳的成绩。分发问卷方式可以是多样化的，如利用网络邮件、QQ 群、微信公众号、邮政传递、现场发放等。发放数量可以是个别发送，即调查员依据所抽取的样本，将问卷逐一发送到被调查者手中请其合作填答，并约定回收时间、地点与方式；也可集中填答，即将被调查人员事先集中统一起来，每人发放一份问卷，由调查员讲解相关注意事项，填写完毕后一次收回。

（4）回收问卷并审查。回收问卷时要细致，对问卷进行检查，对问卷问题未作填写的，尽量与被调查者逐个联系，问清缘由，对明显不合格的问卷要果断予以舍弃。

2. 线上调查方法。线上调查又名网上调查，是传统调查在新的信息传播媒体上的应用。它是指在互联网上针对特定问题进行的调查设计、收集资料和分析等活动。与传统调查方法相类似，网上调查也有对原始资料的调查和对二手资料的调查两种方式。

网上调查具有传统调查所不可比拟的一些优势。具体表现在以下几个方面：

第一，及时性。网上信息传播速度非常快，如用 E-mail 几分钟就可把问卷发送到各地，若回复及时，问卷的回收也相当快。利用统计分析软件，可对调查的结果进行即时统计，整个过程非常迅速，而传统的调查要经过很长一段时间才能得出结论。

第二，广泛性。网上调查不受时空的限制，可以 24 小时向世界各地进行调查，抽样框相当大，调查范围也相当广泛。

第三，便捷性与低费用。传统调查往往要耗费大量的人力、物力。而网上调查只需有一台上网的计算机，通过站点发布电子问卷或组织网上座谈，利用计算机及统计分析软件进行整理分析，省去了传统调查中的印刷问卷、派遣人员、邮寄、电话、繁重的信息采集与录入等工作与费用，既方便又便宜。

第四，客观性。网民是在完全自愿的情况下参与调查，对调查的内容往往有一定的兴趣，因此回答问题时更加大胆、坦诚，调查结果可能比传统调查更为客观和真实。①

（1）网上问卷调查法。网上问卷调查法是在网上发布问卷，被调查对象通过网络填写问卷，完成调查。根据所采用的技术，网上问卷调查一般有两种：一种是站点法，即将问卷放在网络站点上，由访问者访问时自愿填写。另一种是用 E-mail 将问卷发送给被调查者，被调查者完成问卷后再用 E-mail 返回。网上问卷调查法是最常用的方法，它比较客观、直接，不能对某些问题作深入调查和分析。

（2）网上讨论法。网上讨论法可通过多种途径实现，如 BBS、IeQ、newsgroup、网络实时交谈（IRe）、网络会议（Netmeeting）等。在相应的讨论组中发布调查项目，请访问者参与讨论，或是将分散在不同地域的被调查者通过互联网视讯会议功能虚拟地组织起来，在主持人的引导下进行讨论。网上讨论法是一种定性调查研究法，是小组讨论法在互联网上的应用。

（3）网上观察法。它是对网站的访问情况和网民的网上行为进行观察和监测。大量网站都在做这种网上监测，观察网站的访问情况。很多可供免费下载的软件，事实上也在做网上行为监测。使用这种方法最具代表性的是法国 NetValue 公司，它的重点是监测网络用户的网上行为，号称为“基于互联网用户的全景测量”。它调查的主要特点是首先通过大量的“计算机辅助电话调查（cAIT）”获得用户的基本人口统计资料，然后从中抽出样本，招募自愿受试者，下载软件到用户的电脑中，由此记录被试者的全部网上行为。NetValue 公司的独特之处在于，一方面，一般的网上观察是基于网站的，通过网站的计数器来了解访问量停留时间等，而 NetValue 公司的测量则是基于用户的，可以全面了解网站和用户的情况。另一方面，NetValue 公司的调查是目前世界上唯一基于 TCP/IP 进行的，即它不仅记录了用户访问的网站，而且记录了网民的上传和下载软件、收发电子邮件等全部网上行为，因此称为“全景测量”。

---

① 高丽：《网上调查的方法与问题初探》，载《上海统计》2001 年第 5 期。

【拓展阅读】

二维码调查方法

二维码调查方法及系统是问卷调查的一种访问方式，改变了传统的面对面调查、电话调查、邮寄调查、电子邮件调查等方式，打破了传统的被动式调查方法在设备、时间和环境上限制；受访者可以随时随地使用随身携带的移动终端设备扫码参与调查，大大减少调查对象参与调查的阻力与成本；通过断点续答功能（回答部分内容退出后下次登录可继续回答），还能有效地利用调查对象的碎片化时间。

三、文献调查法

文献调查法，又名历史文献法，主要指搜集、鉴别、整理文献，并通过对文献的研究形成对事实的科学认识的方法。文献法是一种古老而又富有生命力的科学研究方法。它具有历史性、间接性、非介入性和无反应性等特性。所谓历史性，指的是对人类过往发生的事情、已经获得的知识所进行的调查。所谓间接性，是指调查对象不是历史事件的当事人与历史文献的编撰者，而是历史文献资料。所谓非介入性和无反应性，是指调查不介入文献所记载的实践，不接触有关事件的当事人，调查过程不存在与当事人人际关系问题，不会受当事人反应性心理或行为的影响。

（一）文献调查法的流程

文献法的一般过程包括五个基本环节，分别是：提出课题或假设、研究设计、搜集文献、整理文献和进行文献综述。文献法的提出课题或假设，是指依据现有的理论、事实和需要，对有关文献进行分析整理或重新归类研究的构思。研究设计，首先要建立研究目标，研究目标是指使用可操作的定义方式，将课题或假设的内容设计成具体的、可以操作的、可以重复的文献研究活动，它能解决专门的问题，具有一定的意义。

（二）文献搜集渠道

搜集研究文献的渠道多种多样，文献的类别不同，其所需的搜集渠道也不尽相同。譬如，搜集教育科学研究文献的主要渠道有：图书馆、档案馆、博物馆、社会、科学及教育事业单位或机构、学术会议、个人交往和计算机互联网（internet）。

（三）搜集方式

1. 检索工具查找方式和参考文献查找方式。检索工具查找方式指利用现成（或已有）的检索工具查找文献资料。现成的工具可以分为手工检索工具和计算机检索工具两种。手工检索工具主要有目录卡片、目录索引和文摘。参考文献查找方式又称追溯查找方式，即根据作者、文章和书后所列的参考文献目录去追踪查找有关文献。

2. 积累文献。积累文献是另外一种搜集文献的工作形式，每一个研究课题都需要汇集、积累一定的文献资料，而每一个课题的研究过程同时也是一个新文献资料的积累过程。

（1）文献积累应注意相关事项。第一，文献积累内容应努力做到充实和丰富。第二，积累文献应该有明确的指向性，即与研究目标或课题假设有关。第三，积累文献应该全面。所谓全面，要求研究者不仅搜集课题所涉及的各方面文献，还应注意搜集由不同人或从不同角度对问题的同一方面作出记载、描述或评价的文献。不仅搜集相同观点的文献，还应搜集不同观点，甚至相反观点的文献。尤其需要防止研究者自己已有观点或假设对积累指向的影响，不要轻易否定或不自觉地忽视与自己观点相左的材料。

（2）文献积累需要一个过程。一般情况下，积累文献可以先从那些就近的、容易找到的材料着手，再根据研究的需要，陆续寻找那些分散在各处、不易得到的资料。积累文献是一个较为漫长的过程，为了使整个过程进行得更有效，可以根据实际情况分为若干阶段进行整理。每一阶段，把手头积累到的文献作一些初步的整理，分门别类，以提高下一阶段搜集文献的指向性和效率。此外，还可以使用现代教育情报系统的检索方法，在具有相应条件的环境中快速查找、获取所需要的文献资料。积累文献，不只是在有了具体的研究任务以后，才需要做，更重要的是在平时经常注意积累和搜集各种文献资料，养成习惯，持之以恒。

（3）应采用多种方式进行文献积累。可以通过做卡片、写读书摘记、做笔记等方式，有重点地采集文献中与自己研究课题相关的部分。

常用的卡片有目录卡、内容提要卡、文摘卡三种形式。写读书摘记与读书笔记既是积累文献的方法，又是某种意义上制作文献的方法。因为在读书摘记和读书笔记中渗透了更多制作者的思维活动，它有时是第二手文献的构成部分，有时又是新的第一手文献的创造过程，是在研究过程中形成的“半成品”。

读书摘记以摘记文献资料的主要观点为任务。因不受篇幅限制，它比卡片式的内容提要详细得多。研究者在读到一些较有价值的文献，或者读到一些在主要观点和总体结构上很有启发的资料时，就可采用读书摘记的方式，把其主要观点和结构的框架摘记下来。总的来说，摘记的重点在“摘记”，不在于“评价”。与摘记不同，读书笔记的重点在“评”。评论的方式有总评、分章节评和重点选评。写得好的读书笔记，既是提出新思想和新观点的读书笔记，其本身也是一种科研成果。

【拓展阅读】

什么是文献综述?

文献综述是文献综合评述的简称，指在全面搜集有关文献资料的基础上，经过归纳整理、分析鉴别，对一定时期内某个学科或专题的研究成果和进展进行系统、全面的叙述和评论。综述分为综合性的和专题性的两种形式。综合性的综述是针对某个学科或专业的，而专题性的综述则是针对某个研究问题或研究方法、手段的。

文献综述的特征是依据对历史和当前研究成果的深入分析，指出当前的水平、动态、应当解决的问题和未来的发展方向，提出自己的观点、意见和建议。并依据有关理论、研究条件和实际需要等，对各种研究成果进行评述，为当前的研究提供基础或条件。对于具体科研工作而言，一个成功的文献综述，能够以其严密的分析评价和有根据的趋势预测，为新课题的确立提供强有力的支持和论证，某种意义上，它起着总结过去、指导提出新课题和推动理论与实践新发展的作用。

文献综述具有内容浓缩化、集中化和系统化的特点，可以节省同行科技工作者阅读专业文献资料的时间和精力，帮助他们迅速地了解有关专题的历史、进展和存在的问题，做好科研定向工作。

文献综述的内容决定文献的形式和结构。由于课题、材料的占有和资料结构等方面的情况多种多样，很难完全统一或限定各类文献综述的形式和结构。但总体上，文献综述的形式和结构一般可粗略分为五个部分：绪言、历史发展、现状分析、趋向预测和建议、参考文献目录。

一般而言，对文献综述的质量要求主要有六条：(1) 搜集文献应当客观、全面；(2) 材料与评论要协调、一致；(3) 针对性强；(4) 提纲挈领，突出重点；(5) 适当使用统计图表；(6) 不能混淆文献中的观点和作者个人的思想。

通常情况下，文献综述由五个步骤环节组成：第一步，确定综述的选题；第二步，收集相关的文献资料；第三步，整理文献；第四步，撰写综述初稿；第五步，修改综述初稿，并完成文献综述。

(来源：360 百科“文献综述”，https://baike.so.com/doc/1690824-1787901.htm)

第二节　公益服务型社会实践的方法与技能

公益服务一般而言等同于志愿服务，是指不以营利为目的，为社会公众提供无偿服务，即维护公共利益的行为。[①] 公益服务要求参与者具备诚心奉献、热情服务、不求私利等品质。公益服务内容丰富、形式多样。平安湖南社会实践公益服务包括“三下乡”社会实践，平安进社区、进企业、进学校活动以及其他公益服务活动。

一、“三下乡”社会实践组织方法

“三下乡”即有关文化、科技、卫生方面的内容知识在农村普及，促进农村文化、科技、卫生的发展。大力开展文化、科技、卫生“三下乡”活动，是我们党全心全意为人民服务宗旨的具体体现。大学生“三下乡”社会实践活动尽管涉及面广、内容丰富，但也必须与农村实际需要相结合。在大学生“三下乡”社会实践活动中，大学生可以也应该将自己在校所学的先进而科学的生活理念向广大农村传播，应紧密结合所学专业技术知识，在农村开展多种形式的先进科技文化知识宣讲活动。通常学校组织的“三下乡”社会实践活动多以支教、调查等形式为主，由于大多数非医学专业学生在卫生方面掌握的知识不够全面，经验不够丰富，故不为推荐。

首先，应突出重点。平安湖南“三下乡”社会实践活动应着重向农村宣讲“国家安全”“公共安全保障”“家庭与个人安全”“校园安全”“交通安全”“毒品预防与社会禁毒”“网络安全”等知识，增强农村人员的各项安全意识和守法观念。

其次，形式应多样化。可以通过支教帮扶、图书下乡、文艺下乡、法律下乡、科技下乡、心理卫生下乡等多种途径与方式，向农民宣传和普及诸如消防、交通、食品、防盗、禁毒、反诈等安全知识，增强农民安全意识与观念，推动平安湖南建设在湖南农村的深入。

再次，应因地因人制宜。在“三下乡”社会实践活动中切忌“千篇一律”，不看对象、不分情况，盲目开展。要以农民最关心、最感兴趣、最期盼事项为切入口，让农民配合“三下乡”活动。譬如，以文艺形式对农民进行安全教育活动时，要以农民喜闻乐见的文艺方式予以体现。当今，农村主要是留守妇女、儿童与老人，因此文艺下乡要结合这些群体的文化程度、爱好而进行，否则难以取得收效。

---

① 360百科“公益服务”，https：//baike. so. com/doc/481501-509886. html.

最后，要结合自己专长予以开展。送“安全”下乡涉及面十分广泛，下乡人员不可能对所有安全方面知识都熟知，因此，为确保实效性和针对性，一定要将活动的内容与实践团队中学生的专业紧密结合，切实为青年大学生提供可以发挥专业优势的实践平台。应做好分工，按照各自所长分成若干个小组，每个小组负责一个方面。比如，湖南警察学院目前开设的专业有侦查、交通管理、治安管理、刑事技术、网络安全、心理学、法律等，因而在下乡之前应按所学专业将学生分为各个小组，每个小组各司其职、各负其责，如此效果会较好。

二、“平安进社区”活动组织方法

“四进社区”活动是由中央文明办、卫生部等八部委联合发起的一项重要活动。社区是城市基层管理的落脚点和平台，社区稳则基层稳、全局安。作为文明城市创建的一个重要平台，在丰富社区文化生活、宣传普及科学文化知识、增强居民法律意识、提高居民生活质量等方面意义重大。“平安进社区”活动是对“四进社区”活动内容的重要补充和发展，对增进湖南居民乃至全国公众安全意识，维护公共安全与国家安全均具有重要作用。

“平安进社区”活动与“三下乡”活动近似，仍应以开展宣传教育方式为主，主要在社区开展宪法法律、禁毒、交通、食药品、治安、网络、消防、国家安全等方面安全宣传教育。不同之处在于社区居民总体较农民受教育程度高，思想理念更先进、视野更开阔、安全意识更强，因而开展该活动理应较农村有很大不同。譬如，社区居民较为集中，可以开展法律宣传和咨询活动，利用社区宣传橱窗张贴法律资料，刊登法律知识趣谈，让社区居民在日常生活中接受普法教育；开办社区法制学校，定期组织法制讲座，各社区居委会结合实际，有计划地组织社区居民开展法律知识讲座；成立社区法律服务站，开展形式多样的法律宣传服务活动；引导有劣迹人员学法守法等。① 针对社区青少年、妇女、企业务工人员等不同人群，可采取以案说法的形式，开展“法在身边”等主题法律讲座。在安全宣讲方面，除了常见的街头宣传、分发资料图书、讲座外，组织者还可充分利用自媒体予以宣传。例如，发动社区居民扫码关注公众号，通过微信推送普及安全知识，还可通过抖音、微博、大型网站等形式对社区居民予以宣传教育。应当注意的是，开展“平安进社区”社会实践活动，必须事先取得社区所在地党委、政府的同意与大力支持，在当地党委、政府的支持下，联合综治、司法、辖区派出所、办事处、妇联、下属社区、驻社区的民警、居委会干部、社区文艺工作者、志愿者、法律工作者等部门与人员，群策群力，如此效果才会更佳。

---

① 广西桂林市七星区七星街道：《“法进社区”构和谐依法治理保平安》，载《中国会议》2015 年 12 月 1 日。

三、其他公益服务组织方法

其他公益服务通常包括社会服务，如扶贫济困、扶弱助残等社区服务、支教宣讲活动、社会公共场所大型活动服务、生产劳动、环卫清洁公益劳动。其他公益服务组织方法前面章节已述，且相关书籍介绍较多，加之不属平安湖南社会实践范畴重要内容，故而本篇不作详细介绍。

【实践案例】

“青春大学习　奋斗新时代”暑假三下乡活动

2018 年 7 月 6 日，警务指挥与战术学生大队“战鹰团队”的成员们前往湖南省株洲市三所重点高中：株洲市二中、九方中学和北师大附属中学进行校园反恐防暴宣讲，通过“先调研，后宣讲”的方式，理论结合实践，给中学生上了一堂生动的校园反恐课，提高自身的安全防范意识。

此次宣讲分为三个部分，分别是：理论知识、情景模拟和防身术教学。

2018 年 7 月 13 日，“通途”团队来到益阳桃江开展“三下乡”志愿活动。

首先，团队对中队民警进行了采访，民警指出当前主要问题在于驾驶员对交通法规的认知程度低。同时也向路面执勤的民警进行了随机采访，询问如何看待民众对于交通警察执法的不配合、不理解甚至抵触情况。

采访之后团队来到了桃花江畔，以“走街串户”的形式向群众发放交通法规资料，普及交通安全知识，开展问卷调查。随后，团队来到桃江一中开展交通安全知识讲座，讲课结束后对学生进行了单独采访，深入了解高中生对交通安全知识的了解程度和对交通警察相关工作的看法。团队还来到顺发出租车公司，在出租车公司开展了座谈会。

（来源：湖南警察学院官网，2018 年 8 月 29 日）

第三节　职业发展型社会实践的方法与技能

职业发展型社会实践是平安湖南社会实践的一种重要类型。大学生参与平安湖南职业发展型社会实践主要包括参观学习、随岗见习、科研创新、学科竞赛等方式，从事这些实践活动需要掌握一定的方法与技能，否则难以取得实效。

一、参观学习的方法与技巧

参观学习，不仅要去参观现场，更在于学习，带着问题或目标去考察为关键。平安湖南社会实践参观学习目的之确立应围绕“平安”二字着力，参观对象应是社会综合治理较为成功、经验值得复制与借鉴的单位与企业。参观学习法应用主要分三个阶段：准备和计划阶段、执行实施阶段、评价总结阶段。其中，准备和计划阶段最为重要。

（一）准备和计划阶段

准备和计划阶段，应精心做好选择被参观对象、明确考察目标、确定人员安排与分工等准备事项。

1. 选择被参观对象。作为参观学习者，为了到达预期的调研效果，必须事先确立计划参观的机构、学校或企业，拟参观的场所务必与参观学习的目的、内容相符。平安湖南社会实践中，拟参观对象自然应是平安建设中取得优异成绩、先进做法值得复制与借鉴的单位。参观地点选择之后，还必须事先制作一份计划书并交给被参观学习单位相关负责人，告知本次参观的目的、人数、内容等概要性信息，便于其协调好时间和人员进行接待。

2. 明确考察目标。目标具有多样性与多方面性，有主次、轻重、微观与宏观、抽象与具体、直接与间接、现实与长远之分。参观学习目标的设计与确立不宜过多，这既不现实也无必要。因此，要罗列出几项特别重要、具体且具有可行性的目标，作为学习的重点，同时，将已确定好的目标告知被参观单位，与其进行接洽性商谈。譬如，参观学习某一戒毒所成功的戒毒做法，了解该戒毒所戒毒中存在的问题与瓶颈，总结吸取相关经验与教训。再如，参观文明校园单位，设立目标同样如此：了解被参观校园优秀管理经验，收集其建设文明校园促进平安建设中一些好做法与好理念等。

3. 分配人员与任务。为了明确学习目标，实现学习任务，根据学习目标的数量和人数将之分成相应数量的小组，各小组确定一名负责人，每个组负责一个目标。因为学习时可能要获取的信息量比较大，如果不按小组进行，那么参观学习时学生对各自的责任将不能十分明确，而教师分组的目的就是让各个小组知晓各自在参观学习中所要完成的任务。① 之后，小组负责人为成员分配具体的工作任务，参观学习总负责人在这一过程中要发挥核心引导作用。

4. 准备资料。参观学习人员要准备参观学习时所需要的材料，如设置一些任务、题目、问卷表、图表等材料，参观时可以用上。在准备阶段，小组或个人要确定参观重点以及需要照相或留档等方面辅助材料，还要对参观的组织、安全等内容，做好事先的准备。

5. 确定最终的参观方案。前述工作结束后，各组确定最终的参观方案。由于参观学习法非常直接，在方案制定后也可以根据现场的情况改变细节。

（二）执行实施阶段

到现场参观学习时，按照之前的准备和分工，进行调研与学习。各参观学习小组针对自己的学习目标，结合被参观学习单位的实际情况，确定好学习的部门和需要沟通的人员。利用问卷、调查表、访谈、拍照等方式，独立地完成任务。在实施的过程中，要注意事先征得被参观学习方的允许方可拍照。②

（三）评价总结阶段

现场参观学习结束后，参观学习负责人要召集所有成员，由每个成员将获得的有关平安建设方面的第一手资料进行信息共享。例如，收集食品、药品安全管控以

---

① 莫仁边：《高职院校人才培养模式下考察法教学的实施探讨》，载《商场现代化》2010年第18期。

② 任玲：《以参观考察法提升高职教育认识见习效果的探索》，载《才智》2014年第6期。

及交通安全保障等方面信息，然后对其进行筛选、分类、加工，得出学习的结果，制作成学习报告或者是演示文档进行汇报。通过所有成员的汇报，负责人带领成员共同分析找出关键性的结论，作为此次参观学习的成果。

【实践案例】

禁毒学专业师生赴湖南禁毒教育基地参观学习

为营造全民禁毒宣传月的氛围，增强湖南警察学院禁毒学专业学生对毒品预防、自觉拒毒的意识，提升识毒、拒毒、禁毒的能力。2021 年 6 月 4 日上午，侦查系毒品教研室周森林等老师组织 18 禁毒 01 区队全体学生前往湖南省禁毒教育基地参观学习。在讲解员的带领下，在场师生一同走过了“中华之殇”“邪恶之花”“危害之源”“三湘毒患”“人民战争”“公民之责”六个展厅，通过展厅中实物陈列、影视播放、图片展示、漫画表现、全息影像以及各种沉浸式体验的方式，让学生们充分认识了毒品对个人、家庭、社会乃至国家、民族的危害，深刻体会到了“珍爱生命，远离毒品”的重要性。

二、随岗见习的方法与技巧

随岗见习是大学生步入职场前的一个重要学习环节和经历。应该说，绝大多数大学生都非常重视见习，然而，由于随岗见习人数众多、随岗见习岗位分散、学校管理不到位等原因，不少大学生对随岗见习存在一些认识误区和实践误区，这些误区主要有：重功利、轻价值；重业务、轻道德；重形式、轻内容；陷于事务性工作、忽视经验总结；存在失信行为、轻视能力提升；存在懒散行为、缺乏敬业精神。[①] 鉴于此，为消除上述误区，开展平安湖南随岗见习前，大学生务必掌握正确的随岗见习方法与技巧。

（一）做好自身安全防范

确保实践者安全是开展平安湖南社会实践的前提。在开展社会实践中，实践者应认真做好自身安全防范，切实注意交通安全、食品安全、自身财物安全、投宿安全、疾病预防、生产安全、交友安全与滋扰防范、野外安全以及意外事件的防范。

（二）掌握必备的随岗见习技能

见习前做好培训工作是顺利完成随岗见习任务的重要环节。特别是时间较长的随岗见习，由于时间长跨度大、项目多、危险度增加，必然会遇到许多难以预料的问题，所以在开展平安湖南随岗见习实践中，见习者须掌握必备的专业技能与通用技能。基本的专业技能包括交通管理、治安防范、刑事案件侦查、网络安全、心理知识、法律素养、毒品案件预防与侦查、国家安全维护等方面，这些属于公安院校公安学专业大学生应知应会技能，见习前这些基本技能知识务必弄懂弄通。通用技能包括常用的办公软件、图像处理软件的使用，打印机、扫描仪、传真机的使用，基本的办公礼仪，等等，这些技能见习者必须尽量熟悉，如此，见习方可顺利进行。

（三）明确随岗见习目的

随岗见习过程中除了实践锻炼、开阔视野、尝试新鲜领域之外，还要在专业上有具体要求，不能将随岗见习与参观考察或者劳动锻炼混为一谈，因为随岗见习是将课堂中学习到的理论知识应用在社会实践中的过程。因此，在随岗见习前，一定要明确见习的总目标，再把总目标细分成每一个具体的小目标，细化为一个个容易掌握的小“任务”，通过这些小“任务”去驱动行动完成总目标。[②] 平安湖南建设中，学生开展随岗见习前同样应当如此。平安湖南建设中，学生开展随岗见习主要目的在于开阔学生的视野，培养学生分析问题、解决问题的能力；增强学生的劳动观念，激励学生的敬业、创业精神；提升学生的世界观、人生观、价值观。确立了上述总目标之后，再将该目标细分为若干分目标，然后制订具体的实施计划。

（四）选配好指导老师

平安湖南建设随岗见习中，指导老师任务繁重、责任巨大。不仅要在坚持安全管理原则基础上，提前对随岗见习学生予以相应的知识指导，帮助他们确立随岗见习目标，确保随岗见习有的放矢，还需对随岗见习每一个环节应注意的问题事先做好应急预案，以保障每一名随岗见习生的安全，确保他们顺利完成随岗见习任务。因而，随岗见习中指导教师选派非常关键，务必做到优中选优。学校和见习单位应

---

① 倪素香：《大学生见习易陷入哪些误区》，载《人民论坛》2019 年第 14 期。

② 易五舟：《高校大学生见习问题及路径探析》，载《鄂州大学学报》2019 年第 4 期。

当选派经验丰富、业务素质好、责任心强的见习指导教师和专门人员负责全程指导、共同管理学生的见习活动。

（五）构建合理学习型团队

平安湖南社会实践中随岗见习团队是一个个任务型团队，但首先是一个个学习型团队。学习型团队是为完成共同目标、共享信息和其他资源，并按一定的规则和程序、通过充分的沟通和协商组建的工作群体。团队建设重在文化氛围，也就是建设爱学习、勤思考、能创新的团队。同时，团队要有核心，团队的负责人除了具有较高的有关平安湖南建设上的专业知识外，还应该是富有爱心和奉献精神的学生领头人，善于团结队员、协调关系、组织能力强，能够得到团队成员的尊敬。另外，学习型团队还应注重团队中成员的互补性——性别、兴趣、知识结构、活动能力以及性格特征的互补性，这样才能给团队带来生机与活力。

（六）完善大学生随岗见习权益保障机制

在高校大学生随岗见习过程中，引发的随岗见习权益受侵害问题也日益受到广泛关注。有的随岗见习生或者因担心随岗见习单位对自己评价不高，或者认为随岗见习时间不长，因此，他们即使受到一些损失、伤害也不去积极维权，导致利益受损时得不到及时保护。平安湖南社会实践中，随岗见习大学生同样会遭遇法律维权问题，因而加强大学生随岗见习的法律意识教育，引导他们知法、守法，善于用法律规章制度维护自己的权利非常必要。

（七）加强领导、管理与教育

第一，要加强各级党委，尤其是各高校党委对大学生随岗见习工作的领导。党政军民学，东西南北中，党是领导一切的。平安湖南社会实践中，加强随岗见习大学生所在学校以及随岗见习单位党委领导必不可少。

第二，要建立稳定的领导机制和管理制度，保障平安湖南社会实践中大学生随岗见习的连续性和有效性。要坚持实行随岗见习的双导师制。不仅要安排专业教师担任随岗见习导师，负责联系随岗见习公安局，对学生进行跟踪指导，还要聘请见习生所在的公安局科、所、队、室等部门的领导、专家做学生的见习导师，发挥随岗见习单位在培养人才、立德树人方面的功能，做到在校内外随岗见习指导教师的共同努力下，让学生实现预期随岗见习目标。

第三，健全管理，规范行为。2012 年出台的《关于进一步加强高校实践育人工作的若干意见》指出，“教育部门要把实践育人工作作为对高校办学质量和水平评估考核的重要指标，纳入高校教育教学和党的建设及思想政治教育评估体系，及时表彰宣传实践育人先进集体和个人。各高校要制定实践育人成效考核评价办法，切实增强实践育人效果”。2018 年教育部颁发了《普通高等学校本科专业类教学质量国家标准》，对各个专业的大学生随岗见习都提出了明确的项目和时间要求。按照该意见精神和教学质量国家标准的要求，各高等院校要加强对随岗见习工作的组织和管理，制定学生随岗见习工作的具体管理办法和安全管理制度：一方面对随岗见习工作和学生随岗见习过程进行监管，另一方面也要保障学生的合法权益和合理要求。

第四，学校应建立以育人为目标的随岗见习考核评价制度。各级各类高等院校应根据学生随岗见习岗位职责要求制定具体考核方式和标准，加强考核管理工作；要完善随岗见习师资队伍的管理，强化对教师的培训；要完善相关随岗见习方面的法律和政策，对违反规章制度、随岗见习纪律以及随岗见习协议的行为，要进行批评教育，对学生随岗见习行为违规情节严重的，甚至失信违法的行为，应当依法予以严肃处理。

第五，强化学校、社会、家庭三方面教育。要强化学校教育，让参加平安湖南建设随岗见习活动的大学生们从思想观念上深刻认识到随岗见习对自我全面发展和加强平安湖南建设的价值与意义。随岗见习能提供丰富人生全面发展的舞台，是锻炼个人能力的最佳路径。要强化社会教育，激发大学生随岗见习的内在动力。随岗见习就是通过工作岗位建立起了与社会、与企业、与他人的联系与沟通。在随岗见习过程中，通过岗位锤炼、导师指导、人际交往、文化熏陶等环节，不仅可以激发大学生观察、分析平安湖南建设方面问题的能力，也可以提高其在建设平安湖南方面的动手能力。要强化家庭教育，培养学生的自立意识。家长要改变对孩子百般呵护、凡事包办的做法，要更加侧重自立自强的教育，培养子女吃苦耐劳、勇于进取、开拓创新的精神。大学生在随岗见习过程中遇到困难时，家长要多激励，增强他们见习的信心；在取得随岗见习成绩时，家长要多引导，增强他们的爱岗敬业意识。良好的家庭教育，会让大学生在随岗见习活动中不断完善自己，为将来步入社会打下良好基础。

【拓展阅读】

实习期间应注意的生活和工作细节

1. 上班不迟到，少请假。

2. 诚恳地与遇到的同事、熟人主动打招呼。

3. 主动整理办公室的卫生，而且应在上班时间正式开始前完成。

4. 找领导、同事汇报、联系工作，应事前预约，轻声敲门，热情打招呼。

5. 不要利用工作电脑上论坛、玩游戏、看新闻。

6. 不可用工作电话聊天，即使工作需要通话，也应长话短说，用礼貌用语。

7. 因公出差时，要绝对服从公司的人员、时间、经费、工作安排，不提与工作无关的要求，不借机办私事。

8. 与他人沟通、合作、交流、谈判时，必须注意说话的语速和声调，不宜过快和过高，更不能情绪失控造成不良后果。

9. 即使不是工作需要，也应定期与领导、同事进行沟通、交流。

10. 关注公司、部门工作与发展，如有想法与建议，应及时通过适当的方式向上级反映。

11. 适时总结自己的工作和生活，适当规划一段时期内的个人和生活。

12. 定期同家人、同学、老师、朋友联系，互通工作、生活信息。

13. 生活尽量有规律，饮食均衡保证营养，平时穿着简洁大方。如有工作装，必须按要求着装。不要穿不整洁的衣服上班、会客、出差，注意个人仪表。

14. 如果工作不能按时完成或出现意外，必须及时向领导通报，寻求新的解决方法，尽量避免损失。

（来源：张辉、王智丽编：《大学生见习实用手册》，高等教育出版社2011年版）

三、科研创新的方法与技巧

大学生参与科研创新实践是高校人才培养的重要环节，是教育教学的重要内容。培养、激发平安湖南社会实践中大学生参与科研创新活动意义非凡：不仅是深化专业理论学习，综合应用所学知识解决实际问题，检验学习效果的需要，更是激发学生学习积极性、自主性，培养学生科研兴趣和能力，引导大学生深度学习、自主创新的重要途径。当然，培育、提升大学生科研创新兴趣与能力须采取正确方法，探寻恰当的路径。①

（一）激发大学生内在科研志趣

"有真知才有真行"，大学生只有充分了解科研创新能力于国于家于己的重要性，才肯下功夫提升自身此方面能力。"兴趣是最好的老师。"创造、利用各种机会激发大学生科研志趣，是提升大学生科研创新能力的关键与基础性工作。开展平安湖南大学生科研创新实践活动，应从新生入学开始抓起。入学教育阶段，辅导员、班级导师及院系领导应在首次班会、专业教育、新生见面会等关键环节，有目的地向新生介绍专业相关领域的优秀成果、优秀科研团队等，激发大学生对科研的兴趣，使那些有志于科研创新的大学生于大一开始就投入科研项目开发中。

（二）发挥教师指导引领作用

1. 引导学生参加科研项目。大学本科生在校期间由于只有在上课期间可以接触到教师，因此平时不能与教师进行充分的沟通与交流，容易导致学生盲目进行科

① 于庆宇、宋岩、贺连彬等：《如何提高大学生科研能力》，载《教育教学论坛》2018年第28期。

研实践，科研成果难以作出。因此，指导教师应该带领学生，以小组的形式将学生进行分组，并吸收他们参加自己主持的或学校组织的有关平安湖南建设方面的科研项目。比如，根据学生兴趣，将学生分别编排至刑事技术、毒品预防与控制、交通管理、网络安全监管、治安防控等小组。在学生进行实验的过程中，教师应该与学生多进行沟通与交流，鼓励学生走进实验室，引导学生在实验室中进行科学实践。学生通过不断的实践与动手操作后，会更深层次地领悟教材与理论课上所学知识与原理，逐渐掌握解决问题的方法，进一步了解自己兴趣所在，并通过不断的科研实践提高自己的学习兴趣。在教师的引导下，学生应通过不断实验去分析和发现问题，通过自己的思维方法去进行合理的构思，并通过动手操作去进行项目设计、数据处理、结果分析等环节，从而初步培养学生的科研能力。

2. 引导学生利用学校科研实验室资源。高校科研实验室大多拥有一流的研究团队、先进的仪器设备、浓厚的学术氛围，这些对致力于科技前沿领域知识探索与实践的大学生极其有益。平安湖南建设中，各有关高校应充分利用本单位科研实验室软硬件资源，引导大学生主动选择科研团队，尽早进入科研实验室开展科研训练。第一，引导学生充分利用硬件资源。为了满足探索科技前沿领域的需要，目前各高校均配备了一批高精尖仪器设备，如湖南警察学院新建了一大批实验室：模拟审讯实验室、现场勘查实验室、毒品检验实验室、交通管理工程实验室、视频图侦实验室、电子取证实验室等。充分利用学校实验资源对提升大学生科研创新能力大有裨益。大学生在科研实验室开展科研训练的过程中，应逐渐熟悉实验室环境，学会使用相关仪器设备，有效提升自己的观察力、动手力等科研创新型人才所必备的能力。第二，引导学生充分利用软件资源。一线工作的科技人才队伍、浓厚的实验室文化氛围等，构成了科研实验室宝贵的软件资源。科研实验室是科研团队突破科研难题的阵地，通常汇集了学校各类高素质人才，为师生提供了学术交流的平台。大学生在利用科研实验室物质资源的同时，与团队师生朝夕相处，应充分利用这一最佳契机，积极组织、主动参与实验室会议，亲身感受实验室文化的熏陶，提升自我文献检索及阅读能力、发现分析解决问题能力、团队协作能力等科研素养。①

3. 增强导师与学生互动。其一，导师加强指导。平安湖南建设中科研创新训练具有很强的专业性。该实践活动是一个系统提升大学生本领域科研创新能力的过程，在这一过程中，从撰写开题报告到制定实验方案，从开展实验到结题答辩，每一个环节都很重要，都需要导师悉心指导。从事科研创新的大学生不仅要谨慎选题开题、认真撰写攻关路线思路、精心设计计划与方法，更要脚踏实地完成中间的动手实践内容。指导教师应利用微信、QQ、邮箱等网络平台或线下见面的方式，有计划地加强与学生的互联互通，探讨实验过程中需要解决的各种问题，有效促进大

---

① 郭启芳、宋宪亮、李涛中：《提升农学大学生科研创新能力的关键措施探究》，载《教育教学论坛》2022年第19期。

学生有关平安建设方面科研创新能力的培养。其二，大学生应真诚主动求教导师。导师指导是影响科研训练实施效果的重要因素之一。“匪我求童蒙，童蒙求我。”①大学生开展平安湖南建设科研创新实践活动时，仅靠调动指导教师的积极性远远不够，必须注重提高大学生自身的积极性，自己应主动向导师求教，变“要我学”为“我要学”；要杜绝闭门造车的做法，应主动加强与相关教师的联系，对科研创新中遇到的疑难问题，如自身无法解决，应主动虚心请教有关老师，如此，自身科研创新能力方可提升。

4. 指导学生撰写有关平安湖南建设方面的科技论文。指导教师通过设立与平安湖南建设相关的开放性研究课题，对学生进行专业性指导，并引导学生撰写论文，让学生逐步了解论文的撰写方法，使学生遵循科学研究的基本规律。同时，学校应对学生制定相应要求，给其布置有关平安湖南建设方面的科技论文撰写任务；应采取多项举措激励学生对有关平安湖南建设方面的课题进行研究，指导他们通过资料查阅、归纳总结、实验实训等路径撰写科技论文。论文撰写完成后应交由指导教师审稿，并经指导教师推荐投稿。

（三）建立激励机制

建立相应激励机制乃激发学生积极参加平安湖南科研创新活动的有效举措。近年来，绝大多数高校举办“大学生创新创业项目”科研活动，不少高校纷纷试点，探索出一些较好的激励机制。譬如，在学生方面，由学生选择自己喜欢的导师或项目，学校负责实验条件与经费，并组织专家对学生所取得的科研成果进行鉴定评级，并设有一定的奖励机制；在教师方面，对于指导大学生进行科研创新的教师给予评优奖励，对于优秀的指导教师进行现金和荣誉的奖励。通过这种奖励机制，能最大程度上调动师生科研积极性，激励学生自主科研实践，提高自己的创新能力与创新意识，使学生将理论与实际更加紧密地结合，有利于他们更好地完成科研任务。同样，在实施大学生平安湖南建设科研创新活动中，适度的激励举措也必不可少。如前述，这种激励举措既可包括物质方面的，也可涵括精神上的，当然奖励应以后者为主。比如，对科研创新突出的师生，可以在晋级晋职、入党、评优、评先、保研等方面给予适度的倾斜，效果定然不错。

【拓展阅读】

武汉大学配套完善大学生参与科研创新实践政策

武汉大学近年来出台《关于进一步推进本科生参与科研项目工作的意见》《高

① 参见：《周易》上经（蒙）。

水平科研成果奖励和教学成果奖励实施细则》《武汉大学学生学术科技创新及学科竞赛奖励办法》《关于加大中国"互联网+"大学生创新创业大赛奖励力度的通知》《武汉大学创新学分认定办法》等制度办法，加大对大学生科研训练指导教师的奖励力度和大学生在科研训练中获奖的奖励力度，同时强调本科生完成的科研成果作为其参与评优、推荐免试攻读硕士学位、国内外推荐交流等事项的重要参考。学校的指导思想非常明确，就是要利用发挥学校丰富的科研资源和开放的学术环境，鼓励和支持大学生尽早参与到科研创新实践活动中，通过进一步加大"三创"（创新、创造、创业）教育实施力度，将课堂教育与科研创新实践、教师科研与教学有机结合，创新人才培养机制和培养模式，营造鼓励大学生参与科研创新实践的氛围和环境，培养高质量的拔尖创新人才。

除出台相关配套制度外，武汉大学还积极搭建本科生参与科研创新实践平台。例如，武汉大学成立大学生工程训练与大学生创新实践中心，专门用于支持本科生参与科研项目、学科竞赛及各类创新创业实践活动；成立创业学院，深化创新创业教育改革；鼓励全校各级各类实验室、研究平台（中心、所、院）等研究设施、图书馆向参与科研项目的本科生全面开放；将本科生参与科研项目工作纳入学院（系）本科教学工作状态评估指标体系，对各学院（系）本科生参与科研项目工作进行考核评估；强化教师在本科生科研训练中的指导作用，将教师指导大学生参与科研项目作为教师职称评聘的重要指标；以武汉大学科技园、武汉大学珞珈创意园、珞珈创谷等孵化器为基础，构建创业苗圃—孵化器—加速器—产业基地的"四位一体"的创业服务链条，提供建议咨询、政策支持、平台支撑、资金扶持和市场对接等创业服务；坚持举办两年一次的大学生"三创"成果展示会，展示交流本科生两年内在校自主创作具有创新性和创造力的科学技术成果、发明创造、专利技术、文学作品、艺术设计、广告设计、美术作品、表演等成果，并根据展示会成果水平和现场效果评选出创新成果奖和优秀组织奖。"三创"成果展示会给本科生提供了一个交流借鉴、互相学习"三创"教育经验的平台，引导本科生积极参与科研项目工作，营造了优良的科研创新实践氛围。"三创"成果展示会多轮次接待了教育部、省教育厅领导、其他高校领导和师生以及中小学生的参观，得到了教育部、省教育厅领导的高度赞许，起到了很好的示范引领作用。

（来源：丁家玲：《大力推进大学生科研创新实践的思考》，载《产业与科技论坛》2021 年第 8 期）

（四）设立大学生科研基金

经济是基础，大学生开展平安湖南建设科研创新活动离不开一定的经费支持，为此，相关高校需大力支助，应为学生提供配套的、充足的科研资金。其中，设立大学生科研基金不啻为好的方式。基金出资主体，除相关学校外，还可以引进社会资本，如社会募捐或开展横向课题研究，引进企业对大学生科研项目进行赞助。这样，在学校和社会各界的共同努力下，大学生可以得到更多的资金支持以及更加良好的实验环境，从事平安湖南建设科研实践也就更为便利，其科研兴趣相应会进一步提升。①

（五）建构大学生学科竞赛机制

举办大学生学科竞赛为培养学生创新实践能力的又一重要平台。在这一活动中，学生参与面广，活动内容趣味性和挑战性较强，既可激发大学生学习与创新热情，又可促进大学生创新精神、创新创造能力、团队协作意识的提升，也综合反映学校创新创业教育和学科专业教育、实践教育的水平。相关高校应鼓励学生积极参加包含平安湖南建设课程在内的学科竞赛活动，将大学生学科竞赛与专业教学改革紧密结合，以赛促学、以赛促教、以赛促改。

1. 建立健全学科竞赛激励制度。为了有效耦合学科竞赛与双创人才培养，各高校应当建立健全学科竞赛激励制度，吸引学生踊跃参与，当然，绝不能采取强制手段，逼迫学生参与竞赛，否则会适得其反，招致学生的反感与不满。有关院校和教师应从学生的角度出发，充分考虑学生在大学生活中的各方面需求，并以此作为竞赛奖励的重要参考依据。例如，对于所有参与学科竞赛，并且为完成竞赛项目而扎实努力的学生，不论其项目成果质量如何，都应予以一定的学分奖励；对于在创新或创业项目上取得突出成绩的学生，则可以给其颁发创新创业荣誉证书与一定的学业奖金。由此，学生参与学科竞赛的积极性一定会大大提升，其创新创业能力也将在竞赛过程中得到充分锻炼。

2. 加强学科竞赛团队建设。为了提高平安湖南建设学科竞赛对创新创业教育的推动效用，相关高校需要加强学科竞赛团队建设。在围绕创新创业教育建设学科竞赛团队时，各有关高校可以从三个方面入手。首先，学校要构建专业指导教师团队。实践中，并非所有学生都能够独立完成双创竞赛项目，这一过程必须要有精通平安湖南建设方面知识的专业教师指导。同时，教师在评价学生项目成果的时候也发挥着非常关键的作用。因此，教师在专业能力、社会经验以及创新创业等方面的水平必须足够高。其次，相关高校可以与当地公安、交通、市场监管、卫生、环保等机关团体及企业建立联系，积极寻求社会力量的帮助，与其展开密切的合作，共同创建以平安湖南建设创新创业为主题的学科竞赛项目，从而使得学生能够在竞赛过程中受到企业家和行业专家的评点与指引，丰富学生的社会经验，使学生能够跟上其所修学科的行业最前沿。最后，学校还可以在学生群体中建立梯队，形成高年级带低年级、有参赛经验带无参赛经验的参赛队伍模式，从而提高学生团队的完整

① 丁家玲：《大力推进大学生科研创新实践的思考》，载《产业与科技论坛》2021 年第 8 期。

性和综合竞赛能力，强化每个学生的创新创业能力。

3. 进一步完善学科竞赛体系。要想通过学科竞赛来强化创新创业教育效果，学校还应当进一步完善有关平安湖南建设方面的学科竞赛体系，选择合适的创新创业项目。为此，学校应当立足平安湖南建设这一主旨，对各专业的特点进行深度挖掘，充分发挥本校的专业教学优势，合理创建或引进优质的学科竞赛项目。对于学校的特色专业和优势专业而言，学校应当鼓励这些专业的教师朝着更远的目标发展，开发出具有创新性的竞赛项目，并在实践中总结经验、寻求突破。此外，学校要丰富学科竞赛的形式，大力培养和挖掘具备创新创业精神和潜能的学生，加强与这些学生之间的互动交流，倾听他们的想法与建议，为学科竞赛的项目设计找到新的路径，推动学科竞赛与双创人才培养方案的有效融合。

4. 推动专业课程教学改革。为了提高学科竞赛项目的质量，强化创新创业教育的效果，学生的竞赛水平必须足够高。如果大部分学生的实践应用能力、创新创业能力和团队协作能力都很欠缺，那么学生就无法完成高质量的学科竞赛项目，因为随着项目质量的提升，项目的完成难度也通常会明显增大。基于此，有关高校在推动教学模式改革过程中，必须结合平安湖南建设方面的学科竞赛特点以及创新创业教育的目标，对专业课程体系进行优化。例如，交管专业的教师在课程教学过程中，应当深化警校合作，鼓励学生多去交警大（支）队参加见习，提高学生交通管理水平，丰富学生在交通管理上的工作经验，提高学生对交通管理的认识，从而为学生参与以创业为主题的学科竞赛活动积累足够的条件；相应地，可以提高交通管理学科竞赛项目的创造性和难度，强化对学生创新创业能力的锻炼效果。

5. 加大对学科竞赛的资金投入力度。学科竞赛的开展必定伴随着资金的消耗，各有关高校必须为学生准备足够的资源，满足学生进行创新创业所需要的硬件设施。比如，对于网络安全专业学生而言，要参与学科竞赛，就往往离不开网络通信设备、试验场地等资源的支持，而要为学生准备这些硬件设施，学校通常需要花费不少资金为学生引进相应的设备，提供必要的场所。此外，为了推广学科竞赛，增强学生参与学科竞赛的意愿，学校还应当构建校园文化，营造参与学科竞赛的氛围，如举办学科竞赛文化节、科技讲坛和师生经验交流茶话会等。因此，学校必须为学科竞赛的开展准备充足的项目资金，确保学生能够不受资源的限制，为学生的创新创业活动提供有力支撑。①

---

① 毛娜：《地方高校学科竞赛与双创人才培养耦合路径初探》，载《才智》2022 年第 27 期。

【拓展阅读】

湖南警察学院数学建模代表队荣获2022年美国大学生建模竞赛一、二等奖

2022年美国大学生数学建模竞赛成绩揭晓，湖南警察学院数学建模代表队获得一等奖（Meritorious Winner）1项、二等奖（Honorable Mention）1项。

美国大学生数学建模竞赛是一项国际级的竞赛项目，被视为现今各类数学建模竞赛的鼻祖，是世界范围内最具影响力的数学建模竞赛。竞赛要求在四天时间内，从六个题目（连续型、离散型、大数据、运筹学/网络科学、环境科学、政策研究/社会科学）中选择一个题目完成模型建立、算法实现、验证分析，并撰写一篇英文论文，是对学生的数学、建模、编程、算法、英文论文写作等综合能力的巨大挑战。

本届比赛共有来自中国、美国、英国、德国、加拿大、俄罗斯等国的27205支队伍80693名学生参与角逐，湖南警察学院学子与麻省理工学院、牛津大学、哥伦比亚大学、清华大学、北京大学、上海交通大学等国际知名高校的学生同台竞技。

信息技术（网监）系张明键教授领衔的教师团队寒假放弃休息对学生进行精心指导。学生只是在春节前后短暂回家，其他时间都投入紧张的集训和备赛之中。指导教师团队创新训练方法、科学搭配竞赛队伍成员、整合多方资源力量、采取正向激励机制、注重竞赛队伍的新老传承，有效保障了训练的质量和水平。正式比赛期间，参赛队员沉着冷静、不畏强手、奋力拼搏。经过四天的奋战，湖南警察学院学子出色完成了比赛，取得了优异成绩。

大赛备战期间，院领导对竞赛队给予鼓励并对疫情防控提出要求。教务处、学工处、信息技术（网监）系密切配合，保证了学生返校集训和在校管理的高效顺畅。信息技术（网监）系学生大队领导和参赛学生所在区队指导员寒假加班为学生在校的训练和生活管理保驾护航。

（来源：《湖南警察学院数学建模代表队荣获2022年美国大学生建模竞赛一、二等奖》，https：//xxjs. hnpolice. com/column/bmdt/2022/1652109260526. shtml）

第四节　社会实践资料的分析方法与技能

调查研究实践活动完成后，即进入研究环节，这一阶段乃社会调查的深化、提高阶段，直接影响和决定调查活动是否出成果以及成果质量的高低。对平安湖南社

会实践活动研究资料进行分析，通常运用比对法、实证法、逻辑法等方法进行。

一、比对法

（一）含义

比对法又名比较法、对比分析法，是认识事物间相同点或相异点的逻辑方法，是认识事物的一种基本方法。它是通过对比分析不同事物或同一事物的不同方面的异同点，以达到认识事物的本质、特征和变化发展规律的方法。例如，发电机和电动机的区别很多，如它们的原理不同、结构不同、用途不同、能量转换不同。

（二）作用

1. 有利于信息资料的整理分类。对比法能帮助我们对收集的丰富的信息资料进行整理分类，使零碎、分散的感性材料条理化、清晰化。比如，收集平安湖南社会实践中毒品预防教育材料，收集的材料可能较多较杂，为此，可通过对收集的资料进行比较，然后作出分类整理，我们可将之整理成学校预防教育、家庭预防教育、社会预防教育等类型材料。

2. 有利于认识事物的普遍联系。各种事物现象因其个性而相互区别，因其共性而相互联系，只有通过比较，才能认识各种事物的共性及其内在的普遍联系。比如，为维护社会秩序，公安机关依法对违法犯罪人员实施行政拘留或刑事拘留，此处，行政拘留与刑事拘留的适用条件，公安机关必须知晓二者的异同，在适用时才能避免不会用或滥用现象的出现。为此，公安执法人员必须对两种拘留进行科学比对，弄清二者之间的联系与区别。

3. 有利于深化对事物本质特征的认识。例如，对中外吸毒管控制度的认识，就离不开比较方法，只有深入比较二者异同，才能加深对我国吸毒管控制度的措施、意义及注意事项的认识，才会克服表面化认识现象。

（三）具体方法

1. 纵向比较法：比较同一对象在不同时期内发展、变化的方法。
2. 横向比较法：对具有并存或并类关系的不同对象相互比较分析。

（四）要求

1. 必须遵循可比性原则。
2. 必须选择合理的比较标准。

二、实证法

实证法又叫实证研究法，是认识客观现象，向人们提供实在、有用、确定、精确的知识的研究方法，其重点是研究现象本身“是什么”的问题。

（一）实证研究法的类型

实证研究方法包括观察法、谈话法、测验法、个案法、实验法。

1. 观察法：研究者直接观察他人的行为，并把观察结果按时间顺序系统地记录下来的一种研究方法。按照不同标准可分为自然观察与实验室观察、参与观察与非参与观察。

2. 谈话法：研究者通过与对象面对面的交谈，在口头信息沟通的过程中了解对象心理状态的方法。分为有组织谈话与无组织谈话两种。运用谈话法时应当注意以下几个方面：一是目标明确；二是讲究方式；三是注意利用“居家优势”；四是尽量做到言简意赅。

3. 测验法：通过各种标准化的心理测量表对被试者进行测验，以评定和了解被试者心理特点的方法。测验法包括问卷测试、操作测验和投射测验等几种形式。

4. 个案法：对某一个体、群体或组织在较长时间里连续进行调查、了解、收集全面的资料，从而研究其心理发展变化的全过程。

5. 实验法：研究者在严密控制的环境条件下有目的地给被试者一定的刺激以引发其某种心理反应，并加以研究的方法。实验法分为实验室实验和现场实验两种类型。

（二）实证研究法的特点

1. 实证研究法的目的在于认识客观事实，研究现象自身的运动规律及内在逻辑。

2. 实证研究法对研究的现象所得出的结论具有客观性，并根据经验和事实进行检验。

（三）实证研究法的步骤

1. 确定所要研究的对象，分析研究对象的构成因素、相互关系以及影响因素，搜集并分类相关的事实资料。

2. 设定假设条件。在研究的过程中，研究对象的行为是由其特征所决定的，试图把所有复杂因素都包括进去，显然是不现实也不可能的。为此，必须对某一理论所使用的条件进行设定。当然，假设的条件有一些是不现实的，但没有假设条件则无法进行科学研究。运用实证研究法研究问题，必须正确设定假设条件。

3. 提出理论假说。假说是对于现象进行客观研究所得出的暂时性结论，也就是未经过证明的结论。假说对研究对象现象的经验性概括和总结，但还不能说明它是否能成为具有普遍意义的理论。

4. 验证。在不同条件和不同时间对假说进行检验，用事实检验其正确与否。检验包括应用假说对现象的运动发展进行预测。

三、逻辑法

逻辑法全称逻辑方法，是人们认识推理事物的一种思维方法，是指以逻辑规律为指导，根据事实材料，下定义，形成概念，作出判断，进行推理，构成理论体系的方法体系。平安湖南社会实践活动包含的范围十分广泛，因而收集的资料可能极其浩繁，对收集的资料进行分析得出结论前，必定会运用逻辑法进行研判，如此，才能对所收集的资料进行去伪存真、化繁为简，最终获取正确的、高质量的结论。逻辑方法涵括对事物的定义、划分、论证、辩论等一系列内容和过程，从事平安湖南社会实践活动的参与人员必须对这种分析方法加以熟悉与掌握。

（一）定义

定义是明确概念内涵的逻辑方法。一个完整的定义由被定义项、定义项和定义联项三个部分组成。被定义项是含义需要明确的概念。被定义项通常用 Ds 表示。定义项是揭示被定义项含义的表达式。定义项通常用 Dp 表示。定义联项表明被定义项与定义项之间的定义关系。标准的定义的公式是：Ds 就是 Dp 或者 Ds＝dfDp。

1. 定义的种类。定义通常分为事物定义和语词定义两大类。

（1）事物定义。事物定义又称真实定义，是揭示概念所反映的事物的特有属性的定义。事物定义的基本形式是属加种差定义，即定义项由一个属概念和一个种差构成。可以用公式表示为：被定义项＝种差+邻近属。所谓属概念，是指被定义概念所从属的一个概念。一个概念的属概念往往是多层次的。给概念下定义时，一般是选择被定义项最邻近的属概念。但“邻近的属概念”是相对而言的，选择哪个外延较广的概念作为属概念，要根据定义的具体要求而定。所谓种差，是指那些可以把被定义项所反映的那种事物与该属的其他种事物区别开来的特有属性。

（2）语词定义。语词定义顾名思义就是说明或规定语词含义的定义。

语词定义的目的是明确概念的表述。概念的明确离不开语词，而多数语词的含义不是唯一的，在表述概念的过程中，就需要对所使用的语词的含义加以明确，以避免歧义。

语词定义有两种类型：

第一，说明的语词定义。说明的语词定义是对某个语词的已有含义作出解释、说明的定义。

第二，规定的语词定义。规定的语词定义是对某个原有的语词或新出现的语词赋予确定意义的定义。

规定的语词定义所规定的语词，在一定时期内可以看作一种规定，人们按照这个规定来学会使用这个词。当这个词成为通用词以后，对其词义的解释就可被看作说明的语词定义了。

2. 定义规则。要达到正确定义的目的，不仅需要具备所定义概念的相关知识，还应当遵循定义的规则。

（1）定义不能循环。这条规则要求：定义项中不能直接或间接地出现被定义项。违反这一要求导致的错误是循环论证。

（2）定义必须相应相称。这条规则要求：被定义项的外延和定义项的外延应该相等。违反这一要求导致的错误是定义过宽或定义过窄。

(3) 定义应当用肯定形式。这条规则要求：第一，给正概念下定义不能用负概念；第二，定义应当用肯定命题来表达。违反这一要求导致的错误是定义离题。

(4) 定义必须明确。这条规则要求：其一，定义应当用简练的语言，不应有含混的语词，违反这一要求导致的错误是定义含混；其二，定义项中不应包含比喻，违反这一要求导致的错误是用比喻代定义。

(二) 划分

1. 划分及其结构。划分是明确概念外延的逻辑方法。划分由划分的母项、划分的子项和划分标准三部分组成。划分的母项就是其外延被划分的概念。划分的子项就是母项被划分后得到的各并列的概念。划分标准就是将一个母项划分为若干个子项时所依据的一定的属性。

2. 划分的方法。事物具有多种属性，因此划分时可以根据需要选取不同的属性作为划分标准。

(1) 一次划分和连续划分。一次划分是对母项进行一次分完的划分，只包含母项和子项两个层次。连续划分是把第一次划分后所得到的子项作为母项继续进行划分，这样连续划分下去，直到满足需要为止。

(2) 二分法。二分法是以对象有无某种属性为划分标准，把母项中凡是具有这种属性的对象划分为一类，表现为一个正概念；把凡是不具有这种属性的对象划分为另一类，表现为一个负概念。二者在外延上是矛盾关系。

3. 划分的规则。要给一个概念作出正确的划分，不仅需要掌握有关划分对象的具体知识，还要遵守划分的规则。

(1) 子项外延之和必须等于母项外延。违反这一要求导致的错误是子项不全或多出子项。

(2) 各子项外延之间必须互不相容。违反这一要求导致的错误是子项相容。

(3) 划分标准必须同一。违反本要求导致的错误是多标准划分。

4. 与分解、列举的比较。分解是把一个整体分为几个组成部分，它所显现出的是整体和部分的关系。分解后的部分不具有整体的属性。划分不同于分解。划分所显现出的是类与分子的关系。划分后的子项具有母项的属性。列举是划分的一种特殊形式，是划分的省略式。划分需要明确概念的全部外延，而列举只明确概念的部分外延。

(三) 论证

从狭义上说，论证与证明是同义词，从广义上说，论证包括证明和反驳。证明就是引用确认为真的命题为根据，从而得出某一命题为真的推演过程。证明实质上是推理的运用，任何证明都需要通过推理来进行，这是逻辑证明的根本特征。

1. 证明的组成结构。从证明的组成来说，凡证明都是由论题和论据两部分组成的；从论据与论题的联系来说，凡证明都有一定的论证方式。

（1）论题就是真实性需要确定的命题。它回答“证明什么”的问题。论题一般有两类：一类是已经证明为真的命题，如科学定理、定律等。对这类论题的证明，目的在于阐明真理、宣传真理。另一类是真实性尚待确定的命题，如科学假说。对这类论题的证明，目的在于探索真理、发现真理。

（2）论据就是用来确定论题真实性的命题，即在证明中为支持论题所提供的根据、理由。它回答“用何证明”的问题。可以用来作为论据的命题一般有两类：一类是已被证明为真的理论命题，如科学原理、公理、定理、定义等。用这类命题作为论据，能使证明深刻、说服力强。另一类是已被确定为真的经验命题。在一个复杂的证明过程中，论据往往有基本论据和非基本论据之分。直接支持论题的论据是基本论据，对基本论据再作论证的，称作非基本论据。

（3）论证方式就是论据和论题联系的方式，即在证明中采取何种推理形式从论据推出论题，它回答“如何证明”的问题。

根据论证的需要，在一个证明中可以只有一个推理形式，也可以采用一系列的推理形式。只包含一个推理形式的证明，其论证方式就是该推理形式，包含两个以上推理形式的证明，其论证方式就是所用的各推理形式的总和。

在论证过程中，对于不同内容的论题，可以采用相同的论证方式；对于同一个论题，也可以有几种不同的论证方式。这就是说，从论据到论题的途径不是唯一的。在实际思维过程中，我们应当选择那些简明有效的论证方式，而舍去冗长的论证方式。

严格的逻辑证明一般是指演绎证明，以保证从论据推出论题的必然性、可靠性和严密性。非演绎推理是一种或然性推理，不能用于严格的逻辑证明。

2. 证明与推理的关系。

首先，推理是证明的工具，证明是推理的应用。只有运用推理，才能由论据推出论题，没有推理也就谈不上逻辑证明。

其次，证明的结构与推理的结构一致。证明中的论题相当于推理中的结论，论据相当于推理中的前提，论证方式相当于推理从前提得出结论的推理形式。其对应关系可表示为：

推理：前提———→结论

人民爱戴英雄 ‖ 黄继光是英雄 ‖ 人民爱戴黄继光 ‖

证明：论据———→论题

证明与推理又是相互区别的。

一是目的与作用不同。证明的目的是确定某个命题为真，其作用在于确立已知，阐明真理。推理的目的是得出一个新的命题，其作用在于寻求未知，发现真理。

二是真假要求不同。证明的有效性不仅要求论据与论题之间有必然的逻辑联系，而且还要求论据是真实的。推理的有效性是就其推理形式而言的，与推理内容无关，它仅要求前提与结论之间有逻辑联系。

三是思维进程不同。证明的过程，总是先有论题，然后为确立论题的真实性寻找理由。论题是已知的，论据也是已知的，由论据得出论题的过程是由已知到已知的过程。推理总是先有前提，然后得出结论。前提是已知的，而结论却是未知的，前提到结论的过程是由已知到未知的过程。

【拓展阅读】

证明的规则

为了保证证明有效、有说服力，必须遵守证明的规则。

1. 论题必须清楚、明确

证明的目的在于确立论题的真实性，因此，论题清楚、明确是证明的首要条件。违反这条规则的逻辑错误称为“论题含混”。

2. 论题必须保持同一

论题保持同一是指在同一证明过程中只能有一个论题，并且应始终围绕它进行论证。违反这条规则的逻辑错误是“转移论题”或“偷换论题”。

3. 论据必须是已经确认为真的命题

论据是用来确认论题真实性的命题。证明的过程就是从已知为真的论据推出论题真实性的过程。因此，引用的论据必须是已经确认为真的命题，只有这样的论据，才具有论证的价值。如果论据虚假，或论据的真实性还有待于证明，就不能确定从该论据推出的论题必真。

如果以虚假的命题作为论据进行论证，就会犯“虚假理由”的错误。如果以真实性尚未证明的命题作为论据，就会犯“预期理由”的错误。

4. 论据的真实性不能依靠论题来证明

论题的真实性是靠论据为真来确定的。如果论据自身的真实性又靠论题来证明，就等于论题没有得到证明。违反这条规则的逻辑错误是“循环论证”。

5. 从论据应能推出论题

在证明的过程中，论据与论题之间要有必然的逻辑联系，论题能从论据推出。违反这条规则，就会犯“推不出”的逻辑错误。“推不出”的错误常常表现为以下三种形式：

(1) 论据不充分

这是指所引用的论据对确定论题的真实性来说，不是充分的理由。从推理的角度来分析，即论据不构成论题成立的充分条件。

(2) 论据与论题不相干

这是指论据与论题之间没有蕴涵关系，从论据的真推不出论题为真。

(3) 违反推理规则

证明总要使用推理，这就要求由论据推出论题，必须遵守推理规则，反之，违背相应推理原则，由论据推导出的论题会失真。

(四) 反驳

1. 反驳的定义。反驳就是引用确认为真的命题为根据，从而得出某一命题为假或某一论证不能成立的推演过程。与证明的结构相同，反驳也是由被反驳的论题与所引用的论据两部分构成。从论据与被反驳的论题之间的联系来看，反驳也要通过一定的论证方式。被反驳的论题，即被确定为假的命题。反驳的论据，即用来作为反驳的根据或理由的命题。反驳的方式，即在反驳过程中所运用的推理形式的总和。反驳是确定某一命题为假或某一论证缺乏逻辑性，其目的在于揭露诡辩、批驳谬误。

2. 反驳的对象。为了达到反驳的目的，应该从实际出发，或者针对论题，或者针对论据，或者针对论证方式。

(1) 反驳论题。就是证明对方的论题是虚假的。针对论题进行反驳，只要论据充分、论证方式正确，就驳倒了对方的整个论证。

(2) 反驳论据。就是证明对方的论据是虚假的。但驳倒了对方的论据，确定了对方论据的虚假性，并不等于驳倒了对方的论题，只表明对方的论题失去了论据的支持。即论据假，论题的真假并不能确定。

(3) 反驳论证方式。就是确定对方的论据与论题之间没有必然的逻辑联系，从论据推不出论题。确定从论据推不出论题，这表明论证不能成立，但不等于驳倒了论题，论题的真假还需重新论证。

驳倒了对方的论据或论证方式，虽然不等于驳倒了论题，但还是具有重要意义的。这说明对方的论题失去了论据的支持，或从论据不能必然推出论题。这样的证明难以令人信服，其论题难以成立。

3. 反驳的方法。根据反驳过程中论据与论题联系方式的不同，反驳可分为直接反驳、间接反驳和归谬法。

(1) 直接反驳。直接反驳就是引用真实性已经确定的命题，直接推出被反驳的论题或论据虚假的反驳方法。直接反驳的特点在于：不需要经过任何中间环节，反驳直接、有力。

(2) 间接反驳。间接反驳是通过证明与被反驳的论题相否定的论题为真，从而推出被反驳的论题为假的反驳方法。又称独立证明的反驳方法。

间接反驳的步骤大致是：首先，设定与被反驳的论题相矛盾或相反对的论题；

其次，通过有效的推理证明反论题为真。这样，根据矛盾律，推出被反驳的论题为假。

例如，求证“上帝不是万能的”。

证明：假设上帝是万能的，那么上帝能造出一块他自己都搬不动的石头；然而，上帝又举不起这块石头，所以上帝不是万能的。

间接反驳的特点在于：需要通过中间环节，先设立反论题，通过证明反论题的真，进而确定被反驳的论题为假，从而达到反驳的目的。

（3）归谬法。归谬法就是从被反驳的论题推出错误的结论，由否定错误的结论，进而推出被反驳的论题虚假的反驳方法。

归谬法的步骤是：首先，假设被反驳的论题为真；其次，以它为前提推出后件，构成一个充分条件的假言命题。而这一命题的后件是错误的，或者是明显荒谬的，或者是逻辑矛盾；否定假言命题的后件，进而否定前件，从而达到反驳的目的。

例如，归谬“流行歌曲一定是受欢迎的”。

流行歌曲是受欢迎的。

不受欢迎的歌曲怎么会流行？

流行感冒受欢迎吗？

结论：流行的不一定是受欢迎的。

归谬法的特点在于：这是一种以退为进的反驳方法。假定被反驳的命题为真，是为了引出荒谬，引出荒谬是为了反戈一击，从而加强了反驳的力量。

思考与作业

1. 开展平安湖南社会实践活动，怎样正确实施问卷调查活动？
2. 开展平安湖南社会实践活动中如何做好访谈调查？
3. 如何开展参观见习社会实践活动？
4. 如何使用实证法对平安湖南社会实践活动收集的资料予以正确分析？

阅读文献

1. 中共中央文献研究室编：《毛泽东周恩来刘少奇朱德邓小平陈云论调查研究》，中共中央文献出版社 2006 年版。

2. 水延凯主编：《怎样搞好社会调查》，中国人民大学出版社 2009 年版。

3. 毛泽东：《毛泽东选集》（第三卷），人民出版社 1991 年版。

4. 郝大海著：《社会调查研究方法》（第二版），中国人民大学出版社 2009 年版。

第四章　平安湖南社会实践的选题与项目策划

【教学目的和要求】

了解平安湖南社会实践选题的来源、方向与原则，理解选题与项目策划在平安湖南社会实践活动中的重要性，掌握选题与项目策划的步骤和方法，培养独立设计和写作项目申报方案的能力。

【教学重点和难点】

- 平安湖南社会实践的选题来源
- 平安湖南社会实践的选题方向
- 平安湖南社会实践的选题原则
- 平安湖南社会实践的申报方案设计及撰写技巧
- 平安湖南社会实践项目的确定

【学习导读】

俗话说："凡事预则立，不预则废。"选题与项目策划环节是平安湖南社会实践的基础，做好选题与项目策划工作能够保障平安湖南社会实践的高效开展和顺利完成。

本章主要内容为平安湖南社会实践的选题与项目策划，包括选题来源、选题方向、选题原则以及实践项目的确定和方案设计五个方面的内容。

第一节　平安湖南社会实践的选题

习近平总书记强调，应该多创造机会让青年学生们认识社会，在实践中把握自己。[①] 问题是实践的起点，解决问题是实践的目的，选择合适的问题进行研究，是平安湖南社会实践的前提，也是实践流程中的一个重要环节。

实践者应当在平安湖南建设实践中发现“痛点”，在专业学习与拓展中找寻“难点”，在个人感受与兴趣中探索“着力点”，围绕“突出平安、立足湖南、放眼全国”的基本方向，坚持“必要性、创新性、可行性、合法性、效益性”原则，做好平安湖南社会实践的选题工作。

一、平安湖南社会实践的选题来源

平安湖南社会实践的选题是指实践者对开展社会实践所要解决或研究问题方向的选择和确定。这里的“问题”，是指大学生进行创新性研究的课题，是对平安湖南建设中社会现象和社会需求的分析归纳，通常要比日常生活中所说的“问题”或“现象”更为具体、集中和明确，具有清晰的逻辑性和鲜明的导向性。例如，公共安全领域内的“食药环”安全问题，是基于观察体验提出的宽泛的概念和感性的认识，属于需要解决的“问题”。而“大健康背景下国家药品安全协同治理对策分析”“危害食品药品安全刑事案件适用法律问题探析”等经过理性思考和分析之后，从问题中提炼出的解决方法和努力方向则属于实践选题。实践选题与“问题”和“现象”相比，聚焦细分领域、思考具体问题，具有明显的针对性和实践性。[②]

在平安湖南建设实践中，存在许多值得探讨研究或者需要解决的问题。针对相同或相似的社会问题，有的社会实践通过实地调研、资料收集、数据分析，对社会现象的表面特征、内在联系、发展规律进行描述、揭示和概括；有的从实验和应用入手，通过更新技术手段、开发智慧系统，为平安湖南社会实践提供科技支撑。不同的社会实践活动在实践对象、方法、思路和目的上具有较大区别，在实践成果上也具有层次深浅、质量高低的差异。这些差别的形成，虽然有着多方面的原因，但是选题上的差别却往往是最重要的原因。因此，选题是开展平安湖南社会实践的第一步，也是决定成败的关键环节。

尽管在平安湖南社会实践中存在大量亟待解决的一般问题，但要从中选择出一个具有明显实际意义或较大研究价值的特定问题，提炼出实践课题，并不是一件容易的事情。对于在校大学生来说，通过专业课程的学习，已经初步具备了解决实际问题的能力，但如何发现并合理利用掌握的知识和资源解决问题，成为参与平安湖南社会实践的首要难题。一般来说，平安湖南建设中存在的问题、人民群众对公共安全的现实需要、大学生专业学习与拓展、个人感受与兴趣是平安湖南社会实践课

---

① 石新明等：《习书记傍晚与我们实践团座谈——习近平与大学生朋友们（五）》，载《中国青年报》2020 年 5 月 18 日，第 1 版。

② 葛士新：《大学生社会实践选题的统筹研究》，合肥工业大学 2018 年硕士学位论文。

题的主要来源。

（一）平安湖南建设的现实需要

平安湖南建设的现实需要是平安湖南社会实践课题最主要、最丰富和最常见的来源。平安湖南建设以共建共治共享为导向，提倡“治理我参与，平安我共享”，作为公安院校在校大学生，更要积极主动地参与到平安湖南建设中来。要善于通过各种途径观察平安湖南建设实际中的各种现象、行为和问题，坚持问题导向、培养问题意识，多问“为什么”、常想“怎么办”，从细处着眼、小处着手、实处着力，从纷繁复杂的社会现象和千头万绪的实际工作中，发现值得探讨和研究的实践课题。

1. 通过多媒体信息平台了解平安湖南建设的实际需要。可以从中国长安网、湖南长安网、湖南公安网等官方网站获取“平安中国”“平安湖南”建设的相关文件资料，了解平安湖南建设的总体部署、具体思路和实施要点；从湖南政法、湖南公安和各地州市的政法类官方公众号平台获取平安湖南建设的最新进展和动态。通过对信息的梳理和分析找到切入点，整理出合适的选题。

【拓展阅读】

2022年平安湖南建设工作要点

2022年，平安湖南建设坚持贯彻落实中央关于平安建设的决策部署和省委工作要求，坚持以人民为中心的发展思想，坚持统筹发展和安全，以为党的二十大胜利召开创造安全稳定的政治社会环境为主线，以落实总体国家安全观为统领，以共建共治共享为导向，以防范化解重大矛盾风险为切入点，以推进市域社会治理现代化、基层社会治理创新、平安创建活动为着力点，扎实做好防风险、保安全、护稳定、促发展各项工作，努力建设更高水平的平安湖南，不断提升人民群众获得感、幸福感、安全感，为全面落实“三高四新”战略定位和使命任务，全面建设社会主义现代化新湖南提供坚强保障，以实际行动迎接党的二十大胜利召开。

一、坚定不移维护国家政治安全

深入推进反渗透反颠覆战争；深入推进反恐怖反分裂战争；深入推进抵御宗教渗透和反邪教战争；深入推进网上意识形态战争。

二、持续维护社会大局稳定

源头化解社会矛盾风险；严防发生重大群体性事件。

三、切实保障公共安全

加强社会治安防控体系建设；依法打击整治突出违法犯罪；常态化开展扫黑除恶斗争；强化重点行业、领域、物品安全监管；加强重点人群服务管理。

四、大力加强和创新社会治理

深入推进市域社会治理现代化试点；创新基层社会治理；深化平安创建活动；推进社会治理整体智治。

五、强化组织保障

压实工作责任；加强督导考核；营造良好氛围。

（来源：湖南日报·新湖南客户端，2022 年 4 月 28 日）

2. 通过切身参与感知平安湖南建设的实际需求。“纸上得来终觉浅，绝知此事要躬行。”对于公安院校在校大学生来说，从文字中发现值得研究和实践的课题具有一定难度，但在参与平安湖南建设的过程中，通过近距离的接触，能够从不同的角度发现平安湖南建设中的问题和需求。参与平安湖南建设有多种途径，应积极参与平安湖南建设，在宣传宣讲、技术开发、实习实践等活动中发现需求、找到方向，在与政法机关工作人员的交流、互动和观察中发现问题、探索方案。

【实践案例】

一种假药中西地那非的快速检验方法

2021 年，湖南警察学院刑事科学技术系与某公安部门合作，通过 GC-MS 和 LC-MS 方法对实战中缴获的部分假药进行检测，确认了其中含有非法添加的西地那非成分。刑事科学技术系大一学生肖大中全程参与了检验，他发现使用传统的色谱法对假药进行检测，操作烦琐、耗时较长。而在公安实战中，时间就是战机，必须争分夺秒对案情进行准确研判。

肖大中同学想到可以开发一种假药中西地那非的快速检验方法，为公安实战提供一种便捷、准确的技术手段。基于这一想法，他进行了文献整理和阅读，发现传统的快速检验方法如红外光谱法、胶体金检验法、拉曼光谱法等，尽管能够做到设备便携、检测快速，但是仍具有检测范围窄、准确度低、检测结果不直观等缺点。同时，他了解到基于拉曼光谱技术的差分拉曼检测技术具有抗干扰、抗噪声能力强，谱图信息简单等优点，具有较大的研究潜力。

在老师的指导下，他购买了实验器材进行初步实验，发现差分拉曼检测技术的原理是同时记录两张由具有轻微波长偏移的光源激发的光谱图像，再通过去噪解卷积算法将拉曼光谱还原出来，得到差分拉曼谱图。尽管差分拉曼谱图降低了噪声与环境的干扰，简单清晰、便于识别，但由于算法识别能力的问题，准确度较低，离实战应用要求还有一定差距。基于此，肖大中同学以《一种假药中西地那非的快速检验方法》为选题申报实践课题，将差分拉曼技术和统计学方法结合进行研究，致力于减少检测误差、提高识别能力，获得了湖南省大学生创新创业训练计划平台创新训练项目的支持。

（二）专业学习与拓展

专业学习与拓展是公安院校学生夯实基础、提高能力的主要路径，在此过程中发现问题、迸发灵感，也成为平安湖南社会实践的选题来源之一。《侦查学》《治安学》《刑事科学技术概述》《交通管理学》等公安专业课程中的内容与技能，都能在平安湖南建设实际中得到应用和检验。学生在课堂学习、思考、记录的过程中，可以对所学内容进行联想与延伸；在实验课程操作中，可以对异常实验结果进行深入探究和思考；在课后学习拓展中，可以通过阅读《公安研究》《公安学研究》《刑事技术》、公安院校学报等期刊以及其他文献资料，了解相关领域的最新研究成果。

从专业学习与拓展中发现所需的选题，需要勤学、敏思、善行。一是要保持审视的目光、提问的心态和评价的眼光，不能盲目接受已有的内容，而要根据实际情况和问题，辩证思考书本上的知识或文献里的内容。二是要结合平安湖南建设实际情况，从不同角度、不同层次、不同立场，对专业学习与拓展的内容展开广泛的联想，由此及彼、举一反三，并在此基础上进行总结和提炼，得出切实可行的平安湖南社会实践选题。一般来说，通过专业学习与拓展获取的选题，往往具有一定深度，能够将自身专业学习需要或平安湖南建设实际紧密结合，提升自己的专业能力和水平。

【实践案例】

毛发毒品快速检验及方法评价

刘杨炘是湖南警察学院刑事科学技术专业的一名学生。学习了《刑事化验》中有关毒品检验的内容后，她对毒品快速检验技术产生了浓厚兴趣。通过查阅资料，她了解到对于毒品滥用监测的现场快速检验，国内外主要采用免疫胶体金法检测滥用者尿液和唾液样品，如果现场快速检验呈阳性，则进一步采用气相色谱—质谱联用（GC—MS）或高效液相色谱—串联质谱（LC—MS/MS）法对滥用人员的尿液、血液进行实验室检验来确认。但尿液、唾液和血液的现场快速检测不仅受到检测时限的限制，还可能因为服用某种药物而出现假阳性，导致公安实战中无法准确把握而错失良机，不利于及时、快速、有效地打击毒品犯罪。而毛发检材具有样本易获取、易保存、结果稳定、检测时限长、能反映较长时间毒品滥用情况等独特优势。

在老师的指导下，刘杨炘同学申报了刑事科学技术系开放性实验支持，购买了实验器材进行初步实验。通过初步实验，她发现毛发毒品现场快速检验仪器品种较多，但不同方法的可靠性和准确性存在较大差异，需要进行专门研究，为禁毒实践中毛发毒品快速检验结果的运用提供依据。

为了更深入地研究这一问题，刘杨炘同学以《毛发毒品快速检验及方法评价》为选题申报了实践课题，获得了国家级大学生创新创业训练计划平台创新训练项目的支持。利用课余时间，刘杨炘同学与实践团队成员到公安实战部门调查了湖南省毛发毒品快速检测仪器种类及应用情况，在长沙市公安局强制隔离戒毒所的支持下采集了数百份涉毒人员的毛发样本，将所采集的毛发样本先分别用不同的毛发毒品快速检测方法进行吗啡、甲基苯丙胺、氯胺酮等常见毒品检测，然后用GC—MS或LC—MS/MS仪进行实验室检验复核。通过综合分析毛发毒品快速检验与实验室检验结果的关联性，刘杨炘同学对不同毛发毒品快速检验方法的可靠性进行了评估，形成了论文《毛发毒品快速检验技术解析》，发表于《湖南警察学院学报》。以《毛发中常见毒品及其代谢物检验影响因素研究》为题顺利完成了毕业论文的撰写，获评优秀毕业论文。

（三）个人经历与兴趣

兴趣是个体力求认识某种事物或爱好某种活动的心理倾向，它使人对有趣的事物给予优先注意，积极地探索，并带有一定情绪色彩和向往心情。[①] 爱因斯坦曾说，兴趣是最好的老师。与其他大学生社会实践活动相比，平安湖南社会实践具有范围广、专业性强、挑战性大等特点。要实现大学生社会实践的目标和效果，个人经历与兴趣十分重要，是推动实践项目顺利进行的力量之源。

每个人的经历和思维方式不同，对社会生活的具体感知、感受也各异。面对同一社会现象，有些人看来理所应当，但在另一些人看来却会感到疑惑新奇。苹果从树上坠落，有些人看来平平无奇，牛顿却从中总结出万有引力定律；野草划破手指，有些人觉得运气不佳，鲁班却据此发明了锯子。不同的人具有迥异的人生经历、教育背景和知识结构，其观察、认识和理解事物的角度也完全不同。许多切实可行的选题，正是来源于实践者个人的经历和经验，可能是目睹的一场车祸、听闻的一次抢劫、亲身经历的电信诈骗、触目惊心的事故现场，也可能是影视作品中毒品的泛滥、新闻媒体关于警察的事迹。发生在大学生身边的一件事情、听过的一场讲座、看过的一部电影、参加的一场活动，都有可能激发平安湖南社会实践选题的灵感。

平安湖南社会实践是一项复杂的系统工程，从项目选题开始，前前后后有着大量工作要做，特别是随着项目的开展可能会遇到各种各样的问题和挑战，颇费时间

① 董文波：《浅谈大学生假期社会实践项目选题》，载《科协论坛》2021年第1期。

和精力。面对如此烦琐的工作，如果实践者对选题缺乏兴趣，存在被动应付心理，将很难保质保量地完成各个环节的任务。因此，在进行平安湖南社会实践选题时，应结合自身兴趣，选择合适的方向开展实践。

【拓展阅读】

青年红色筑梦之旅社会实践简介及选题指导①

青年红色筑梦之旅简称“红旅”项目，是全面贯彻落实习近平总书记给大学生回信重要精神，并按照《国务院办公厅关于深化高等学校创新创业教育改革的实施意见》《关于狠抓新时代全国高等学校本科教育工作会议精神落实的通知》等文件要求，由教育部举办的重要社会实践活动，也是一堂有温度的国情思政社会实践“金课”。

青年红色筑梦之旅的社会实践效果已被学界广泛关注。学者们从“红旅”活动的课程思政和实践意义等方面展开系列研究。“红旅”项目是一堂有温度的思政课，其培养学生的家国情怀，将个人事业与中华民族伟大复兴相结合；让大学生切身感受红色文化，切身体会革命先烈不畏艰辛的创业精神；将高校资源辐射到广大农村地区，推动新思想、新产品、新技术、新业态在农村蓬勃兴起。

“红旅”项目也是一堂有意义的创新创业实践课，有助于青年创业者们辨别正确的创业方向，了解市场需求，更新就业观念，抓住乡村振兴战略的时代机遇，提升大学生返乡创业意愿。同时，有助于搭建市场与高校的对接平台，推动优秀创业项目成果转化。此外，也是创新创业教育融入素质教育各环节、人才培养全过程，完善科教结合、产教融合、校企合作协同育人机制的一大载体。

“红旅”项目选题是开启大学生创新创业实践的第一步，扮演着承启整个项目的重要角色。“红旅”创业训练计划，既是一场创业模拟，也是一堂以红色为主题的思政课，因此课题的选择要切合时代背景，鼓励青年学生深入基层、扎根红色大地，以项目带动乡村产业振兴。因此，要求指导老师与学生通过充分深入调研，找到满足市场需求同时兼具社会效应，能够通过项目带动农民脱贫致富的好选题。

（四）已有实践项目传承与发展

平安湖南社会实践项目一般在学校或院系的支持下开展，在内容与方向上有着明确的主题，且具有较好的包容性和延续性。实践者可以对参与的已有实践项目进行传承与发展，作为平安湖南社会实践的选题来源。这种选题方式要求实践者对已

① 何望：《青年红色筑梦之旅社会实践案例分析》，载《科技创业》2021年第8期。

有实践项目有充分的了解，并在实践过程中注重课题的创新性开展。例如，湖南警察学院“净毒”宣讲团是目前湖南省高校里具有稳定性和专业化的大学生公益性“禁毒”宣讲团队，其成员大部分都是在校的禁毒学专业学生。自2012年“净毒”宣讲团成立以来，尽管其实践主题和使命没有变，但在具体组织方式、实施方法、实践方向上一直都在进行调整与优化，也衍生出众多可行的实践项目，培养了众多优秀禁毒专业人才。此外，也可从历年来国家级大学生创新创业训练计划平台公布的项目、“挑战杯”大学生课外学术科技作品、“互联网+”竞赛项目及其他专业实践项目中学习经验、寻找灵感，凝练出平安湖南社会实践选题。

【拓展阅读】

带“毒品”样本走三湘四水　鲜活案例成宣讲材料（节选）

2011年，湖南警察学院设立禁毒学专业，同年，“净毒”宣讲团成立，这是目前省内唯一一个专业化、体制化的禁毒宣讲团队，作为“净毒”宣讲团团长，小姚告诉今日女报/凤网记者，团队成员在学院老师的指导下，走上街道，进入社区，利用自己的专业知识，向群众宣传毒品的危害。

小姚介绍，目前，“净毒”宣讲团有150名成员，其中，大部分都是在校的禁毒学专业学警，宣讲团成立以来，主要有三大板块的任务，一是开展大型综合性禁毒宣传活动，二是在学校、企事业单位、酒吧等多个场所开展禁毒宣传教育系列讲座，三是成员利用假期时间，前往市州，开展以“禁毒防艾”为主题的“三下乡”实践活动。

去年暑期，成员小邓跟随团队前往益阳市安化县，开展“禁毒防艾”主题“三下乡”实践活动，她记得，当时宣讲团的咨询台设置在资江边的罗马广场，吸引了不少附近的居民驻足听讲，有听完宣讲的群众顺势拿出了手机拍摄，发布在社交平台上，这又给“净毒”宣讲团的宣讲增添了不少听众。

在宣讲的过程中，“净毒”宣讲团也会有意外的收获。一次，在宣讲的间隙，小姚和社区的几位老人聊了起来，老人们提供了有居民吸毒的线索，这让她十分警觉，在老师的帮助下，小姚迅速向该辖区的公安民警反映了情况。

随着时间的推移，“净毒”宣讲团从长沙出发，去过益阳、湘西，也到过怀化、邵阳，足迹即将遍布三湘四水，宣讲的人群也从最开始的大学生，又新加入了中小学生和社会各界的群众；宣讲次数的累积也让“净毒”宣讲团积累了不少经验。

小颜同样是“净毒”宣讲团成员之一，作为宣讲团宣讲组的负责人，为了更好地进行宣讲，小颜利用假期时间，在离家不远的派出所实习。一次，小颜跟着学习的民警获得一条有吸毒前科的人复吸的线索，于是根据安排部署，大家在吸毒人员的楼下蹲点，从下午到晚上，终于发现了吸毒人员的身影。警员们一拥而上，抓获了吸毒人员。留守在车上的小颜听参与行动的民警说，这名吸毒人员本来正开心地往家里走，见到警察后，惊慌失措，转头就跑，跑的过程中还不忘将随身携带的毒品丢掉，试图毁灭证据。“那个吸毒人员看起来就和正常人没啥区别。”小颜记得，这名吸毒人员在被民警控制以后，还一直否认自己吸毒，直到看到了尿检呈阳性的结果，才最终承认。这名吸毒人员被抓后，他的妻子挺着孕肚，牵着两岁的孩子，来到派出所向民警们求情，“在场的人心里都不舒服”。

小颜把自己的实习经历作为素材，用鲜活的案例告诉大家，毒品不仅会摧毁一个人的身体和心理，也会摧毁一个幸福的家庭。

即将迎来大二的小郑和小占在大一下学期加入了“净毒”宣讲团，“这不仅可以检验我的专业知识，也可以让我能够在实践中运用专业知识”，很快，他们将作为宣讲团的主要力量，向群众宣讲禁毒知识。

（来源：《今日女报》，http：//news. fengone. com/b/20220623/626833. html）

二、平安湖南社会实践的选题原则

学习和了解平安湖南社会实践的选题来源，解决了实践选题“从哪来”的问题，但面对庞杂的选题来源，如何对选题意向进行细化和调整，并最终形成比较可行的实践选题，还需要思考“到哪去”的问题，综合考虑平安湖南社会实践的选题方向。选题方向决定了实践的目标，对实践活动的开展具有整体统筹的作用。突出平安、立足湖南、放眼全国，是平安湖南大学生社会实践选题应该把握的基本原则。

（一）突出“平安”

平安是社会发展的根基，人民不懈的向往，是平安湖南建设的目标和主题。大学生在进行平安湖南社会实践选题时，要紧扣主题、突出“平安”，从提高平安湖南社会治理能力、科技创新水平和全民参与程度等具体方向确定合适的课题。一要聚焦公安理论研究，围绕公安中心工作，深入开展调研、走访，潜心进行总结、提炼，对社会热点、管理难点、治理痛点进行梳理和研究，提高平安湖南社会治理能力。二要聚焦公安技术创新，立足所学专业，借力学科交叉，开展多学科联合攻关、跨学科融合创新，积极探索新技术的应用场景和应用方法，推动公安技术原始创新、集成创新和引进、吸收、消化再创新，提高平安湖南科技创新水平。三要聚焦平安建设实践，围绕省委、省政府关于平安湖南建设的重大决策部署，围绕全省政法工作的重点工作，积极参与到共建共治共享的社会治理行动中，积极推进平安建设迈向更高水平，要从不同角度发现平安建设中存在的问题，提出实践方案，认真组织实施，及时总结推广，确保社会实践活动效果。

【实践案例】

以“平安”为主要方向的平安湖南社会实践参考选题

● 公安理论研究——提高平安湖南社会治理能力

新冠疫情防控常态化形势下警医联动模式探索与研究

大数据背景下拐卖妇女儿童犯罪打防对策探索

疫情防控下流动人口管控存在的问题和解决对策

警察合法权益保障问题研究——以“袭警罪”入刑为切入点

预防“网贷”诈骗及有效取证的对策研究

县域警务视角下的警务机制调查研究

县域警务改革背景下基层派出所工作机制研究

● 公安技术创新——提高平安湖南科技创新水平

改性长余辉发光材料显现复杂背景客体表面潜在手印的研究

一种假药中西地那非的快速检验方法

细目摄影测量备注软件

派出所智慧派警微信平台设计与实现

新型警用盾牌的设计

多种染色技术对“502”胶熏显指纹增强后的 DNA 分型研究

基于无人机平台的自组网通信在警务指挥通信中的作用研究

基于树莓派平台的驾驶人疲劳检测及预警系统

深度学习在印章印文鉴定中的应用

虚拟财产诈骗的社会危害性分析及其防治措施研究

基于城市天际线的三维沉浸式交通组织优化

差分拉曼法对尿液中甲卡西酮及其代谢物卡西酮的检测方法建立

警用无人机驾驶培训虚拟仿真系统

基于污水毒品成分监测的毒情评估方法研究

自制新型转印膜提取渗透性客体上的汗潜指纹及血潜指纹的研究

电子烟液中新精神活性物质——合成大麻素的检验

警民通——智慧出警云平台

●“平安”文化研究——提高平安湖南全民参与程度

“警韵”文创——红色文化伴警行

总体国家安全观视域下中小学校园安全教育存在的问题及其对策

党史教育与公安院校人才培养融合的创新研究

【实践案例】

湖南警察学院学子开展“三下乡”社会实践活动 用青春助力平安社区建设（节选）

为进一步提高社区居民防范电信诈骗意识和预防毒品侵害能力，近日，湖南警察学院长安实践团在共青团长沙县委的带领下，在长沙县泉旭社区开展以“健康人生，绿色无毒”为主题的知识宣讲活动，旨在通过加强基层宣传来推进平安社会建设。

网络诈骗手法多，转账汇款需谨慎。长安实践团的同学通过视频引入、举例分析等方式，让社区居民生动直观地感受网络诈骗分子是如何一步步设下圈套、引诱受害者上钩的，进而引发居民对于电信诈骗问题的重视。为了防止居民上当受骗，宣讲同学结合自身警校所学的专业知识，进一步总结电信诈骗常见的犯罪手段以及犯罪逻辑，加深居民对于电信诈骗的了解，从而提高居民甄别和防范电信诈骗的能力。

毒品伪装花样繁，禁毒知识记心中。长安实践团的同学通过大量鲜活的案例以及翔实的数据来向社区居民展示毒品的成瘾过程以及吸毒对身体所造成的严重伤害，进而让社区居民真正认清毒品的真面目。“一朝陷毒瘾，终生难自拔。”通过此次的宣讲，希望居民在自己能够远离毒品风险的同时还能及时解救身边可能遭受毒品侵袭的潜在人员。

至此，湖南警察学院长安实践团暑期“三下乡”泉旭社区站的宣讲活动落下了帷幕。据悉，长安实践团未来将继续联合共青团长沙县委，加强与县域内各社区及各志愿团体合作，发扬青年服务精神，塑造一批勇于担当、乐于奉献、心系社会的新时代积极青年。

（来源：潇湘晨报官方百家号，https://baijiahao.baidu.com/s?id=1737121322001136963&wfr=spider&for=pc）

（二）立足湖南

立足湖南是平安湖南社会实践选题的又一个重要原则。平安湖南社会实践立足湖南、服务湖南，发现、解决的是湖南问题，总结、归纳的是湖南经验。面对众多的选题范围，实践者可能会分不清轻重、理不清头绪、找不准方向，这时选择一个较小的地区作为样本进行研究是一个较好的方法。例如，地铁治安风险防控是一个值得研究的课题，但这个概念较为宽泛，不同地区、不同情况下地铁治安的风险防控和对策均会有很大不同，对于公安院校学生而言，选择某一个或几个具有代表性、便于开展实践的地点进行研究更具有可行性。因此，可以以“地铁治安风险防控调查与研究——长沙市地铁为例”为选题，对长沙市地铁的治安风险防控开展调查和创新性研究。

【实践案例】

以“立足湖南”为主要方向的平安湖南社会实践参考选题

● 聚焦湖南实际

医疗废水中麻醉药品“大数据”监测建立研究——以长沙市为例

市域社会治理背景下社区矛盾纠纷的调查和思考——以湖南省邵阳市为例

地铁治安风险防控调查与研究——以长沙市地铁为例

不同季节血痕颜色变化与遗留时间的关系研究——以长沙地区为例

县域警务背景下幼儿园安全风险防控机制的研究——以湖南省长沙县为例

电信诈骗犯罪被害人预防实证研究

新时代县域警务创新背景下长沙市社区安全风险调查与防治

湖南“杀猪盘”诈骗现状调查研究

长株潭治安防控体系一体化建设问题及对策

岳阳市烧烤摊点安全问题的调查及防治对策

常德市柳叶湖景区治安问题的治理与防控

长沙市共享汽车安全问题的调查及防治对策

对校园欺凌问题的调查与分析——以常德、娄底、湘潭三地样本为例

湖南“地摊经济”的安全问题及对策研究

有前科人员就业安置存在问题实证研究——以湖南省为例

● 凸显湖南特色

县域警务视域下小区物业在风险防控中的功能及其完善

湖南红色资源在社会治安防控中的价值及运用

湖南省涟源市“屋场会”群众工作模式的调查与完善

乡村振兴背景下教育帮扶的策略及路径探究——基于湖南警察学院新田县驻村帮扶队的调查

乡村振兴背景下农村社区文化建设路径探究——基于湖南警察学院新田县驻村帮扶队的调查

治安志愿者积分制管理的调查与研究——以湖南省新化县为例

湖南省新化县“上梅红”网格化管理的调查与完善

义警辅助制度问题探究——基于娄星区公安局的调研
关于社区智慧警务建设的调查与研究——以永州市为例
治安志愿者参与社区治理的创新研究——以邵阳市“宝庆大叔”为例
关于邵阳市“邵阳快警”制度的调查与完善

(三) 放眼全国

放眼全国，以平安中国建设的实际需要为依据和导向，提高政治站位，紧跟社会热点、聚焦痛点难点，对平安湖南建设具有重要指导意义，可以作为平安湖南社会实践选题的重要参考。

辩证法告诉我们，要用发展的、联系的眼光看待事物，世界上的每一种事物、现象都不是孤立存在的，而是与其他事物、现象交互作用、互相依赖与相互制约的。[①] 在平安湖南建设中遇到的很多问题，是在一定的社会条件和时代背景下产生的，具有普遍代表性和一定的规律性。社会实践者要想更好地认识、解决这些问题，需要站在更高的层面，用辩证的眼光去思考和探究表象背后的联系。要善于在平安湖南社会实践中发现规律、提炼方法、总结经验，为平安中国建设提供“湖南样本”，形成示范效应。因此，大学生在进行社会实践选题时，应该注意放眼全国，关注社会普遍性问题，回应时代建设和发展需要，把平安湖南社会实践与平安中国建设紧密结合起来，将课堂所学的专业知识不断应用于社会实践，为平安湖南、平安中国建设贡献自己的力量。

【实践案例】

以“放眼全国”为主要方向的平安湖南社会实践参考选题

- 行业综合治理

物联网时代寄递物流业治安问题调查与研究
代驾行业存在的安全风险要素及其控制对策
外卖经济的安全风险分析及防控对策
跨境电商走私犯罪司法治理
房屋租赁中介行为的法律规制研究
大数据时代人脸识别与隐私保护问题
社区团购相关法律问题研究——以消费者权益为视角
网络时代地摊经济利弊分析

① 周德新等：《在实践中培养“辩证看”思维》，载《传承》2015 年第 10 期。

我国农村养老服务现状及其养老服务法律制度完善探究

- 社会治理理论

家庭社会经济地位对儿童学业成绩的影响：公正世界信念的中介作用和亲社会行为的调节作用

防范未成年人网络沉迷的社会主体责任研究——以未成年人利益最大化为原则

青少年网络犯罪的成因及对策

民间借贷中相对债权人的法律研究保护

论指导性案例的法律效力

家庭性教育的现状调查与干预路径

三、平安湖南社会实践的选题要求

在明确了平安湖南社会实践的选题来源、方向和基本原则后，为了选好题、选准题，还要把握好选题的具体要求，明确选题标准，从必要性、创新性、可行性、合法性、效益性五个方面对选题进行评价。

（一）必要性

必要性是考量社会实践活动选题是否具有意义或价值的指标，是平安湖南社会实践选题的意义所在。实践者在进行选题时，首先要考虑这个实践活动是否有必要去做，对于平安湖南建设是否有意义。这种必要可大可小，也可以从理论和实践等不同角度进行考量。只有具备必要性的平安湖南社会实践课题，才能得到实践单位或实践地相关单位的认可和支持。在众多可供选择的平安湖南社会实践选题面前，要思考或评价某项选题是否必要，可以从以下角度进行考量：选这个题目的社会实践对平安湖南建设有什么贡献？有多大用处？能否发现真实问题？反映实际情况？提出适当建议？开发实用方法？如果这个实践选题能够在收集资料信息、提供理论支持、开发技术方法，提高社会治理能力水平和智慧化治理能力等方面为平安湖南建设作出贡献，那么这个选题就具有必要性。贡献越大则必要性越强，越值得实践者投入时间和精力去完成。反之，如果一项社会实践课题仅仅停留在表面的形式和过场，为了选题而选题，缺少显著的意义和价值，不具有必要性，那这个课题就不是一个好选题。

（二）创新性

创新是引领发展的第一动力。① 这里的创新是指实践选题与已有课题和社会实践的区别，或与众不同的地方。创新是平安湖南社会实践选题的基本要求，也是开

① 习近平：《在参加十二届全国人大三次会议上海代表团审议时的讲话》（2015 年 3 月 5 日）。

展大学生社会实践研究的目的所在。平安湖南社会实践选题既可以是原始创新，也可以是改进创新。原始创新，即颠覆式创新，也就是做别人没有做过的事，填补某个领域的空白。原始创新最具有创新性，但难度很大，极具挑战性，且实践成果具有很大的不确定性。对于大部分实践者而言，改进创新是平安湖南社会实践课题选择最为常见的情况。也就是说，实践者对某一已有的社会实践课题方向，在实践内容、组织形式、研究对象等方面进行创新，使课题与前人的工作相比，具有独到和新颖的地方。

创新是循序渐进的过程。对于初级实践者，首次接触或参与平安湖南社会实践，更加注重实践方法的学习和过程的体验，对创新性的要求相对较低，主要是创新观念和能力的培养；对于申报平安湖南社会实践课题的实践者而言，创新要求随之提高，在选题和策划的过程中要能明显体现出创新性。要注意的是，不能将创新理解为重新选择一项平安湖南社会实践课题或者重新实施一次社会实践，决不能在同一领域、同一范围、同一层次上重复别人的研究、重提已有的结论、验证别人的方法，不能做个人体验上的创新，而要注意对平安湖南建设的贡献和增量，杜绝对人力、物力、财力等资源的不必要浪费。

（三）可行性

可行性是指实践者是否具备开展或完成某一实践活动所需要的主、客观条件。选题虽然新，也很有价值，但自己力不从心，不具备实施的条件也不行。通常情况下，一个实践课题的必要性和创新性越强，其受到的主客观因素限制越大，完成课题的难度越大，可行性越低。因此，往往需要在必要性、创新性、可行性之间进行平衡和取舍。例如，在选择实践对象或实践地点时，应尽量选取学校所在地或生源地，一是实践者更熟悉实践环境，二是更能利用社会资源开展研究和实践。

平安湖南社会实践项目是否可行，一般需要满足主观条件和客观条件两个方面的要求。主观条件是指在进行课题选择时，要考虑实践主体的知识结构、实践经验、组织能力、综合素养，在部分情况下，还要考虑性别、年龄、语言、体力等生理方面的因素，选择适当难度的课题。例如，如果选择“女性暴力犯认知情况调研及矫正对策研究”为实践课题，那么课题成员中就需要有具备良好沟通能力的女性成员。客观条件是指是否具备开展所选课题的外在条件，如时间是否充裕、经费是否充足、所涉及的对象和单位是否能给予必要的支持和合作等。例如，受疫情影响，省内监狱进入封闭管理状态，如果实践者在确定相关实践课题前不能跟有关单位确认疫情防控政策，导致无法接触实践对象，实践活动就难以有效开展。

（四）合法性

习近平总书记指出，“法律是治国之重器，法治是国家治理体系和治理能力的重要依托”。法治是平安湖南建设的重要保障和根本立足点，也是贯穿平安湖南建设全过程的基本要求，平安湖南社会实践应该始终在法治轨道上推进，弘扬法治精神，夯实法治社会基础。[①] 作为平安湖南社会实践的实施者，更应该遵法守法、用法宣法。因此，在进行课题选取时，必须要遵守国家有关政策、法律法规的要求，满足合法性的内在要求。

（五）效益性

效益即产生的价值和效果与利益，对于实践者而言，就是要注意投入与产出的关系，做好充足准备，合理规划，避免重复工作、做好经费计划、提高实践效益。高价值的选题是要回答平安湖南建设中的重大理论和实践问题，或者社会和谐稳定问题，或者社会治安热点、难点、焦点问题。必要性和高价值的选题与实践落脚点在于社会效益的产生。通过平安湖南社会实践调查研究能够形成研究报告，为地方党委、政府的决策部署提供对策性意见和建议。大学生通过广泛参与平安湖南建设的社会实践，能够提升自身对社会治安的认知能力和专业水平，能够在平安建设的具体行动中奉献青春、贡献力量、锻炼才干，并产生良好的社会反响，形成大学生服务社会的品牌。

第二节　平安湖南社会实践项目策划

策划，是指积极主动地想办法、定计划。它是一种策略、筹划、谋划或者计划、打算，它是个人、团体或组织为了达到一定的目的，在充分调研的基础上，遵循一定的方法或者规则，对未来即将发生的事情进行系统、周密、科学的预测并制定科学的可行性方案。做好项目策划是保障实践项目顺利实施的前提。在确定平安湖南社会实践的主题后，应对实践项目的可行性进行充分论证，做好人员和物资准备，制定实施方案，明确操作流程和实施步骤，确保社会实践达到预期的目标。

一、平安湖南社会实践的项目确定

平安湖南社会实践的项目确定，应主要把握好三个关键因素：选题确定、团队组建、方案撰写。在具体实践中，三个因素往往相互交织、彼此影响、互相支撑。

（一）确定项目的步骤与要求

平安湖南社会实践项目的确定，一般有以下四个步骤：选定方向、项目组织、确定选题、制定方案。

1. 选定方向。实践者可以根据前面介绍的平安湖南社会实践选题方法，选定实践方向，初步拟定3~5个备选课题。通过请教老师、查阅文献、交流讨论等方

① 李语湘：《在法治轨道上推进平安湖南建设》，载《湖南日报》2022年5月13日，第7版。

式对备选课题进行调整和优化。根据备选课题的选题方向和任务量，确定社会实践项目的组织形式。组织形式分为团队实践和个人实践。在团队实践中，实践者可以在集体中互学互助、群策群力，提升组织和协调能力，同时，团队合作、资源整合、优势互补，有助于更好地完成实践目标。个人实践由于其开销少、灵活自由的特点，适合见习、实习等体验式社会实践。

【拓展阅读】

社会实践方向的确定方法①

社会实践方向在主体上分为支教、调研、实习、教育宣讲四类，首先要确定社会实践的类别，然后进行相应准备。在社会实践中，上述四类活动具体又可以包含以下六项内容：

1. 文化服务。深入城镇社区、贫困乡村、国防企业和革命老区，开展理论宣讲、文艺演出、文化培训、科普讲座、法律宣传和咨询等活动，服务“平安湖南”建设。例如，湖南警察学院依托“长安实践团”“通途文明交通志愿团”“净毒宣传团”三个学生团队，开展的文化服务活动涉及治安、禁毒、交通管理三大块。具体包括禁毒防艾、交通普法、校园安全、社区防火防盗、电信诈骗预防、学生安全常识、校园暴力预防、扫黑除恶、游泳安全等内容或专题。

2. 革命传统教育。深入各地城镇、乡村、部队、科研院所、企事业单位，特别是贫困地区及国防企事业单位或革命纪念地、改革开放前沿和经济社会发展成效显著的地方开展社会调查，了解中国革命、建设和改革开放的历史和成就。

3. 社会调查。深入基层派出所、交警队以及禁毒办等单位，了解基层公安实战部门在治安管理、交通管理以及禁毒开展等工作上取得的成功经验、面临的困难以及期盼的技术支持。

4. 科技服务。面向经济建设主战场，深入城镇社区、县乡的中小型企业、乡镇企业，结合所学专业，发挥技术特长，在教师的指导下开展科技宣传、翻译咨询和服务活动，为社会生产服务。

5. 公益志愿服务和文明共建。如立足校园开展公益劳动、参加校园文明建设，深入社区开展敬老助残帮困服务、特殊家庭教育服务、社区事务服务等活动，与企业、部队、居民委员会等单位开展其他形式的文明共建志愿服务活动。

6. 成才创业。如就业见习、创业调查、学术研究、科研攻关等。

---

① 刘会会、平娜、李静：《大学生社会实践前期准备存在的问题与对策研究》，载《产业与科技论坛》2020 年第 19 期。

2. 项目组织。在选定了方向的基础上，实践者可以开始进行项目的组织。团队实践可以着手招募人员，在团队主体基本成形之后，对备选课题进行讨论并确定最优选题。围绕最优课题，团队成员进行分工，分头收集资料，并着手计划社会实践的主要目标、实践形式、进度安排、所需资源、预期成果等，思考项目开展可能遇到的困难，并积极寻求优化和改进的途径。对于个人实践而言，尽管无须组建团队，但也应按照团队实践项目组织的方法，对项目组织方案进行打磨和优化。

3. 确定选题。实践者带着较为成熟的想法和选题与相关教师进行沟通，征求选题修改完善的意见和建议，还要联络社会实践课题所涉及的实践对象、组织单位、实践单位的相关主管部门和人员，征得平安湖南社会实践活动所在单位或企业的同意。这是一个较为复杂和烦琐的过程，实践者往往需要在实践目标和客观条件之间进行权衡和取舍，对选题进行进一步调整和优化，最终确定平安湖南社会实践相关课题。

4. 制定方案。确定选题后，实践者要根据团队基本情况、实践项目内容、物资准备和支撑材料等内容制定平安湖南社会实践项目申报方案，具体方法在本节的后半部分会进行详细阐述。

【拓展阅读】

项目选题的表达形式

一、陈述式选题

陈述式选题是较为常见的一种选题表达形式，此种选题直接、简洁、有力，能够让人较快把握住实践项目的对象、方法、目标等信息，但平铺直叙的描述缺乏令人耳目一新的吸引力。拟定此类选题时，考虑信息的准确传达比较多，对文字能力要求较高。

1. 实践对象+实践方法，如“一种假药中西地那非的快速检验方法”“新型警用盾牌的设计”“派出所智慧派警微信平台设计与实现”等。

2. 背景+实践对象+实践方法，如“县域警务视角下的警务机制调查研究”“县域警务改革背景下基层派出所工作机制研究”“总体国家安全观视域下中小学校园安全教育存在的问题及其对策”等。

3. 技术+实践对象+实践方法，如“基于无人机平台的自组网通信在警务指挥通信中的作用研究”“基于树莓派平台的驾驶人疲劳检测及预警系统”“深度学习在印章印文鉴定中的应用”等。

二、概括式选题

该类选题一般使用破折号、冒号等标点符号，突出实践项目重点内容，便于抓住阅读者兴趣，较好地突出主体，如“‘警韵’文创——红色文化伴警行”“警民通——智慧出警云平台”“警察合法权益保障问题研究——以‘袭警罪’入刑为切入点”等。

三、描述式选题

此类选题在陈述式选题的基础上，使用描述性语句，表述社会实践所能够实现的目的、具备的功效，从而使阅读者产生正面的联想，能够更好地打动评阅者。例如，选题“电子签名动静态特征综合检验研究”相对较为普通，若加上副标题“火眼金睛，辨析电子签名的每种形态”，就能较生动地传达实践项目的目的。要注意的是，在使用描述式标题时，不能过度联想，要充分考虑阅读者的知识结构，同时在项目策划书中应对选题中的内容进行详细阐述。

（二）项目人员招募与组成

团队实践在项目组织阶段的一项重要任务就是项目人员招募与组成。一支目标一致、能力互补、精诚团结的社会实践团队，能够在实践成效和队员成长两个层面取得更丰硕的成果。平安湖南社会实践项目人员招募应以自主自愿原则为前提进行双向选择。招募方式可以是基于人际交往圈的班级组团、社团组团、党团支部组团、导师制同学组团、同乡组团等；也可以通过网络征集成员组建团队，在学校相关信息平台、学校论坛、个人朋友圈等发布实践项目选题基本情况和人员招募要求等信息；还可以通过教师推荐的方式招募人员，及时跟指导教师沟通人员需求，由教师推荐适当的人员加入团队。基于人际交往圈招募的团队成员，彼此之间相对熟悉，默契程度高，前期融合较为顺畅，但成员之间经历、能力、资源容易重合，导致思维方式受到局限；通过网络征集或教师推荐方式招募的团队成员，对实践项目有基本的认识，目标一致，且对实践要求较为了解，能力条件和实践课题较为匹配，能够有效补强短板，有助于实践课题的开展，但相互之间熟悉程度较低，缺乏感情基础，需要一定的磨合期。

【拓展阅读】

浏阳市暑期大学生社会实践活动招募令

为深入学习贯彻习近平总书记对长沙市居民自建房倒塌事故的重要指示要求，落实全国、全省、长沙市自建房安全专项整治电视电话会议精神，浏阳市从4月30日起，按照省市自建房安全整治“百日攻坚”专项行动要求，扎实推进自建房安全整治工作。因工作任务繁重，急需补充人员力量，确保工作目标任务高质高效全面完成，特向浏阳籍全日制在校大学生（含暂未就业的应届毕业生和准研究生）

发出浏阳市“燕归巢”暑期大学生自建房抽查复核社会实践活动的招募令。

一、报名条件

坚持“自愿报名，择优选定”的原则，主要择优条件为：

1. 拥护中国共产党领导，思想积极，政治立场坚定；

2. 道德良好，身体健康，综合素质较高，具有一定的工作能力；

3. 无违法犯罪记录，未受任何处分；

4. 服从工作安排，并能按照工作时间安排到岗实践；

5. 专业不限，土建类、计算机、文秘专业优先。

二、报名时间

2022年6月27日~30日（上午9：00~下午5：00）

三、实践时间

2022年7月~8月

四、岗位数量及实践内容

计划招募20人，主要从事自建房安全整治省级系统排查录入情况复查和全市自建房安全整治复查工作。

五、实践待遇

1. 免费提供早餐和中餐；

2. 实践结束，发放1000元/月的工作补助。

六、报名方式

1. 现场报名地点：浏阳市自建房安全整治“百日攻坚”专项行动指挥部办公室（住建局），浏阳市行政中心附五栋××××室；

2. 电话报名：编辑个人基本信息（姓名、性别、出生年月、就读学校和专业、现场报到时间等）发送至手机号1527492××××或邮箱70515××××@qq.com（联系人：李××）。

浏阳市自建房安全整治“百日攻坚”专项行动指挥部办公室

（来源：“微浏阳·浏阳日报官方账号”）

在项目人员招募过程中，实践发起者要对有意向参加社会实践活动的人员根据实践需要加以挑选和取舍，考察其专业和能力是否能够满足社会实践要求。应适当考虑跨专业、跨年级、不同性别之间人员的组成比例，根据性格特点、个人特长等做好人员分配和工作安排，注意发挥每个成员的长处和优势，形成一个高效的社会实践合作团体。同时，实践者还要注意根据平安湖南社会实践内容、任务考虑项目成员所具有的隐形优势，例如，有无成员对目标实践地或实践单位相对熟悉，或者有无熟识的亲人朋友能够为平安湖南社会实践的开展提供方便。对于项目规模较大的社会实践，往往需要分成多个小组分头行动，在项目人员招募时，就要注意人员的综合素质，以及不同小组之间人员的组成安排。

（三）指导教师选择与邀请

实践团队组建后，实践者可以邀请教师指导，帮助梳理课题思路、确定最终选题、解决实际问题。平安湖南社会实践指导教师在工作领域和研究方向上要与选题方向有一定相关性，并具备一定的指导经验，除了要进行事前指导培训、事中协调督促、事后成果考核总结等工作，也需要做好学生的外出人身安全指导，突发事件应对处置等工作。

高等学校能够承担平安湖南社会实践指导工作的教师一般包括专业任课教师、学业指导老师、党政干部、政治辅导员、公安机关实战教官等。任课教师对所教授的专业课程及社会实践内容有较为深入的研究和理解，能够为相关选题提供深入指导；学业导师熟悉学生情况，能够根据学生特点，对选题方向和方案设计提出有针对性的建议；党政干部可以为实践团队协调更多社会资源和便利条件；辅导员能够在学校社会实践工作政策及活动组织经验上提供更多帮助，利用社会实践开展大学生思想政治教育；实战教官能够就社会实践课题的实际价值作出准确判断，并为相关的社会实践课题提供实践便利。

大学生在选择指导教师时，要结合选题需要，从专业方向、时间精力、社会资源、指导经验等多个角度进行综合考量。指导教师一般要承担繁重的教学、科研任务，有的还兼任教育管理等行政工作，在指导时间和精力上非常有限，因此，大学生实践社团及其成员不能过分地依赖指导教师，应充分发挥自身或团队的主观能动性。

实践者在邀请教师从事平安湖南社会实践指导工作的过程中，要遵循权责明确、理解互信、双方自愿的原则，向相关教师详细说明实践团队指导的相关事宜，并明确指导任务。一般而言，只要项目选题与教师的专业研究方向或工作领域相近，教师应积极指导学生的平安湖南社会实践项目：一是可以服务平安湖南建设，满足社会的实际需要；二是可以促进学生成长，有助于实现立德树人的教育目标；三是可以做到教学相长，指导学生开展社会实践的过程也是教师学习提高的机会，有助于提高教师教学科研水平。

（四）实践对象和场所的选择

在完成团队组建、教师邀请、选题确定之后，还需要对实践对象和实践地域、场所进行选择和确定。实践对象是指平安湖南社会实践服务、受益或调研的对象和人群。对于技术开发类实践而言，实践对象一般是指可能使用该技术或从该技术受益的人群，调研宣讲类社会实践的实践对象通常是平安建设中存在的问题或者平安建设宣讲的听众、受众。

实践地点和场所的选择和确定是平安湖南社会实践策划筹备阶段跟社会接触较多的一个环节，需要联系实践活动涉及的个人、组织或单位，获得同意开展活动的答复。实践场所的联系一般有团队自主联系、学校统一联系、依托第三方联系三种方式，具体联系方法在第六章中将详细介绍。

在实践场所的选择上，实践者通常需要考虑以下因素：

第一，实践场所的选择应与平安湖南社会实践选题方向相契合，能够实现实践活动的预期目标。例如，某平安湖南社会实践团选题方向是禁毒宣讲和调研活动，那么在进行实践场所选择时，就应该优先选择毒品滥用情况较为严重或存在滥用风险的地区的学校、单位、企业、社区开展宣传活动，提高社会实践的针对性。

第二，实践场所的选择应该考虑便利性，有效利用各类资源。例如，实践者可以考虑选择所在高校的实践基地开展实践，既便于联系协调，又可以调动更多优势资源，构建长期合作的机制。实践者也可选择户籍所在地或者居住地的社区、单位、企业和重点场所，既能够快速适应环境，高效开展社会实践活动，还能节约吃、住、行的费用，减少开销，将有限的经费运用到最需要的地方。

第三，实践地域和场所的选择要保证安全。实践者在开展社会实践时，要充分考虑安全因素，既要考虑社会治安状况、公共卫生情况，也要及时关注天气情况和自然地理信息，对疫情高风险区、违法犯罪案件高发地区，泥石流、冰冻、洪水等自然灾害频发地区要及时进行风险评估，不能贸然前往。

【拓展阅读】

湖南警察学院部分校外实习、实践、实训基地名单（长沙市）

长沙市公安局	长沙市公安局开福分局
长沙市公安局雨花分局	长沙市公安局芙蓉分局
长沙县公安局	长沙县公安局交警大队
长沙市公安局巡特警支队	宁乡市公安局
长沙市公安局刑侦支队	长沙市公安局交警支队
湖南省高速公路交通警察局	长沙星沙强制隔离戒毒所
长沙县人民法院	长沙县泉塘街道办事处
长沙市岳麓区天顶街道办事处	湖南通城律师事务所
上海建纬（长沙）律师事务所	湖南泓锐律师事务所
湖南耀银律师事务所	湖南华湘律师事务所
湖南麓和律师事务所	恒天九五重工有限公司

长沙极客营信息科技有限公司　　　　湖南创博龙智信息科技股份有限公司

湖南晖龙集团

（来源：湖南警察学院教务处）

二、平安湖南社会实践项目的方案设计

平安湖南社会实践申报方案是实践者选题、内容、任务、组织、流程及其目标达成条件的一个初步计划，是获得学校同意和支持的必要材料。做好平安湖南社会实践的方案设计，能够使项目在评审时脱颖而出，并保障社会实践顺利进行。

（一）方案格式与主要内容

平安湖南社会实践方案包括参与平安建设“三下乡”志愿者活动方案、大学生创新创业训练计划、“挑战杯”大学生课外学术科技作品竞赛和创业计划、“互联网+”大学生创新创业大赛计划书以及大学生创新性研究项目。不同类型实践活动的申报方案格式要求有所区别，可参照活动组织单位提供的模板对格式进行调整，但其主要内容通常包括三个部分：团队基本情况、实践项目内容和支撑材料。

团队基本情况介绍团队人员组成结构以及相关实践经验，一般由项目名称，拟申请经费，起止时间，负责人和参加成员年级、专业、联系方式等信息，指导教师情况等信息组成，体现了人员搭配是否合理，前期研究方向等信息。实践项目内容详细阐述申请理由，选题依据，研究方案，可行性分析，项目创新点、特色和解决的关键技术，项目进度安排，拟利用资源，经费使用计划，项目预期成果等内容，是申报方案的重点内容，集中展现了实践项目的学术性、创新性、可行性、研究性、可操作性。支撑材料一般包含项目诚信承诺、指导教师意见、院系初审意见、学校意见等，用于佐证该社会实践项目能够遵守平安湖南社会实践的原则规范。

（二）申报方案撰写技巧

1. 撰写要求。申报方案是平安湖南社会实践选题策划的一个阶段性总结，可以起到统领思路、指导实践、督促进度的作用。在撰写申报方案时，应做到以下几个方面的要求。

（1）条理清晰，表意准确。经过选题、组织、策划等环节，实践者撰写申报方案时应对社会实践的来源、目标、计划有清晰的认知和准确的把握，能够按照申报说明或模板要求条理清晰地将各项内容表达出来。在撰写过程中，应尽量把可能出现的情况考虑全面，做好适当的备选方案和应对措施。

（2）内容充实，格式规范。申报方案中的各项内容都应经过逐一核对，确保填写完整、避免遗漏。填写的内容要经过反复斟酌和修改，力求详略得当、言简意赅、重点突出，使评审老师能够在较短的时间内准确掌握实践项目的意义、内容、

成果等重要信息。申报方案的格式要严格按照模板的要求，确保格式统一、层次分明、规范工整。

（3）实事求是，按时提交。申报方案中的各项内容，要实事求是、确保真实，不能夸大成果或掩盖不足。申报方案上的团队基本情况等内容需经过核对，确保信息真实有效。申报方案一经上交，原则上不允许再进行修改，因此要谨慎对待、认真核验。同时，平安湖南社会实践项目的申报有时间限制，要提前做好计划、按时提交，避免因错过截止时间导致申报失败。

2. 撰写技巧。在进行申报方案的撰写时，还要注意以下技巧：

（1）申请理由。主要介绍申报本项目或选择本课题的理由和原因，让评审者对项目成员的能力、经历和项目的由来有初步的了解。申请理由的内容一般包括前期基础及项目成员具备的知识、兴趣、已取得的成绩及相关科研经历等。

（2）选题依据。一般包括项目的学术价值、应用价值、国内外研究现状分析。学术价值也就是学术增量，通常可以体现为新的理论、新的资料、新的数据、新的技术、新的方法等。应用价值也就是项目研究过程或成果对现实的意义，具体来说就是对平安湖南建设有什么实际的价值或应用的场景。

对大学生创新性课题研究而言，国内外研究现状分析是申报方案的难点，因为需要阅读大量文献资料，并按照选题的思路进行梳理和提炼。实践者在撰写国内外研究现状分析时，要带着观点和立场，按照不同时间阶段、不同观点流派等逻辑对文献内容进行归纳和评述。作为国内外研究现状分析的依据，实践者在引用参考文献时，要注意权威、丰富、规范，正确地引用参考文献。权威是指参考文献的来源要权威，一般可从中国知网、万方数据库、维普中文期刊服务平台等数据库进行检索引用。丰富是指引用文献的来源要多样，既有中文文献，也有英文文献；既有学术论文，也有专著、书籍。规范是指参考文献的格式规范、保持统一。例如，如果添加文献标识码，那所有引用文献都需加上文献标识码；如果是按照作者、文献名、出处、发表年月（卷/期）、页码开列的，那所有参考文献都要按照这个格式进行引用。同时，还要注意参考文献的数量要适当，一般以7～12条为宜，太多显得杂乱无章，太少则不足以支撑选题。如无特殊要求，参考文献一般按照《GB/T 7714-2015 信息与文献　参考文献著录规则》要求进行引用。

（3）研究方案。研究方案是申报方案中的重点内容，需要详细阐述研究目标、研究内容、研究方法、实验方案、技术路线、可行性分析等内容。研究目标是指通过平安湖南社会实践具体要达到的目的，如构建某种模型、提出某种建议、获得某种规律、收集某类资料、研究某种方法、开发某项技术等。研究内容则是与研究目标对应的具体可操作的一个个研究点，是指实现研究目标所要进行的具体研究内容。研究方法是指为了完成研究目标所需采用的工具和手段，一般包括文献调研法、观察法、思辨法、行为研究法、比较研究法、实验法、调查法等。实验方案或实践方案，是指平安湖南社会实践的具体实践步骤计划和安排，要求计划周全、考虑全面，并做好充足的备选方案。技术路线是指为了完成研究目标所准备采取的包括技术手段、具体步骤及解决关键性问题的方法等在内的研究途径，应尽可能详细，并适当运用图表加以阐释说明。可行性分析是对研究目标、研究内容、研究方法等方面进行综合考量，得出实践项目是否可行的分析步骤。

（4）项目进度安排。将项目进度按月进行计划，一般应包含查阅资料、选题、自主设计项目研究方案、开题报告、实践调研（实验研究）、数据统计、处理与分析、归纳总结、撰写研究论文和总结报告、参加结题答辩和成果推广等阶段。

（5）拟利用资源。可用于完成平安湖南社会实践项目的教学资源、社会资源，一般包括教学设备、仪器设备、文献资料等。

（6）项目预期成果。根据自身实际和项目条件，在研究论文、设计、调研报告、申请专利、开发软件、研制产品、项目鉴定等成果类型中选择一项或几项作为预期成果。一般来说，预期成果越丰硕、质量越高，获得支持的可能性就越大，结题的难度也越大。因此，实践者要正确评估项目深度和自身能力，选择适当的预期成果。成果形式和转化的内容在第六章有详细阐述。

思考与作业

1. 如何确定平安湖南社会实践的选题方向？选题应注意哪些问题？
2. 结合本章介绍的选题来源、方向和原则，拟定一个平安湖南社会实践课题。
3. 积极参加平安湖南社会实践项目的设计、策划与组织，撰写一份平安湖南社会实践申报方案。

阅读文献

1. 费孝通著：《乡土中国》，人民出版社 2008 年版。
2. 陈少平主编：《新时代大学生社会实践教程》，厦门大学出版社 2020 年版。
3. 袁方主编：《社会调查方法教程》，北京大学出版社 2004 年版。

第五章　平安湖南社会实践的组织与实施

【教学目的和要求】

熟悉开展平安湖南社会实践活动需要准备的人员、物质等要素，明确社会实践活动中需要留存的各类资料，掌握实践活动宣传推广的原则、方法与途径，开展社会实践活动中需要注意的安全事项以及要遵循的文明礼仪。

【教学重点和难点】

- 平安湖南社会实践的组织实施
- 平安湖南社会实践中的注意事项
- 社会实践活动宣传推广的方法与途径
- 社会实践活动中需要遵循的文明礼仪

【学习导读】

古语云："宜未雨而绸缪，毋临渴而掘井。"开展平安湖南社会实践工作，应做好充足的准备工作，包括实践方案的制定、人员分工、物资准备以及实践单位的联系等。同时，活动的组织开展过程中要做好文字、图片、视频的收集记录工作，做好相关资料的留存以及活动的宣传推广，扩大社会实践活动的社会影响力。为了保障社会实践活动的顺利开展，应注意活动的安全与礼仪，遵守活动的相关行为准则和礼仪规范。

本章通过介绍平安湖南社会实践的准备、组织实施以及社会实践中需要注意的安全与礼仪，使学生掌握平安湖南社会实践实施与执行的内容、方法和途径，明确目标、任务。

第一节　平安湖南社会实践的准备工作

宜未雨而绸缪，毋临渴而掘井。任何事情都要早做准备，不要事到临头才想办法。大学生开展平安湖南社会实践活动应做好充分的准备工作，才能够使目标更加清晰、执行更加准确、效果更加良好，从而为实现预期工作目标奠定坚实的基础。活动前，通过科学的事前规划，明确活动开展需要的人力、物力和财力，方可做到事半功倍。因此，开展平安湖南社会实践有必要对可能出现的问题加以预防，在人员安排、物资准备、活动单位联系等方面做好提前规划，才能做到有条不紊，确保实践活动的顺利开展。

一、实践团队人员分工

（一）成员招募与分工合作

1. 团队成员招募。平安湖南社会实践主要以团队实践的方式开展，需要团队成员加强合作，各司其职。团队实践一般要经历一个逐步发展和壮大的过程。初创阶段的团队通常是由几名骨干成员作为发起人建立起来的，通过吸纳身边较为熟悉的同学加入，如寝室室友，同系、同班或同专业同学等。具备一定人数规模和运行经验的团队，可以面向院系和学校招募成员，也可以跨校组建合作团队。

2. 团队成员分工。不同实践团队的规模和分工往往存在一定的差异性，但需要秉持以下基本原则：首先，要根据实践活动需要选拔团员，应考虑具有平安湖南创建理论知识和专门技能的人才，注重发挥成员的主观能动性和特长，做到人尽其才；其次，要明确社会实践团队成员的分工，落实岗位责任制，做到相互协作、各尽其职。

实践团队组成人员一般包括总负责人、安全委员、财务后勤委员、联络委员、宣传委员和其他普通成员等。其中，团队负责人是团队的主心骨，需要较强的综合能力和高度的责任感，具有较好的凝聚和协调能力，确保社会实践活动的有序推进。安全委员具有较为丰富的安全知识和相关技能，负责全团队的安全工作。财务后勤委员主要负责团队的经费预算与支出，协助负责人安排食宿交通和准备各类物资，要求办事细心周到、责任心强。联络委员需要较强的沟通交流能力，能联系社会实践单位、熟悉实践地点，做好团队、学校与实践所在地单位、组织之间的对接。宣传委员主要负责实践材料的记录、加工和宣传，应具备一定的文字编辑、摄影摄像、宣传报道能力。考虑到社会实践成本的支出，可以对团队规模进行适当的控制，人员不够的情况下，可以根据实际情况由一人兼任多项职责。

【拓展阅读】

如何做好团队建设

正所谓“树多成林不怕风，线多搓绳挑千斤”，良好的团队建设是科学分工的重要保障，只有团队成员之间配合默契，才能更好地开展工作。

做好自己的事情。一个团队能够顺利运转，首要的便是每个成员各司其职、各尽其责。分配给每个人的任务应当按时完成，这是完成团队整体工作的前提，也是配合帮助他人的基础。与此同时，做好自己的事情也能向团队展示自己的价值和优势，从而更好地调整工作安排，提高效率。

多为他人着想。都说吃亏是福，付出多少也会收获多少。帮别人打了伞的人，日后有雨落在身上时，也会有人替你撑起一把伞。同时也要学会换位思考，与人为善。“己所不欲，勿施于人”，遇到难题时多站在他人的角度想一想，看看怎样做更合适。做到这些可以让团队更加融洽、更有亲和力、更具战斗力。

信任团队的成员。信任是最基础的人际情感，没有互信就没有进一步的连接。社会实践工作包含大量志愿服务内容，作为团队的一员，应当学会信任你的伙伴。一个团队只有在信任的氛围中才可能高效工作，反之则无法做到分工协作。团队氛围不佳会削减成员的工作热情，进而又会对整个团队的氛围造成消极影响，使团队陷入低效运转的恶性循环。

（二）思想动员与心理调适

思想动员是指在社会实践活动之前要充分了解实践团成员的思想动态和认识，做好团员的思想政治工作，提高他们对实践活动意义的认识，调动他们的积极性和主动性。做好思想政治工作是确保活动目标任务顺利完成的精神动力和思想保证。通过思想动员可以让团队成员较好地了解平安湖南社会实践活动的目的、内容、方式方法，以及在实践过程中可能遇到的问题和困难，提前做好充分的思想准备，也可以增强成员的认同感和归属感。动员的方式多种多样，既可以以会议的形式进行，也可以通过培训的形式进行，通过充分的动员和交流，可以深入了解团队成员的思想动态，也便于听取团队成员的意见建议，确保活动的顺利开展。

心理调适是指用心理技巧改变个体心理活动绝对强度，减低或加强心理力量，改变心理状态性质的过程。心理调适可以分为自我调适与他人调适两种，其内容包括认知结构调节、情绪调节、意志调节、个体调节以及注意记忆调节等。在平安湖南社会实践活动中，大学生初次走出校园、走进社会，可能会遇到各种困难和不适，也可能接触一些与平时认知不一样的社会反面现象，甚至在团队实践过程中因为对问题的看法和实践活动的计划不一致而产生团队成员之间的分歧，这些都会影响社会实践活动的开展。作为团队负责人，应时刻关注和了解团队成员的心理状况，及时开展思想政治教育工作和心理辅导工作，引导实践团成员客观看待问题，正确处理矛盾，确保心理愉快。在实践活动中，遇到困难要调动起斗志与激情，战胜遇到的挑战。我们可以适当地组织一些团队活动，如实践分享会、趣味运动比赛、趣味游戏等团队活动，增进团队成员之间的了解，增强团队的凝聚力。

【实践案例】

勇担重担，齐心抗灾

2019年7月，湖南省衡阳市衡山县遭遇暴雨洪涝灾害，湖南警察学院“赤阳”三下乡实践团正在该地开展暑期实践工作。得知灾情消息并分析安全形势后，团队立即赶到抗洪救灾的一线参加救援工作。为了保证救援工作有序、快速、高效，提振团队士气，该团队提前进行了针对性思想动员与心理调适工作。

自然灾害属不可抗力因素，因此调整本次社会实践的主要内容，奔赴抗灾前线参加救援是工作必然要求。团队从唤醒成员的大学生和预备警官双重身份责任意识切入，强调成员身上所承担的社会责任，为成员鼓气壮胆。然而，面对自然灾害必须慎重考虑风险，安全是工作中首要考虑的重大问题。结合团队实际情况，对于灾区可能存在的问题进行分析，最终选择重点利用无人机技术加强监控和检查，协助抗洪救灾工作。在临行前，团队组织了全体成员会议，进行动员宣讲，有效激发全体成员的斗志。最终该团队在抗洪救灾任务中为指挥部和当地群众提供了有效帮助，反响良好，《人民日报》、“新湖南”、“星辰在线”等媒体进行了宣传报道，团队也陆续收到了来自武警衡阳支队、共青团衡山县委等单位的感谢信。类似这种救灾活动的准备，“敢于出发、勇于参与”的思想认识是开展实践的第一步，除了思想动员与心理调适外，还需要具备相关的专业技能和必要的器材准备等。

（来源：搜狐网，2019年7月11日）

（三）身体状态调整

健康的身体是社会实践顺利开展的基本前提。社会实践某种程度上就是检验我们同学的身体素质、意志品质的教育活动。在社会实践活动中，大学生要有意识地对自己的身体健康进行全方位的管理和调节。

1. 调节作息时间。大学生在学校里的作息比较规律，但在实践活动中因工作需要，会打破原来的作息规律，影响休息质量。因此，大学生在开展相关实践活动前1~2周，应充分了解平安社会实践活动的内容、活动计划、工作安排，了解实践地的作息情况，及时进行调整，提前进入角色。

2. 保持健康饮食。健康的身体和良好的精神状态离不开健康的饮食习惯。因各地饮食习惯的不同，大学生在实践地可能会出现一些“水土不服”的现象，甚至会引发肠胃疾病，影响大学生的身体健康和实践活动的展开。因此，要根据实践活动所在地的饮食习惯，提前准备一些生活物资和食品，养成按时按量就餐的良好习惯，摒弃恶性节食和暴饮暴食等不良饮食嗜好。

3. 加强身体锻炼。平安湖南社会实践往往需要耗费大量的体力，需要健康体魄作为基础。在校期间，认真参加体能训练，能够很好地帮助大学生强健体魄、增强身体机能，为实践活动的顺利开展打下良好的基础。在开展平安湖南社会实践中，应制订相应的锻炼计划，养成良好的身体锻炼习惯，预防和减少疾病的发生。

二、社会实践物资准备

开展平安湖南社会实践活动应根据实践的内容做好充分的物资准备，为活动顺利举行提供可靠的保障。物资准备包括个人生活用品、文件资料、实践器材与设备、实践经费等方面。

（一）必备用品

开展平安湖南社会实践，必须准备个人生活用品，而携带用品应当秉持实用、精简、整洁的原则，做到“带的都有用，不带多余的”原则。为了更好地进行准备，在前期工作时可以制定一份清单，按图索骥、避免遗漏。一般来说，应携带以下几类个人生活用品。

1. 证件证照。证件是身份的象征，在开展平安湖南社会实践活动中，需常备的主要证件包括身份证、学生证、介绍信。身份证在住宿、车旅、购票等处都有所需要。学生证是在实践活动中展示学生身份的重要证明，同时可以享受到国家的相关优惠政策，节约一定开支。介绍信是团队到其他单位联系工作、了解情况或参加各种社会活动时用的函件，它具有介绍、证明的双重作用，使用介绍信，可以使对方了解团队的身份和目的，以便得到对方的信任和支持。实践活动中应保护好自己的个人证件，不要遗失或者损坏。

2. 生活用品。生活用品是生活的必要保障。具体包括换洗衣物、鞋子、帽子、洗漱套装、雨伞、手表、行李箱、杯子等。大学生在挑选日用品时也要考虑到实践地的地理环境、天气状况等实际情况，携带好驱蚊水、餐具、防晒霜、毛巾被、保暖衣等物品。

3. 通信联络工具。进行实践活动时，手机是必备的。要使用手机定期与家长、学校进行联系，而在进行实践时出现意外情况也可以及时求救。携带手机时注意辨别好相应的充电器、充电宝。如果条件具备，团队还可以携带对讲机等即时通信工具。

4. 药物药品。在进行平安社会实践活动时，可以携带一些个人预防中暑、治理肠胃炎、皮肤病防治等常备药品、卫生保健用品。实践团队可以由财务后勤委员根据需要准备一个应急小药箱。

【拓展阅读】

小药箱内应该有的药物

止晕药：尤其是团队中有成员有过晕车/船/机史。

抗过敏药物：去到陌生的地方，饮食、环境等有可能引发过敏。

解热镇痛药：例如，对乙酰氨基酚，对于发热、头痛、肌肉酸痛都有效。容易因活动劳累、休息不好等导致头痛、发热症状者，特别是有偏头痛史的人要准备该药。

增加胃肠动力、调节肠道菌群的药物：实践活动期间因饮食环境改变、旅途劳累，可能影响消化系统功能，出现消化不良、便秘、腹泻、腹胀等症状（注意：调节肠道菌群的药物，有些是活菌制剂，请不要与抗生素同服）。

抗生素：旅行期间，因饮食不洁净导致比较严重腹泻，但在当地就医困难的话，可能就需要抗生素来帮忙。根据自己平时的用药习惯选择对自己比较有效的抗生素，但注意不要滥用。

外伤需要的药物：可在药店购买旅行外伤小包裹，如果没买到，可以自己准备创可贴（大、小、不同部位的类型），以及装在便于携带的可密封容器里的酒精棉球/碘伏棉球，以便在有任何皮肤破损的情况下，尽早做好简易的消毒工作。

小瓶的免洗洗手液：方便在餐前、便后对双手进行清洁。

维生素泡腾片：在旅途中如果喝不惯当地的水，可以加一片泡腾片调节味道，在饮食不规律的时候还可以顺便补充维生素（不过使用泡腾片要适量，超量服用会对身体不利）。

眼药水：游泳后以及在比较干燥或风沙大的地方可能会需要使用（如果带隐形眼镜药水请注意规格，乘飞机时可能不允许随身携带）。

驱蚊水以及止痒药物：夏天出行或者前往热带地区，驱蚊水通常是必不可少的，可以带上风油精、清凉油等。①

（二）文件资料

文件资料是根据平安湖南社会实践活动需要准备的相关公文、法律文书、表格、宣传资料等文件资料。不同类型的社会实践活动，所需要携带的文件材料各不相同，常见的有以下几类。

1. 规范性材料。包括活动策划与登记的相关的文件和表格，如《社会实践申

---

① 周洋：《急救包里有什么?》，载《湖南安全与防灾》2018 年第 12 期。

报方案》《社会实践登记表》《实践日志》等。文件材料因活动展开的地点、目的、方式而变化。身份证明材料，包括介绍信、社会实践团队的队旗或标识等，其中介绍信一般由学校团委或院系开具，队旗或标识可由团队自行设计、制作。

2. 工具性材料。工具性材料通常是指开展平安湖南社会实践活动中需要使用的参考资料，如参考教材、文献资料、政策文件等。其中，相关文献要提前仔细查阅，做好功课，才能在实践时做到心中有数、更加贴合实际。要根据平安创建实践活动的需要，查阅相关文件资料，设计好调查问卷、访谈提纲等，确保社会调查效果。

3. 特色性材料。特色材料是根据活动开展的具体需要自行制作和创作的相关物品和资料，包括宣传资料、赠送的纪念品、文创产品等。这些资料大学生可以根据自己的实践活动的需要提前准备。活动中使用的宣传单、科普资料等要严格审核，不能出现差错。

（三）器材设备

实践器材与设备是完成平安湖南社会实践活动的物质保证。包括平安创建工作所需器材设备、社会实践活动设施设备、实践活动记录摄影摄像器材等。大学生应根据社会实践活动需要进行充分准备，做到有备无患，主要有以下几类。

1. 电子记录设备，如照相机、录音笔、摄像机、平板电脑等，条件允许时还可携带小型无人机。这些设备都比较贵重且容易损坏，因此要做好安全防范准备，妥善保管。

2. 沟通交流设备，如麦克风、蓝牙音响、扩音器、对讲机等。这些设备主要用于进行消息的沟通交流。在携带时应当考虑到简便、易使用等特点。

3. 展示演出设备，如乐器、挂图、演出道具、相关仪器等。

4. 安全防护设备，如救生衣、安全帽、相关防护用品等。

【实践案例】

实践活动相关材料、器材与设备的准备

这是湖南警察学院“小荧星”支教团队2018年暑期在湖南省隆回县某小学开展支教活动前准备的材料以及器材与设备。

类别	材料种类	数量及完成情况		材料种类	数量及完成情况	
基本材料	社会实践登记表	1份	☐	实践策划书	1份	☐
	笔记本	20本	☐	实践申报书	1份	☐
	实践单位介绍信	1封	☐	社会实践旗帜	1面	☐
	工作分工安排表	1份	☐	经费预算表	1份	☐
工具材料	支教日记	13份	☐	应急事件预案	1份	☐
	特色教案	13份	☐	教学资料文献	若干	☐
电子记录设备	照相机	2台	☐	摄像机	1台	☐
沟通交流设备	小蜜蜂（便携广播）	3台	☐	蓝牙音响	1台	☐
教学道具	相关乐器	若干	☐	书法用品	若干	☐
赠送物品	赠送书籍	若干	☐	科普宣传挂图	若干	☐

（来源：共青团湖南警察学院委员会）

（四）活动经费

古人云："穷家富路，居家不难。"意思是说即使家境再窘迫，在旅途中也要带足盘缠，以备万一。大学生在进行社会实践时，要围绕实践工作目标，根据个人的生活消费习惯，结合实践活动所在地的消费水平，合理地做好活动经费预算。实践经费主要包括基本费用、活动费用、非常规预算费用三个部分。

1. 基本费用。基本费用是指外出进行社会实践时必须花销的车费、交通费、餐费等。这类费用的可预测性较强，是社会实践开销的主要部分。

2. 活动费用。这类费用是指社会实践期间，购买社会实践材料，组织社会实践活动的开销，如邮寄费、打印费等。这类经费会因不同活动而异，需结合实际进行预算。

3. 非常规预算费用。这类费用是指非正常因素而产生的费用。例如，在进行平安湖南社会实践期间，因意外事故产生的医疗费用，购买预算外的物品而产生的费用等。这类费用不可预测性强，因此，在实践活动期间要预备一些应急款，以备不时之需。

社会实践活动经费来源主要包括申请专项资金、团队自筹、社会赞助等三个方面。在通常情况下，学校每年都会投入专项资金用于支持大学生社会实践活动，实践团队要根据学校团委、院系的社会实践活动计划安排，事先进行策划、申请立项。如果学校经费不足以支撑活动的开展，则可以通过自筹部分经费、争取社会赞助等形式保障活动的顺利进行。在开展社会实践期间，要本着勤俭节约的原则，尽可能地减少开支，做好经费预算，减少存在的问题，要科学规划和管理实践经费的使用。

三、社会实践单位联系

在平安湖南社会实践的选题策划阶段，一般需要提前联系乡镇、社区、单位、企业、学校等实践地开展平安创建活动。通过联系协商，确定社会实践活动的时间、内容、方式方法，以及需要对方提供的帮助等。联系活动单位一般有以下三个主要途径。

（一）团队自主联系

团队自主联系，是指实践团队根据社会实践内容与活动的需要，自主联系社会实践活动单位，确定实践活动的内容和方式。比如，在进行革命历史科普宣讲的实践活动中，可以与实践地的博物馆、爱国主义教育基地、党史学习教育基地等部门进行联系。大型群众性活动的安保执勤实践活动，则应与承办单位和当地公安机关进行联系。反电信诈骗宣讲、禁毒宣讲、普法教育等可以与大中小学校联系。团队自主联系具有高度的自由性和针对性，可以更好地确保社会实践活动的效果。

（二）学校统一联系

社会实践活动是高等学校人才培养和大学生思想政治教育的重要方式和途径。高校应当根据人才培养方案，统筹好大学生社会实践活动计划安排，根据不同性质的社会实践团队做好社会实践活动联系工作，安排学生到政府机构、企事业单位开展社会实践活动，确保活动效果。例如，统一安排到公安政法部门开展实习、见习活动，指导学校社会实践团队有序开展暑期平安创建实践活动，主动帮助团队和个人联系实践活动单位。特别是作为涉世未深的大学生个人开展社会实践活动，因缺少社会经验，自行联系可能会遇到阻碍与困难，学校应当及时提供帮助。

（三）依托第三方联系

当参与平安湖南社会实践活动规模较大较复杂时，需要调动多方的资源和力量。为了保证实践活动的顺利开展，则需要依托第三方进行联系，以便调动更多的社会资源。依托第三方要根据社会实践活动开展的需要，根据实践内容选择关联程度和专业程度较高、具有丰富社会实践组织活动经验的第三方进行。例如，长沙县所在地高等学校积极与长沙县共青团委员会开展合作，依托长沙县团委建立“校地联盟工作平台”，为大学生开展社会实践活动提供方便和条件，取得了令人满意的效果。

【实践案例】

将安全与温暖带到每个角落“校地联盟”

2019年4月，湖南省内首个共青团校地联盟于长沙县正式成立，在资源对接上给予各高校支持，支持青年学生团队和个人积极深入长沙县基层、企业、农村和社区开展各类公益性志愿服务活动，并于今年与湖南警察学院长安实践团达成合作。

为提高人们安全防范意识与法律意识，使人民生命健康财产安全得到有效保障，并积极响应党中央扶农助贫方针政策，湖南警察学院长安实践团依托长沙县团委校地联盟平台，赴长沙县开展为期10天的暑期“三下乡”社会实践活动。

本次活动主要采用安全知识宣讲和扶贫走访两种形式，面向长沙县各村镇各类群体，以防溺水、防拐卖、防诈骗、毒品安全、交通安全法律知识科普为主要宣讲内容，提醒人们警惕每一个“隐秘的角落”。同时，实践团将实地拜访村镇贫困家庭，为各家送去生活物资，并进行开导鼓励，将温暖和关怀带到每一家每一户。

7月20日正式开启活动第一站，实践团来到长沙县北山镇石常村大兴小学，张锦和周泽楷两位同学分别对防溺水和防拐卖进行主题安全知识宣讲，教导小朋友们正确辨别及处理突如其来的危害，并作出急救措施示范和防身术演示以丰富拓展。

当日下午，长安实践团成员抵达青山铺湖南碧魅绣科技有限公司，本场主讲者曾阳首先就毒品安全相关注意事项进行介绍；其次结合企业员工的实际情况需求，普及劳动者权利义务相关法律条文；最后与周泽楷、贺沁怡同学共同带来同心抗疫主题演讲，增强大家的抗疫信心。本日活动正式结束。

“长沙县团委校地联盟是一个非常好的平台，通过此平台，各学生实践团体与各地政府加强沟通与联系，今天北山镇与青山铺的活动能如此顺利地进行，离不开两地负责人与县团委的大力支持。”长安实践团团长李斌龙在活动后表示。

据悉，长安实践团将与县团委联合于长沙县福临镇、泉塘街道等地继续开展实践活动，并达成长期合作，共同为维护社会治安秩序而努力。

（来源：人民日报新媒体，https：//rmh. pdnews. cn/Pc/ArtInfoApi/article？id = 14729874）

第二节　平安湖南社会实践的组织实施

平安湖南社会实践活动的组织实施，包括活动正式开展前的现场布置、活动的组织开展以及活动中各类文字资料、图像信息等资料的留存和后期的宣传等工作环节。其中，现场布置是活动成功开展的重要前提，文字资料、图像资料等素材是证明社会实践教育教学工作的重要内容和教学评价的重要依据。同时，为扩大活动的影响力和持续性，必须加强活动的宣传推广以及实践材料的留存。

一、社会实践活动的现场布置

活动现场布置对于任何一场活动来说都非常重要，是活动顺利开展的前提，如果在这方面出现问题，会影响整场活动的效果，所以在活动举办前需要认真准备，让活动参与者有被尊重的感觉，从而形成良好的活动参与感。

（一）物料准备

根据活动策划方案提前做好物料清单，与策划者、活动方确认好物料清单后开始准备。物料是现场布置的第一步，物料准备有问题会直接影响活动质量，所以在准备时一定要认真仔细，任何一个环节都不能遗漏，为活动的顺利进行做好充分的后勤准备。

（二）任务分配

活动现场需要准备的工作有很多，所以在布置前要将工作分配到个人，每个人负责什么任务，要将责任划分好，在最短的时间内快速有效地完成现场布置，同时也是为了后续如果现场有什么问题可以直接找个人，避免相互推卸责任。

（三）现场执行

在前期工作都准备好后，现场执行必须跟得上，执行者能力要强，能够把控整个布置进度，对突发情况应变能力要强，确保活动能够圆满完成。

（四）现场检查

在活动开始前预留足够的时间进行最后的检查，无论前期策划与准备做得多么充分，在活动开始前还是要检查，有时在活动执行中前期准备的物料布置好后没有达到想要的效果或者物料有问题，这些都需要预留时间来解决，这个时间是为了应对突发情况，在活动前期和现场执行中还是要仔细认真。

（五）把握时间

在活动现场搭建的时候，时间都是很紧张的，因此在搭建之前要安排好时间，理好搭建的流程，把每个时间段需要做什么，都要想清楚，如在搭建舞台、灯光和音响时，需要的时间比较长，应先进场。活动现场搭建时，要对一些设备的进场时间和进场的顺序做好合理安排，以争取在最短的时间内将现场搭建工作圆满完成，保证活动举办的成功。

二、社会实践活动的组织开展

（一）活动开展

结合平安湖南社会实践活动的具体内容有序开展活动。以交通安全室外宣讲为例，宣讲组成员负责向受众（中小学生、社区居民等）讲解交通安全知识，后勤保障组成员负责投影、音响等设备的技术保障以及摄影摄像等工作，资料组成员负责发放事先准备好的交通安全科普读物等资料，材料组负责活动的资料发放回收、问卷填写指导等工作。

（二）活动结束

1. 资料收集。要及时收集社会实践活动的图片、新闻媒体的宣传报道、与校园和社区等服务地签订的合作协议、撰写的活动总结。

2. 资料处理。资料处理要把握以下三个原则：（1）合格。是否按规定收集，是否说明问题，对研究是否有用，是否具有可比性，必要时补充修正。（2）准确。对所得资料应反复核实、验证、确认，注意材料和数据的准确性。（3）全面。要对相关资料进行核实，核实中要避免只听一家之言，要全面系统地分析看待问题。具体做法是将所有资料整理汇总，有所取舍，分析各要素及相互联系，并置于整个社会背景分析、思考，看其是否具有一定代表性，以小见大，透过个案透视整体。

3. 资料存档。将有关资料、调查报告存档。尤其要注意总结工作经验、方法、注意问题等。

4. 经验交流。各成员之间，相关各组及合作伙伴、参与者之间可在一定时间内交流经验，讨论成功与不足之处，以待改进。

5. 活动宣传。活动结束后，可以制作展板、文字录音图献等资料，先在内部宣传或组成报告团进行宣讲。可以邀请媒体报道，扩大影响，让更多的人认识、了解并参与。

6. 活动反馈。如服务地有需求，应将调查报告中的问题及思考建议对策等向当地政府、有关部门反馈，条件成熟时，可建立大学生社会实践基地，争取与服务地保持长期的合作与联系，促进当地经济社会发展。

【典型案例】

交通安全宣传教育社会实践策划方案及总结
——2018全国科普日交通安全宣传活动

一、活动背景

为深入贯彻习近平新时代中国特色社会主义思想和党的十九大精神，推动新时代“创新、协调、绿色、开放、共享”发展理念，弘扬科学精神，普及科学知识，厚植创新发展浓厚氛围，促进全民科学素质跨越提升，根据《中国科协、中央宣传部、教育部、科技部、工业和信息化部、中科院关于举办2018年全国科普日活动的通知》（科协发普字〔2018〕23号）精神，湖南省科协联合省委宣传部、省教育厅、省科技厅、省经信委共同组织开展湖南省2018年全国科普日活动。湖南警察学院响应号召，充分发挥交通安全科普特色和专长，开展交通安全宣传教育社会实践活动。

二、活动目的

1. 通过举办针对小学生的交通安全科普宣传活动，帮助青少年儿童群体提高通行规则意识、安全自律意识、社会责任意识、文明礼让意识，形成良好的文明交通习惯，减少青少年群体交通事故发生率。

2. 以青少年群体为基础，借以将交通相关的概念及知识传播到青少年监护人群体当中去，最后达到给社会以正面影响的效果。

3. 在社会实践活动中，培养公安专业学生组织大型活动的社会实践能力，能够合理地设计活动内容和各个环节，培养学生的团队合作意识，也为日后开展大型活动的安保组织工作积累实战经验。

三、活动时间

四课时。

四、活动对象

小学生及其家长。

五、活动安排

1. 活动地点：长沙市育才三小体育场。

2. 活动协调单位及职责：

(1) 湖南省交通工程学会、长沙市公安局：负责活动的指导及总协调。

(2) 育才三小：负责场地及参加人员的组织动员。

(3) 中国人民财产保险股份有限公司湖南省分公司：负责活动设备资金的保障。

3. 拟定活动参加人数：(240人左右)

(1) 育才三小1~2年级学生及其家长150人。

(2) 周边学校学生及家长代表40人。

(3) 各活动单位相关工作人员50人。

六、活动内容

联系合作小学及相关部门，按照组织方案，提前部署活动场地。为保证活动现场有序，将整个活动过程划分为儿童安全座椅体验、趣味答题赢取好礼、今天我是小小交警、平安出行文明涂鸦、交通安全知识宣讲、交通安全视频观看六个环节，引导小朋友通过“闯关”的形式，完成所有互动内容，在游戏中学习交通安全知识。

七、教学实施过程

1. 活动准备。

(1) 开展思政教育，培养学生的公安职业情怀，忠实践行“人民公安为人民”的初心使命。

(2) 组织学生结合所学的交通管理和交通安全等方面的专业知识，并根据受众为小学生这一特点，制作既有知识性又有趣味性、互动性的交通安全宣讲课件，锻炼学生的知识整理、材料整理能力，同时加深对专业知识的理解掌握。

(3) 要求学生与其他参加社会实践的单位、团队进行积极的沟通协同，锻炼培养学生的组织协调能力以及交际沟通等实践能力，为以后走上工作岗位与群众的交流打下良好的基础。

(4) 要求学生根据现场参与社会实践活动的人数和天气情况，准备相应的现场安全保障预案，考虑可能出现的拥挤、下雨等情况，进行交通指挥以及雨具分发等措施，培养锻炼学生的提前预备意识和应急能力。

2. 现场组织。

因为参加活动的人数较多，为保证活动现场的安全有序，将整个活动划分为六个场所，同时采用闯关集印章的方式进行人流分离。为每个参与家庭提前发放通关任务卡，家长及孩子凭任务卡进入校园参与活动；活动现场设6个互动体验区域，每参与完成一个互动，将获得一个通关印章。全程完成6个互动区体验任务，可获得“交通小卫士”荣誉勋章等奖励。

(1) 具体活动区域的划分。

①儿童安全座椅互动区：设置VR沉浸式情景体验区、智能座椅展示、碰撞设备体验区，让学生以及学生家长实际体验儿童安全座椅的功能及用法。

②学交法，拿奖品：设置交通安全知识专区，布置若干个儿童交通安全科普画架，让孩子在家长的陪同下学习交通安全知识，并在科普公众号上参与“学交法 拿奖品”线上答题互动，现场手机扫描指定二维码，即可参与线上随机答题（约50道题），答对题目越多，获得奖品越丰厚，现场奖品根据答题数量分为三个不同等级小奖品，约需三个等次小奖品150份。

③我当小交警：专区模拟还原街区场景，由湖南警察学院“通途”志愿者现场教小朋友交警手势操，让小朋友一起来体验交警工作，并准备一定数量“小小交警服”，感兴趣的小朋友可以穿上，拍照留影（可以设置朋友圈拍照框、小小交警人字牌等，便于小朋友拍照留影）。

④平安出行，文明公约：设置“平安出行，文明公约”大型创意喷绘墙，喷绘墙可以以道路交通为背景设计，并制定文明公约10则，制作若干汽车模型小卡片，由小朋友和家长共同涂鸦，签上自己的名字，完成自己的作品，粘贴到喷绘板上，一起守护文明出行公约。

⑤交通安全知识宣讲区：三个教室设置为交通安全知识宣讲专区，由湖南警察学院“通途”志愿者为小朋友就这次活动的主题：儿童安全座椅的使用，宣讲授课，并开展趣味互动。

⑥交通安全视频宣传区：舞台区在舞台流程后，开始滚动播放“通途”进校园宣讲交通安全视频，多为动漫、卡通视频，聚焦孩子兴趣，让孩子在生动的视频观看中潜移默化学会必要的交通安全知识。

(2) 场地部署。

①儿童安全座椅互动区：由厂家搭建、布置和组织，通途志愿者配合进行解说。

②学交法、拿奖品区：若干儿童交通安全科普画架（60cm×80cm，配科普基地二维码），领奖区（奖品为本子、笔、车饰等，共150份，由安全座椅厂家提供）。

③模拟街区：街区场景道具、小小交警服10套、朋友圈拍照框、小小交警人字牌。

④文明公约区：“平安出行，文明公约”大型创意喷绘墙、水彩笔10盒、汽车模型小卡片250份。

⑤交通安全知识宣讲区：育才三小教室，设指示牌。

3. 活动实施。

①儿童安全座椅互动区展示了最新款的儿童安全座椅产品，并通过VR设备模拟汽车发生碰撞时儿童坐安全座椅与不坐安全座椅的情景，使体验者更直观地了解儿童乘坐安全座椅的重要性。

②学交法、拿奖品互动区展示了13份图文并茂的文明交通科普宣传挂图，让孩子在家长的陪同下学习交通安全知识，并通过关注“通途文明交通科普园地”微信公众号参与答题互动。

③在平安出行、文明公约互动区，设有八则文明出行公约，小朋友与家长一起完成汽车卡片涂鸦，粘贴在“平安出行，文明公约”喷绘墙上，一起守护文明出行公约。

④“我当小交警”体验区设有模拟街区和学习交通指挥手势操两种体验形式。在模拟街区，小朋友分别扮演汽车驾驶员、行人和自行车手等角色，通过模拟交通出行场景学习安全过马路、识别红绿灯信号、辨别机动车道和非机动车道、公交车乘车安全知识等。在交通指挥手势操学习区，小朋友们换上小小交警服和帽子，学习各类交通指挥手势，一起来体验交警工作，并快乐地拍照留念。

⑤在交通安全知识宣讲课堂，通途文明交通志愿者团队采用 PPT 教学和课堂内互动答题的形式，为小朋友讲解有关交通安全知识。

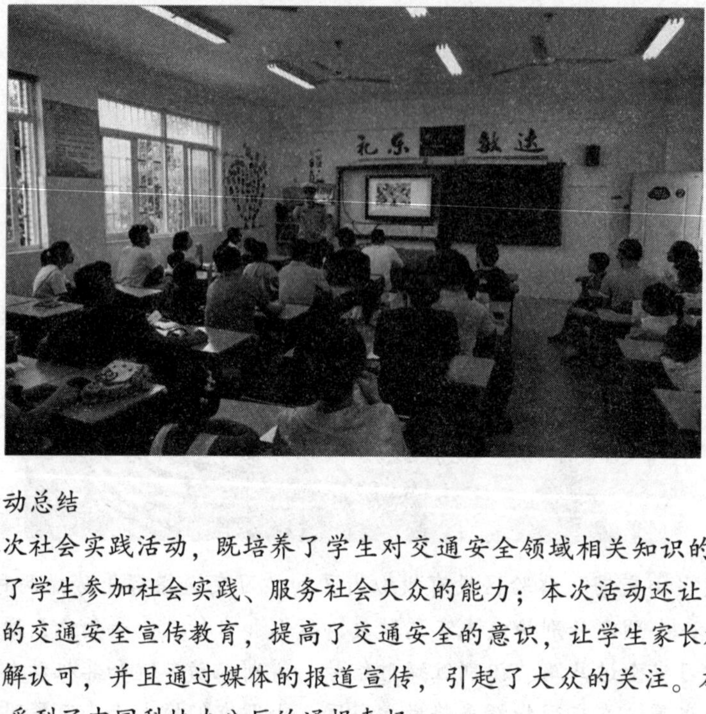

八、活动总结

通过本次社会实践活动，既培养了学生对交通安全领域相关知识的深入了解，又培养锻炼了学生参加社会实践、服务社会大众的能力；本次活动还让小学生接受了一堂生动的交通安全宣传教育，提高了交通安全的意识，让学生家长加深了对交警工作的理解认可，并且通过媒体的报道宣传，引起了大众的关注。本次活动在 2018 年年底受到了中国科协办公厅的通报表扬。

（来源：共青团湖南警察学院委员会）

三、社会实践活动的宣传推广

活动的宣传推广是大学生社会实践教学成果的直接体现，对扩大实践团队影响力、正面宣传学校立德树人成效具有重要意义。活动的宣传推广要坚持一定原则，围绕实践教学目标要求，突出平安创建主题，开展多形式、多途径的宣传工作，增强平安湖南社会实践的影响力。

（一）宣传推广的原则与要求

1. 倡导诚信，杜绝“实践秀”。所有大学生参与和开展平安社会实践活动都应当抱着回报社会、感恩社会的初心，而不是为了追名逐利或者追求在新闻媒体上抛头露面造成的社会影响。如果本末倒置，忽视了社会实践活动对于自身成长的影响，那么所造成的后果会十分恶劣。大学生在进行平安社会实践活动时一定要做到社会实践活动在先，先作贡献，后报道，在活动认真开展的同时，也要保证宣传报道的时效性和真实性。

2. 宣传有序，宜“由内向外”。在宣传报道中，我们很容易忽略宣传工作的顺序性。大学生应当以个人或者实践团的名义进行平安社会实践活动后，在学校或者当地媒体上报道，若得到社会各界的广泛关注，则再进行二次加工处理，将稿件推荐到更高层级的媒体上。

3. 紧扣主题，保证质量。在平安社会实践活动的宣传报道上一定要紧扣时代主题，做到“小中见大，以点带面”，紧密结合平安湖南创建社会实践的主题进行。宣传报道还需要注重质量，不要盲目追求数量，更不能片面性地追求字数、报道次数等。

4. 客观评价，正面引导。不论是自己团队内部的成员撰写新闻推送稿，还是接受校内外各级媒体的采访，我们都需要站在客观的角度，给予本次社会实践活动公平的评价，保持谦逊的态度，实事求是，对于自己不清楚、不知道、不了解的事情不能胡编乱造、凭空想象。在接受采访时，还需要提前准备好相关资料，展现积极正面的形象。

（二）宣传推广的方法与途径

大学生平安社会实践活动的宣传推广一般有以下两种主要途径：一是通过学校官方渠道进行新闻消息报送，由学校推荐到相关媒体进行报道；二是在实践地作出突出贡献，由实践单位帮助联系媒体或媒体主动寻找新闻线索进行报道。在进行社会实践活动的宣传推广时，要注重新闻写作的规范性和报送的时效性。新闻消息的报送要注重图文并茂，除了文字材料外，还要配上1~3张反映实践过程与内容的照片，要特别注意新闻消息报送的及时性和准确性。

【实践案例】

“校地联盟”助力建设平安彩色长沙

长安实践团联合泉睿社区、红黄蓝幼儿园开展防溺水安全知识宣讲。为进一步贯彻落实“服务人民，奉献社会，共建平安长沙县”的方针，湖南警察学院长安实践团依托长沙县共青团校地联盟平台，自7月20日起赴长沙县开展为期10天的暑期“三下乡”社会实践活动。

本次暑期“三下乡”活动主要采用安全知识宣讲和扶贫走访两种形式，面向长沙县域内儿童、中老年人等安全防范意识较为薄弱的群体，联合当地扶贫队伍、政府机构、志愿者协会等相关组织及部门，以四种暑期高风险危害为主题，开展形式多样的宣讲活动。同时，实践团实地拜访了县域内部分贫困户，为各家送去必要生活物资，并进行面对面交流以开导鼓励，将温暖和关怀带到每一家每一户。

“蓝色”水域安全“珍爱生命，预防溺水”

“紫色”毒品安全“万众一心，共战毒品”

“金色”财产安全“提高警惕，谨防诈骗”

“白色”人身安全“自我保护，预防拐骗”

“红色”浓浓真情“扶贫助困，情暖人心”

10天时间内，湖南警察学院长安实践团共去往长沙县县域内青山铺等4个村镇、泉塘街道等3条街道，到访石长村大兴小学等11处地点，共计开展13场专题安全宣讲，普及人次达1000以上，并实地拜访村镇、社区建档立卡贫困家庭共10户。

在共青团长沙县委的大力支持下，长安实践团加强与县域各地联系，共同致力于提高长沙县人民的治安防控能力，并在活动开展的过程中将所学专业理论知识付诸实践，增强成员的应急处理能力，充分发扬青年学警的担当与责任精神，共建平安彩色长沙。

（来源：凤凰网，http：//baby. ifeng. com/c/7yGiAYOMM6A，2020 年 7 月 21 日）

四、社会实践材料的留存

（一）文字材料的留存

文字材料包括纸质材料和电子数据材料。主要包括以下类型：

1. 实践日志。实践日志是用于记录社会实践活动开展的文字材料。实践日志是社会实践活动工作记录必不可少的部分，大学生在实践过程中应当主动养成记日记的好习惯。实践日志是记录实践活动开展的第一手资料，日后若需查找相关资料，实践日志也可以提供信息索引。在平安社会实践活动进行中，可以通过实践日志记录实践活动的基本信息，如日期、天气、地点、活动开展情况等。根据记录目的的不同，实践日志可以简单概要，也可以详细记录。实践日志一般按照固定格式进行，记录的事件应做到真实、准确，不得弄虚作假。

实践日志包括时间和事件两个主要内容，并按照日期进行排列。日志撰写应确保实效性、真实性和规范性。首先，活动开展完毕的当天就应完成实践日志记录，避免日后再进行补记，确保实践日志记录事件的时效性。其次，要确保记录的真实性。记录的内容包括时间、地点、人物等，记录事件要有起因、经过、结果，确保信息记录准确，详略得当，但不要记流水账。最后，日志记录要做到规范。如果学校有诸如《社会实践日志》等工作手册或固定表格，应随身携带并按照要求进行记录。要注意做好日志的保管工作，若日志是以电子记录的形式来完成的，则要及时进行备份。纸质文字材料应做到字迹工整、纸面干净、无缺失遗漏。

【实践案例】

用心“三下乡” 奉献正青春

湖南警察学院安胄实践团前往湖南省永州市开展暑期“三下乡”活动，旨在积极响应党中央关于建设平安中国的提议，扎实开展“我为群众办实事”实践活动，切实保护好人民群众的生命财产安全，全力建设平安中国。以下是该实践团的社会实践日志摘要。

活动前期准备：实践团通过讨论，确定了主要以安全知识类宣讲和防身术教学的方式普及相关知识，在公益组织的帮助下，实践团先后前往多个社区进行实践活动。

7月8日　　　　　天气：晴

实践团成员们准备好相关物品，从各地前往永州，针对接下来几天的实践活动展开讨论，制订计划，确定细节，为活动的开展打下了坚实的基础。

7月9日　　　　　天气：晴

上午实践团前往活动第一站——潇湘门社区，进行以“防火防诈骗”为主题的宣讲活动。下午成员又前往神仙岭社区，开展预防电信诈骗的知识宣讲。

7月10日　　　　　天气：晴

为预防夏季高发的溺水问题，成员来到冷水滩区，向群众发放安全知识手册，科普防溺水相关知识，提醒群众要防患于未然。

7月11日　　　　　天气：晴

成员前往天字地村，开展宣讲活动之余，演示并教授了切实可行的防身术，进一步提高群众的安全意识和自防自救能力。

7月12日　　　　　天气：晴

实践团前往本次三下乡活动的最后一站——育才幼儿园。通过玩游戏和讲述小故事等易接受的方式，向小朋友普及防溺水等安全知识。

安胄实践团一直坚持在社会实践中阔视野、练本领、长才干、作奉献，充分发扬吃苦耐劳精神，发挥知识技能优势，为群众办实事，在火热的社会实践中感悟为人民服务的初心使命。

（来源：共青团湖南警察学院委员会）

2. 实践单位意见。社会实践活动结束后，需要请社会实践所在单位对学生实践活动予以评价和鉴定，即对活动组织情况和实际效果的评价意见。实践单位评价意见是对大学生社会实践活动社会效果和教学效果的一种反馈意见，对今后社会活动的完善与改进具有重要的参考价值。社会实践活动所在单位对大学生在本单位组织的平安创建工作的内容、方式方法、取得的实效以及存在的不足应该做出一个客观公正的评价，杜绝弄虚作假，并要单位负责人署名，加盖单位公章，确保评价的真实性、权威性。

社会实践资料形成后应当收集齐全、封存留档、妥善保管，注意做好以下工作：第一，所有资料收集完毕后需和活动负责人共同确认无误，避免重复收集、遗漏收集、错误收集等情况发生。第二，纸质形式文档存放需注意消防安全，存放处应当满足干燥、密闭等防火防潮条件，每次调取或归还纸质文档应当造册记录。第三，电子形式文档可统一集中放在同一处设施或者移动硬盘内，定期备份，便于拷贝、提取和管理。

【实践案例】

实践证明格式

××大学：

××年×月，我单位组织开展了××××社会实践活动，贵校××团队（或××同学等）积极参与实践，于××年×月×日至×月×日连续在（地区）范围内开展/从事了（何种活动），成效显著，被（各级媒体）等媒体多次报道，受到了服务地领导干部及群众的高度评价，特别值得一提的是，实践团经过多天的努力，还形成了××××的活动成果，为我单位提供有益的帮助，在此一并表示感谢！

特此证明。

单位名称（签章）

年　月　日

（二）影像资料的留存

1. 图片的采集与留存。图片是重要的信息载体，随着科技水平的进步和发展，图片承载的信息在视觉感受上更加生动、清晰，颜色丰富，社会实践图片资料可以再现活动现场情况。拍摄、采集图片信息时，要做到客观真实、主题突出。客观真实是拍摄社会实践活动照片最基本的要求，所拍摄的内容要尽可能地真实记录活动现场的情况，图片不能通过摆拍、虚假演绎、恶意剪辑或捏造活动现场。主题突出要求拍摄社会实践活动照片要体现出社会实践内容的主题，能反映出平安创建活动的内容主旨、社会价值和育人效果。

拍摄的基本方式有抓拍和摆拍两种方式。抓拍是不干涉被拍摄对象的拍摄方式，能够更加生动活泼地再现当时的场景，且较为自然，有身临其境的效果。摆拍则是对于拍摄对象进行一定程度上的干涉。摆拍一般可以运用于活动结束后的集体合影之类，活动过程中不建议采用，容易打消活动参与者的积极性，使得活动效果大打折扣。拍摄社会实践活动照片时应注意以下技巧：

（1）选择柔和的光线拍摄户外场景。拍照时要避开正午直射的阳光，最好是选择早上或者下午光线柔和的时候，自然光可以使集体照中每一个人的脸上分布的光线均等。

（2）内容真实、主题突出。团队合影应当拍摄团队全体成员和社会实践团队旗帜等标志性元素。在照片的构图上，实践团队及旗帜应当至少占据图像二分之一的画面，保证所有团队成员面部清晰可辨，旗帜上文字全部可见。实践活动过程并不仅限于调研，社会服务、团队讨论、团队活动之余的休憩等，都可以作为照片呈现的内容。

（3）集体照。队列整齐的集体照是极具中国特色的，但整齐的队列只是拍好集体照的一小部分，以下几点也是格外需要注意的：

①拍集体照要尽量避开强烈直射的阳光。

②取景时不要取得太满，用最大分辨率拍摄，画面取大一些，后期再裁剪即可。

③拍摄的过程中尽量多拍几张，留待后期选择最满意的一张进行修饰。

④广角是拍摄集体照的大忌，广角镜头会很明显地表现近大远小，造成前排的人头大，后排的人头小。

（4）其他注意事项。要想使拍摄的照片被选用，最重要的一点是，拍摄的照片一定要符合活动的要求：

①一定要横版拍摄，不能过分进行修图（不能使用手机滤镜、特效，适度调整整体亮度）。

②团体集体照片有且不超过两张。

③突出过程，避免单一、重复，注重特写与全景的搭配。

④照片中要素清晰，照片上传高清原图。

2. 影像的采集与留存。视频的出现让生活变得更加丰富多彩，它不同于文字的含蓄表达，而是更真实生动的活动场景展示。视频的优势是直观，可以让观众在较短时间里看懂视频要表达的东西。从传播上来说，视频是网站、手机 App 最受欢迎的一种媒介，由于它属于被动接受，不需要消耗脑力，在娱乐和消遣的范围，视频比文字更受欢迎一些。

视频拍摄是一个看似简单，实际上却非常复杂的工作。即使是拍摄一小段视频，为了达到理想的拍摄效果，也需要知道协调多种创作要素和技术要素的方法。这里只简单介绍一些关于视频拍摄的实用技巧。

（1）练习对焦。在你的取景框里找到两个有不同位置差的物体，尝试将焦点从一个物体上变换到另一个物体上，然后再移回来，这个过程就是移焦。这种方式可以给一段静态视频添加一点动感。这项练习我们应该给予足够多的重视，因为在平时的拍摄中，跟焦对焦都是很重要的工作。

（2）练习平摇追焦。我们可以试着练习捕捉那些运动速度不均的物体，然后看看我们能否很好地在镜头中把握物体移动速度的变化。如果他们突然跑到你的镜头外，我们是否能及时改变我们的镜头，然后把他们重新捕捉回来，这也是练习平摇追焦的关键。

(3) 练习俯仰。首先我们需要找一些高一些的东西，如树木、高楼建筑或者路灯等，然后对这些物体用不同的速度进行来回俯仰摇移练习。这有助于我们习惯三脚架的手感，让我们更清晰地把握三脚架不同的回弹力度，了解快慢速度下呈现出的不同感觉等。

(4) 练习使用变焦杆或变焦环。有不少人喜欢在自己的视频中添加变焦镜头，那么这项练习就是不可或缺的了。平滑地使用变焦，准确地停顿都是需要在练习中掌握的。同时，在练习中需要避免变焦镜头出现生硬的节点和运动的问题。

(5) 练习讲故事。在练完之前的一些基础内容之后，我们就可以开始练习怎么更好地讲故事了。尝试拍摄三个不同的小镜头片段来组成一个小故事。举个例子，我们拍摄如下三个镜头：A 先生打开车门坐进驾驶座；A 先生在电脑前面打字；A 先生用钥匙打开房门走进他的家里，他的孩子露出头来跟他打招呼。

这是三个截然不同的画面片段，但是当它们组合在一起之后，就能表达出这是 A 先生工作的一天。当然是可以拍摄完整过程的，然后再靠后期剪辑完成这些叙事。现在我们可能只是拍一个几分钟的生活视频，那么这是完全没问题的。如果要拍摄几个小时，甚至是几天的时间跨度下的社会实践活动，这样显然不合适。

(6) 尝试各种不同拍摄角度和方式。该方式是以一个对象为主体，用至少 10 种不同的角度、方式来拍摄，每一个片段几秒就够了。

(7) 熟悉我们自己的摄像机。熟悉摄像机的功能、性能是录制质量的重要保证。要充分了解摄像机上的各个按键的位置和功能，以便在实际操作时能准确快速地对临场状况作出最及时的反应和调整，包括斑马线的开关、对焦、光圈等。

(8) 练习流畅地改变光圈大小。在拍摄的时候，可能会出现要根据目前状态，临场改变曝光的情况。这个时候，如果能熟练平稳地操作光圈变化，那么想做到自然流畅地隐藏这种调节是可行的。

第三节　平安湖南社会实践的注意事项

在开展平安湖南社会实践中，必须注意安全与礼仪两个事项。安全和礼仪既是大学生在平安湖南实践中需要遵守的行动准则和行为规范，也是平安湖南社会实践的内容，更是活动开展的重要保障。开展校外社会实践与校园学习生活有着很大不同，是大学生第一次真正意义上的“独立生活”。社会实践活动过程中，要坚持把安全放在首位，将礼仪作为展现大学生风度和魅力、形象和素质的重要方面，更好地实现平安湖南社会实践的目标任务。

一、社会实践活动的安全

（一）强化安全意识

安全是指不受威胁，没有危险、危害、损失。安全是平安湖南社会实践最基本的要求。安全防范和自我保护意识是大学生开展平安社会实践活动的前提。因此，在实践活动前，实践团队应积极开展安全教育和安全技能培训活动，掌握基础安全知识与安全防范技能，为保障自身安全做好准备。实践活动前，应将活动计划向家长与指导教师报告，听取建议，获得安全实践的支持与教导。在实践过程中，也要时刻保持与学校、家长、指导教师的通畅联系。外出时间较长，需要乘坐交通工具、具有一定风险的大学生社会实践活动，应当购买意外伤害保险，提高安全保障，有效减少事故发生后造成的损失。

（二）掌握安全常识

大学生外出开展社会实践活动应通过培训、阅读等方式掌握一定的安全知识和防范技能，具体包括：

1. 交通安全常识。交通安全是大学生开展实践活动最基本的安全问题。外出活动一定要选择乘坐运营规范的交通工具，切忌乘坐无执照、超载、故障的车船。步行、骑行途中，要遵守交通规则，注意避让机动车辆，减少事故发生概率，具体来说，应注意以下事项：

（1）乘坐合法安全的交通工具。在实践中，大学生不要因为贪图便宜，盲目乘坐缺乏安全保障的交通工具。对于某些车辆采取的拉客、倒客、超载等行为要坚决抵制。对于认为存在明显安全隐患的车辆要果断拒乘。

（2）遵守安全规范，服从管理。在乘坐车、船、飞机等交通工具时，要了解相关乘载规范及要求，严格遵守各项安全规定，服从工作人员管理。

（3）突发意外时规范求生，减少伤害。在乘坐的交通工具发生意外事故时，按要求有序求生以减少伤害。对于突发交通事故，要冷静判断综合情况，绝不能随意通过跳车、跳船、跳机等方式求生。

（4）遵守交通规则。大学生在驾驶交通工具的过程中，要遵守交通规则，不抢行、逆行。走路时要专心，特别是通过拥挤的街道及路口时，要避免使用手机、打闹、聊天等行为，否则会影响对路况的准确判断，增加事故发生概率。

2. 财物安全常识。大学生在实践过程中，要提高财物安全防范意识，保护集体和个人的财产安全。对于重要证件、文件、物品等要放入随身携带的提包中，尽量不要携带大量现金、佩戴贵重首饰。入住正规宾馆应将贵重物品按照规定寄存。大学生在社会实践活动中，应从以下几个方面提高安全意识：

（1）提高警惕，严防扒手。预防扒窃要做到“三忌”“四不”。“三忌”，即忌拥挤、忌钱币金银首饰外露、忌单人长途旅行。“四不”，即见混乱不慌、见僻静不走、见拥挤不参加、见行踪可疑者不靠近。

（2）要物随身，加强保管。在实践过程中，无论去哪里，都不要将自己的行李物品交给陌生人看管。背包出行，在人多拥挤的地方要注意加强看管，可以手提或背在前面。贵重物品、证件、现金等最好随身携带，不要放在背包或大行李箱中。在车、船上过夜时，重要财物一定要放在贴身处，重要的行李、背包等可用链条在行李架上或铺位附近上锁。

（3）机智应对，勇于举报。在车、船、旅馆内发现扒手行窃或确定知道可疑分子时，要及时大胆地向工作人员或公安人员报告、检举。如果发现自己的财物被扒、被窃，应立即向当地公安机关报案，并积极配合公安机关开展侦破工作。

3. 投宿安全常识。大学生开展平安湖南社会实践活动如果需要在旅馆住宿，应选择正规宾馆、饭店入住，并注意观察旅馆周围环境，查看安全通道，妥善保管财物。实践团队入住应尽量避免分散居住，在出现突发情况时便于相互照应。投宿旅馆应注意以下两个方面的事项：

（1）提前联系，安心入住。实践前最好同实践地联系，确定住宿地点。到达目的地后，可直接前往亲友或同学家中、已经预订的旅馆中居住。注意不要被车站、码头、机场等出口处“热情”招揽住宿的拉客人员打动，严防掉入“温柔陷阱”。

（2）熟悉环境，加强防范。到达住宿地后，不要急于休息，一定要熟悉此行的居住环境，了解消防疏散路线，对于发现存在的安全隐患要及时与工作人员联系解决。夜间不要单独外出行动，尽量减少夜间出行频率，警惕不熟悉的电话和人员来访，睡觉时将房门保险扣扣住，拒绝陌生人员进入房间。另外，投宿时尽量避免与陌生人同住一个房间，如若必须在一起居住，要注意保持距离、提高警惕，严防夜间熟睡时财物被窃等事件发生。

4. 疾病预防常识。大学生要掌握一些自护自救知识，这是提高在社会实践或其他情况下处理突发事件能力的一项基本技能。外出开展社会实践活动，由于长途奔波，容易疲劳，可能因水土不服、餐饮不适等原因引发疾病。因此，要注意调整身体状态，进行有规律的饮食并加强休息和锻炼。应了解一些常见疾病的处理方法，熟悉常用药的功能与用法，准备一些常见疾病的备用药，如出现严重身体不适要及时就医，避免延误治疗。

【拓展阅读】

实践中常见疾病的预防及处理方法

大学生开展社会实践，常会因为种种原因患病。身体健康是完成实践的最基本保证。因此，做好疾病预防、及时就医处理就非常重要。

水土不服。在前往新的环境和地点后容易产生水土不服。主要表现为腹泻、食欲差、周身起风疹、失眠。水土不服一般是生理性原因造成的，通常在适应环境后可愈。因此，大学生在实践过程中到新的环境和地点后，要及时调整、注意饮食，可以避免或减缓水土不服的症状。若情况严重，应当服药，腹泻严重可服诺氟沙星胶囊，风疹可服扑尔敏。

中暑。中暑是大学生在暑期开展社会实践时最常见的病症。主要表现为头昏无力、口渴胸闷、呼吸急促等症状，病因多由天气炎热，长时间在阳光下暴晒所致。因此，注意防晒，定期做好防暑休息、补充饮水，可以避免中暑。出现了中暑的症状，应暂时中断实践活动到阴凉处降温休息，补充适量清凉降温饮料，并用清凉油涂于太阳穴、人中穴等处，也可口服风油精、十滴水等，还可将湿毛巾敷于前额处。若症状严重，应设法送医院救治。

酸过多症、抽筋。酸过多症一般因疲劳过度所致，表现为周身酸痛、疲惫乏力，因此，在社会实践中要注意身体的休息和调节，通过多吃谷类食物或饮用碳酸饮料可以缓解症状。实践中经过长期持久运动或受寒后，易出现小腿、足趾抽筋，若出现这些症状，应就地坐下休息，用手捏拿大脚趾，伸直脚部，轻轻按摩，并适当减少实践活动强度。

传染病。大学生实践途中频繁与来自各方的陌生人接触，要注意预防伤寒、痢疾、病毒性肝炎、病毒性感冒等传染病的侵害。要尽可能少用公共餐具和茶具，尽可能不用公共毛巾、浴巾，力求选用清洁的床上用品。注意饮食，不喝生水，不吃不卫生或变质的食物。

风寒。如果实践地偏远且旅途辛劳，大学生的身体抵抗疾病的能力也会随之减弱，对于气候的突变感觉也会比较敏感，很容易感染风寒。因此，大学生在实践前如果目的地较远，要提前了解旅程途中和终点可能出现的气候变化，带上合适的衣物，并随时添减。

晕车、晕船、晕机。对于晕车（船、机），要服用相应的镇静剂类药物以减缓症状，必要时应闭目平卧。注意在旅途中少吃油腻食物，不宜吃得过饱。在乘坐交通工具期间，稍有不适感时，要有意识地不看摇摆的景物。尽可能坐在车船中部靠窗通风的地方。

（来源：刘晓东主编：《大学生社会实践理论与实务》，高等教育出版社 2014 年 5 月出版）

5. 生产安全常识。开展职业发展类型的实践活动时，通常会前往工厂、企业的生产一线参观、实习。因此，生产安全不能忽视。如果大学生认为所前往的实践地不具备安全生产条件、存在安全隐患，可以立刻要求停止参加相关实践活动。在生产作业场所参观、实习应严格遵守工厂、企业的相关安全生产规定，听从指导，杜绝违规操作，避免安全事故发生，保证正常生产秩序。具体来讲，应从以下几个方面做好安全生产防范工作。

（1）参加安全培训。大学生在参观工厂、企业生产或实习上岗前，要认真参加关于劳动纪律、职业道德、生产安全、劳动防护、操作规程的教育与培训。有条件的工厂、企业或学校要为参加生产实践的学生配备指导教师。没有认真参加安全培训或培训考核不通过者，不得进入实践环节。

（2）遵守操作规程。在实践过程中，大学生要准确了解生产一线的基本情况。编组时注意男女混合编组，尽量避免女生单独编组，禁止一人单独开展野外生产活动；对于特殊危险工区、物品不好奇、不前往，不随意登高、攀爬；沿厂内划出的安全区域行动，不在厂内嬉戏、打闹，行走时注意躲避头上的管道、天车和脚下的地槽、水沟等；生产现场不随便触摸裸露的管道与设备，不随便触动阀门与按钮；操作设备时，精力要集中，不要违规操作；当日工作完毕后，要认真清理作业场地，将用过的设备和工具按要求进行整理，并放回原处，关闭电源。

（3）穿戴、使用防护用品。实践期间，不同场合的着装要求区别很大，大学生要正确穿戴和使用防护用品，避免随意着装。常见的要求有，穿着相应的工作服，注意紧袖紧扣，不裸露手臂、腿部等部位；穿着符合实践要求的鞋子，不穿露脚背的拖鞋、凉鞋入厂。参加某些有特殊要求的生产实践时，要注意使用相应的防护用品，如进行金属焊接时，须佩戴防护眼镜。

（4）及时处理安全事故。在生产现场发生事故，一定要冷静，尽快通知厂方或老师，听从安排。出现划伤时，应迅速用干净的手帕、纸巾包住伤口，止住流血，并立即前往医院，如果被铁钉扎伤，还应到医院打破伤风针。发生较为严重的肢体事故，如断指、断臂的情况等，应紧急包扎受伤处上部肢体止血，迅速捡拾断指、断臂清洗后浸入生理盐水（切记不可浸入酒精或消毒液中），立即送到医院救治。

6. 交友安全常识。社会实践是一个走向社会、与人交往的实践过程。“害人之心不可有，防人之心不可无。”在实践过程中接触和认识的人，不要轻信，如果打算进一步联络更要慎重，不要轻易与他人单独见面，以免受到讹诈和欺骗。交友过程中应做到：

（1）举止有礼，热情适度。在实践过程中，与人交往要保持必要的礼貌，也需要有一定的防范意识。不要对陌生人过于热情，不随意接受陌生人馈赠的饮料或食物，以防不法分子在饮料或食物中添加有害物质。不论对方如何许诺，都不要与陌生人约会。不要理会陌生人的主动搭讪或当面奉承，即使对方自称老乡或熟人。

（2）提高警惕，平等交往。大学生在人际交往中往往比较单纯，因此在交友过程中要提高警惕，任何交友活动都要秉持平等交往的原则。对于实践过程中结识的新朋友，在互留联系方式时要注意保持谨慎。女大学生要避免单独外出，遇到有陌生男子的挑逗或引诱，要厉声斥责，并设法尽快避开，不要因为害羞、恐慌、不知所措让对方获得有利条件。如果对方有直接动手动脚的行为，要大声喊叫呼救，主动寻求帮助，出现紧急情况要立即报警。

7. 滋扰防范常识。滋扰是一种违反国家法律和社会公德，干扰他人正常生活或者扰乱公共秩序的行为。大学生在社会实践过程中要提高警惕，要有防备异性骚扰和自我保护的意识，增强对滋扰行为的识别能力，会拿起法律武器保护自己的正当权利和利益，如果发现滋扰行为构成违法犯罪的，应该果断报警处理。具体来讲，防范滋扰行为应做到：

（1）注意策略，避免纠缠。面对流氓滋扰，不要轻易动手，要学会留心观察、掌握证据，及时脱身。比如，有哪些人在场，谁先动手，持何凶器，滋事者有哪些重要特征，案件大致的经过是怎样的，现场状况如何等，为后期查处案件提供线索和帮助。

（2）积极干预，及时报警。在滋扰已经发生后，大学生要积极灵活进行干预。例如，女大学生在遭受性侵犯时要勇于机智反抗，进行正当防卫；流氓聚众滋扰时，要结合日常生活积累的经验积极制止和干预，对滋事者形成压力。滋扰事件发生后，要及时向有关部门报案，积极配合调查，不要因为害怕个人名誉受损而使犯罪分子逍遥法外。

8. 野外安全常识。在户外进行的社会实践活动存在着或多或少的安全隐患，特别是在自然条件恶劣的野外，一不留神就会酿成大祸。应从以下几个方面做好安全防护工作：

（1）了解环境，准备充分。对于将要在野外开展的实践活动，要详细了解实践地的具体环境，分析可能遇到的问题，对于要携带的工具、穿着的服装等做好充分准备。到比较偏远的野外开展实践时，需要准备必需的饮水以及一些体积小、便于补充能量的食品、糖果等。尽量避免到安全和救援措施不完备的地方开展登山、漂流、滑雪、溜冰、游泳等较为剧烈的探险或游艺活动。

（2）集体行动，量力而行。在野外实践过程中，要集体行动，这样能够运用集体智慧选择安全线路。集体行动时要互相谦让、互相照顾，防止碰撞跌伤，避免个人自辟蹊径。个人在服从集体安排的同时，也要充分考虑自己的体力。在行走、攀登过程中，要尽量保持步态平稳、缓慢，注意保持体力。身体不适或感觉疲劳时，要及时向同行者说明，避免因为一时好胜逞能踩空跌落，发生意外。若在野外遇到雨雾等恶劣天气，要及时返回住宿地。下山返回时，切忌顺坡小跑而下，以免发生跌滑使脚部充血受伤。没有特殊原因，不要在野外过夜，天黑前要及时返回住宿地。

（3）防止迷路、避免侵害。对于在不熟悉的野外地点开展实践，条件允许的情况下需有向导随行。尽量选择沿着山间已有的大路或台阶行进，避免迷路。另外，野外行动要尽量减少身体裸露的部分，注意避免被毒蛇、野兽等侵害。

9. 突发情况应对。大学生在社会实践过程中难免会遇到各类突发意外情况，如自然灾害、公共安全事故、个人突发意外等。遇到突发意外事件和灾害事故，不能惊慌失措，要做到冷静处置、有序撤离事故现场。

（1）自然灾害。自然灾害是自然界发生的异常现象。常见的由气象原因导致的灾害，如暴雨、雷电、洪涝、滑坡、崩塌、泥石流等，有时也可能会遇到地震、火山爆发、海啸等严重的灾害。预防气象灾害的主要方式是注意及时查看天气预报，当实践地气象条件出现异常时可以选择更换地点。对于遇到突发暴雨、雷电、洪涝等灾害，要及时到安全地点躲避，必要时撤离灾害地区。

（2）公共安全事件。常见的公共安全事件，如火灾、骚乱、拥挤踩踏、停电等事故。遇到这类安全事件，要保持头脑清醒，树立坚定的逃生意识，及时疏散，在人群中稳步移动，沿墙角或牢固物体（扶手或栏杆等）行进，转移过程中注意及时报警和求救。不要强行采取跳楼等非常规逃生手段，否则可能会产生更大的危害。

（三）落实安全措施

为保证平安湖南社会实践活动的顺利开展，时刻把安全问题放在首位，落实安全防范措施，杜绝意外事故发生，应当做到：

1. 服从指挥，统一行动。所有成员必须服从实践团团长的安排，一切行动听指挥，外出最好统一佩戴队标，尤其是旅程和行进间绝不能私自离开团队单独行动。

2. 落实交通安全措施。不乘坐违章车辆，行车注意安全，选择方便安全的交通工具，走安全道路。

3. 落实卫生安全措施。加强安全教育，让队员了解基本的卫生保健知识和防治疾病的办法。活动过程中注意饮食卫生，不吃来历不明的食品，不吃过期变质的食物，不喝不干净的生水。

4. 注意人身安全。外出参加实践活动，应遵守当地政策、法规与风俗习惯，与当地群众友好相处。要遵守法律法规，遵守公共秩序，不酗酒闹事，不下河游泳。夜间睡觉注意人身与财产安全，野外露宿，应安排人轮流站岗值班。

二、社会实践中的礼仪

礼仪是指社会公认的或约定俗成地对他人表示尊重的各种社会交往规范。歌德曾经用非常生动的语言对礼仪做过一个比喻：“一个人的礼貌就是照出他肖像的镜子。”中国历史文化悠久，是世界闻名的“礼仪之邦”。在社会实践中更应遵守各种社交礼仪，展示当代大学生的良好素质和形象。礼仪的核心在于敬人。正如苏联教育家苏霍姆林斯基所说：“只有尊敬别人的人，才有权受到别人的尊敬。”礼仪的学习与实践，关键在于自律。在社会实践中注意礼仪，一般具有以下作用：一是有助于维护自身形象。大学生在社会实践中举止得体、表现不俗，往往会给人留下深刻而良好的印象，由于社会实践活动的特殊性，大学生在特定场合下的礼仪形象，常被等同于大学生群体、所代表的学校，甚至是民族、国家的形象。二是有助于促进交往，改善沟通效果。社会实践中常常会有跨行业、跨地区、跨文化的人际交往，注意礼仪，有助于相互理解，增进交流效果，从而使社会实践活动顺利开展。

（一）交往准则

亚里士多德说："人在社会生活里，是难以拒绝与其他人进行交往的。"大学生在社会实践活动中，需要与人打交道，处理各种各样的关系。在人际交往中，要遵循平等、相容、互利、信用、宽容的原则，才能建立良好的人际关系，为社会实践活动的顺利开展营造一个良好的氛围。具体来讲，应做到以下三点。

1. 遵守公德，有序适度。所谓公德，通常是指人们在社会生活中需要共同遵守的行为准则，主要通过社会舆论对人们的社会生活发挥一定的约束作用。公德是社会稳定、有序发展的重要保证。遵守社会公德中礼仪的基本要求，也是每个公民的义务。在社会实践活动中，要做到诚信友善、文明待人、礼让有序、爱护公物，自觉遵守社会公共秩序。

【拓展阅读】

乘坐交通工具时应注意的礼仪

大学生在社会实践期间乘坐公共交通工具时，应把握好以下几点原则。

上下有序，注意排队。在上下交通工具时，要注意"先下后上"。以乘车为例，当有乘客下车后，车下的乘客方可随后上车。等候交通工具时，要在规定的地点按先来后到的顺序依次排队，老、幼、病、残、孕可优先。上下时切勿蜂拥而上、插队乱挤。为节省时间，在到站前要提前准备向出口移动。

和睦相处，重在休息。无论乘坐短途的公交车、地铁，还是远途的飞机、火车、轮船，保存体力和休息是一般情况下乘坐交通工具的第一要旨。大学生精力充沛，对社会实践充满向往，因此往往会比较激动。但要注意，乘坐交通工具时，要尽量保持安静，不要过于主动与人攀谈聊天，或在无意中制造有碍他人休息的噪音。在收听音乐、玩牌、玩游戏机或者接打电话时，声音越小越好。对待周围的乘客要应对得体，和睦相处，不要随意挪动对方的物品，影响其他乘客经过。

严守规定，自尊自爱。在乘坐公共交通工具时，要严守该乘坐工具的安全乘坐规则，持票就座。在地铁、公交车上少吃或不吃食物，在火车上或飞机上饮食，要"速战速决"，避免食用气味刺鼻的食物，减少食物味道的影响，对于自己产生的垃圾要丢弃在指定位置。对于有明确禁烟要求的交通工具，不要吸烟。乘坐时不说一些“撞车啦”“飞机颠簸就要出事故”之类危言耸听的话。

2. 尊敬他人，不卑不亢。在社会实践中，会接触到各种各样的人，在交往时要互谦互让、互尊互敬、友好相待、和睦共处。对于实践中遇到的长辈，如教师、工人、农民、工程师等，要虚心学习，加以敬重。对于实践中遇到的同辈，要注意团结，相互促进。实践中，要对自己的能力和实力，做到从容而不拘谨，大方而不莽撞，自信而不狂傲，充分展现良好的精神风貌。

3. 以诚待人，宽容随和。与人交往时，要注意以诚待人、与人为善，做到心口如一、言行一致，不可充当口是心非、表里不一、缺乏真诚的“伪君子”。要严于律己、宽以待人。不要以大学生的身份故步自封、狂做自满、夸夸其谈，善于在实践中向人民学习，善于听取群众的观点和意见。对于不同的人，人生经历与思想感情都有所差异，要善于相互理解和宽容，不计较别人无意间的过失。

（二）仪容举止

培根说：“行为举止是心灵的外衣。”优雅的举止仪态是一种极富魅力和感染力的美，是举手投足之间流露出的良好气质与风度。举止仪态是关乎个人形象塑造的常规礼仪，是一个人文明程度、精神面貌、综合素质的外在体现。大学生在社会实践中，应做到注重形象，穿着得体。注重形象，是指在社会实践中，要结合相应的场合，根据常规的审美标准对自己的仪表进行必要修整、打扮和装饰。要做到衣着得体、干净整洁、朴素大方，也可以根据自身条件进行必要的修饰，但不宜过分化妆或佩戴多余饰品。衣服穿着应与社会实践活动的内容和形式相称。比如，在开展大型活动服务时要穿着相应的制服，进厂参观、实习时要穿着劳动防护服，社会调查活动一般要穿着合适的便装等。

【拓展阅读】

大学生化妆的守则与禁忌

大学生在社会实践中，根据不同场合的需要，可能需要化妆。大学生在化妆时也有一定之规。最基本的要求就是提倡淡妆。也就是说，大学生可以化妆，也可以不化妆。有条件、有意愿化妆的人可以化妆，没有条件、对化妆不感兴趣的人也可以不化妆。另外，如果打算化妆的话，大学生以淡妆为宜。

大学生化妆的守则主要有以下几点：淡雅，大学生平时的化妆应当以淡妆为主。淡妆，即指淡雅的化妆，其主要风格是真实、自然。所谓浓妆，则是以夸张、抢眼为主要风格，多适用于新娘或演员，往往类似舞台妆。大学生化妆淡雅，要讲究妆面的自然、素净雅致。庄重，大学生化妆显得庄重大方，在化妆时要认真恪守成规，符合传统，与公众的审美标准相吻合，切勿显得经浮、随便。简洁，大学生化妆应是一种简妆，这是自然、庄重两项守则的必然。协调，要特别注意以下四个方面：化妆与身份协调、与场合协调、与服饰协调，化妆各部位协调。这条因素在社会实践中显得尤为重要。避短，化妆以美化自身形象为主要目的，要善于凭借化妆手段的运用，使自己的形象扬长避短。

大学生化妆还有如下禁忌需要加以注意：忌离奇出众，大学生在化妆时不能脱离自己的角色定位，追求荒诞、怪异的妆容，或是有意使自己的化妆出格。忌残妆示人，要经常在化妆后进行检查，以防止妆容出现残缺。修饰避人，不要在公共场所或工作岗位化妆、补妆。补妆时，宜选择洗手间或无旁人的场所。

举止大方，仪态优雅。举止、仪态泛指人们身体平时所呈现出来的各种神态、姿势，亦即身体的具体表现和造型。美国著名心理学家梅拉比安提出过一个重要的公式：人类全部信息表达=7%语言+38%声音+55%体态语。这一公式说明，一个人的举止、仪态，表现出了个人素质、阅历及思想感情。人们通过举止、仪态对人的了解，往往比只通过口头语言所得到的了解更值得信赖。大学生在社会实践时，遇到的环境和场合非常多样，要求也会随之有所不同。从总体上来说，举止、仪态的美要以文明、优雅、美观、和谐为基本特征。

（三）会面沟通

沟通，原意指两处水域中间阻隔，互不相通，在其之间挖掘一水渠，使之流通。现代意义上的沟通，泛指政治、外交、文化和一切思想意识领域内的情况互通、意见交流。交流沟通即是社会实践的内容。心理学证明，人们的交往，尤其是初次交往，留下的第一印象至关重要，它往往会左右对方的评价与看法。

做好会面与沟通，主要注意两点：会面有礼，掌握技巧。大学生在社会实践中掌握并恰到好处地运用会面礼仪，可以给人留下良好的印象。称呼、介绍、握手以及交换名片，都属于会面礼仪的基本内容。称呼他人时，要注意区分场合，善于选择恰当的类型。总体上讲，称呼可以被划分为正规称呼与非正规称呼两大基本类型。正规称呼适用于人的初次交往、因公交往等，属于社会实践的常见情形，体现出称呼者对被称呼者的谦恭与敬意。正规称呼可作如下分类：以“您”相称；以“同志”或“同学”相称；以“先生”“小姐”或“女士”相称；以学衔、军衔、警衔相称；以职务、职称或职业相称。

介绍是在人际交往中使彼此相互有所了解。介绍他人时一般应注意区别不同场合，掌握介绍时机，做到内容简明扼要，待人诚恳。如果有交换名片时，要做到双手递接、专心通读、妥善存放。

【拓展阅读】

握手的基本礼仪

握手在我国是人们相互见面时使用最为普遍的礼节。一般来说，握手表示友好，是一种交流，可以沟通原本隔膜的情感，可以加深双方的理解、信任。握手虽为司空见惯的举止，但在许多方面还是有一定讲究的。

握手的姿势。握手时，右臂自然向前伸出，与身体略呈60度角，掌心略向左上，拇指与手掌分开，其余四指自然并拢并微向内屈，轻轻紧握一下，时间是3~5秒。握手时，眼睛应注视对方，面带亲切的微笑，并伴有问候性的语言。

握手的顺序。长者优先原则：只有年长者先伸出手，年幼者才可以伸手相握。女士优先原则：只有女士先伸出手，男士才能伸手相握。职位高者优先原则：只有职位高的人先伸出手，职位低的人才能伸手相握。握手时一般要站着握，除非生病或特殊原因不能站立。如果是在办公室里，最好不要隔着办公桌与人握手。在人多的场合，不要交叉握手，与每一位握手的时间应大致相当。与长者、女性、生人认识时，千万不要主动、随便伸手。

握手的忌讳。忌以坐的姿势与站立者握手。忌用左手与别人握手。忌戴着手套握手，特殊情况需要致歉并说明。忌用力过重或过轻。忌握手时间太久。

平等沟通，用语文明。沟通是协商、调节、调整以求达到协调的结果的基础。大学生在社会实践中的沟通，要秉承平等互惠的原则，注意语言文明。语言文明具体表现在：语音清晰，在语言交际时自觉使用普通话，吐字标准，发音正确；语调柔和，语气谦恭，在交流时音量适中，既不过分放纵声音，也不音量过低显得沉闷，说话时语气避免急躁、生硬；用词文雅，多用礼貌用语，不讲粗话、脏话、废话。

（四）文明用语与忌语

1. 常用礼貌用语。语言礼貌，是现代文明社会的标志之一。在社会实践中，恰到好处地使用礼貌用语，可以表现出亲切、友好、和蔼与善意，还能够传递出对交往对象尊重、尊敬的信息，有助于实践活动更加顺利。常用的礼貌用语一般可以分为问候用语、迎送用语、请托用语、致谢用语、征询用语、应答用语、赞赏用语、祝贺用语、推托用语、道歉用语等类型。

（1）问候用语。主要用于人们在公共场所相见之初彼此向对方询问安好，致以敬意，或者表达关切。问候语主要分两种：一是标准式，即直截了当地向对方进行问候，如“你好”“您好”“大家好”等；二是时效式，即在一定的时间范围之内发挥作用的问候语，如“早上好”“晚安”“周末好”等。

（2）迎送用语。主要用于大学生正式的欢迎或送别场合，具体可划分为欢迎与送别用语。欢迎用语，又叫迎客用语，使用时往往离不开“欢迎”一词。送别用语，仅用于送别之际，主要有“再见”“慢走”“一路平安”“多保重”等。

（3）请托用语。通常指在请求他人帮忙或是托付他人代劳时所使用的专项用语。诚恳使用请托用语，能够使社会实践过程中很多事情变得容易。请托用语的常见用法有：加“请”字，在相应的场合使用“劳驾”“拜托”“打扰”等。

（4）致谢用语。意在表达自己的感激之意。运用致谢用语，可以使自己的心意为他人所领会，“礼多人不怪”。致谢用语常见的表达形式是：“谢谢”“十分感谢”“万分感谢”，因某些具体事宜致谢，可说“有劳您了”“让您费心了”。

（5）征询用语。在社会实践中，大学生往往需要以礼貌的语言主动向其交往对象进行征询。常见的礼貌方式如“需要帮助吗”“我能为您做点什么吗”。

（6）应答用语。在此特指大学生在其交际应酬中用来回应交往对象的呼唤，或是在答复其询问时所使用的专用语。应答时一般要给予肯定，不说“不”字；得到表扬或肯定时，应表示“这是我的荣幸”“请不必客气”；得到别人致歉时，应及时予以接受，并表示谅解，如“不要紧”“没关系”等。

（7）赞赏用语。主要用于人际交往中称道或肯定他人之时。常见的有：“太好了”“真不错”“还是您懂行”“真是您说的那么回事”等。

（8）祝贺用语。主要用于表示对交往对象的祝贺。常见的用法如：“祝您成功”“祝您好运”“节日愉快”“活动顺利”等。

（9）推托用语。遇到难以满足交往对象某些要求的情况下，要牢记“未必尽如人意，但求无愧我心”。解释原因或回绝对方时，讲究方式方法。常见的方法有：道歉式，直接表示自己的歉疚之意，以求谅解；转移式，不具体纠缠于某一问题，转移对方注意力；解释时，说明具体的缘由，尽可能征得对方理解。

（10）道歉用语。因种种原因带来不便，要及时向对方表达歉意。常用的道歉用语有“抱歉”“对不起”“请原谅”“失礼了”“失言了”“失敬了”“不好意思”“十分失礼”“很是惭愧”“真过意不去”等。

2. 社会交往中的礼仪禁忌。在开展大型活动安保服务或者民族地区开展社会实践活动，需要与少数民族地区群众或者外国友人打交道时，还应注意一些交往的礼仪禁忌。

（1）日常行为的禁忌。在公众场合，严禁用手指人、手舞足蹈、姿势歪斜、随意插话。在拉美国家，同性之间禁忌携肩挽手。有些西方人喜欢随意放置自己的物品，并忌讳别人乱动。西方的老人忌讳由别人搀扶，认为是受轻视的。

（2）重视职衔称呼。德国人、奥地利人很重视职衔的称呼，如果他们是博士、教授，应不厌其烦地使用这些称号，他们会很高兴。

（3）关于数字的禁忌。日本人、韩国人、朝鲜人与中国人一样，忌讳“4”，因为与“死”发音相似。一些西方人忌讳“13”，如果再碰上“星期五”就更不吉利了。

（4）对用花的忌讳。在印度和欧洲一些国家，玫瑰和白色百合花表示对死者的悼念。在法国和意大利，人们忌讳菊花。日本人忌讳荷花、梅花。在巴西，紫色的花主要用于葬礼。

（五）基本礼节

1. 临行准备。大学生在开展社会实践活动前，要做好充分的准备工作。为了表示对活动的重视和他人的尊重，应注意礼貌礼节，做到：提前预约联系实践单位；统一团队服装，衣着整洁、得体；携带介绍信，对于有明确要求的单位，携带介绍信及相关证件可以表明自己的身份，能够很快取得实践单位的理解和信任。

2. 餐桌礼仪。在社会实践中，接待单位或个人为表示对实践团或个人的欢迎、感谢，通常会宴请款待。大学生对此应表示感谢，然后根据实际情况确定前往或谢绝。赴宴时要注意以下几个方面：着装正式、整洁、大方；谦让就座，请主人或长者坐主座和上座，一般圆形餐桌以对门的位子或有特别标识的位子为上；文明用餐，用餐时不喧哗打闹，只顾自己大吃大喝；敬酒有礼，主人敬酒时量力而行，不扫兴、不逞能，与主人碰杯时要低于对方的酒杯。

3. 文明照相。在实践中往往需要拍照或录像，一定要征得对方的同意后再进行拍摄。在博物馆、纪念馆等明确说明不允许照相的场所不要照相。在参观、游玩时拍照，不要破坏企业生产或公园游览原有的秩序，不宜喧哗叫嚷，尽快留影纪念后离开。

4. 临别礼仪。实践临别时，做好最后的收尾工作，能够给对方留下好的印象。一般来说，要注意以下几个方面：归还物品，向接待单位或当地老乡借用的物品一定要原样归还并致谢，如有损坏一定要照价赔偿并表示歉意。注意卫生，在老乡或同学家中留宿，临别时要帮助清扫卫生，切莫离开时让人感觉像逃兵撤退般一片狼藉。表达感谢及赠送纪念品，对于能够提供实践机会的单位或组织应表示感谢，必要时可以赠送一些纪念品。赠礼时要注意赠送的范围、数量，不要给对方留下厚此薄彼、照顾不周等印象。实践结束返回学校后，可以把最终形成的成果予以反馈，写一封感谢信，或者把实践过程中的照片冲洗后邮寄给实践地的相关负责人作为纪念，这些都是比较好的表示感谢的方式。

思考与作业

1. 开展小学生交通安全宣传社会实践团队活动，应做好哪些准备工作？

2. 关于自媒体时代下如何做好大学生社会实践活动的宣传推广，你有什么好的建议？

3. 为了保证社会实践活动的安全，应当具备哪些安全自救技能？

阅读文献

1. 廖金宝主编:《大学生社会实践活动“作品化”指导教程》,华南理工大学出版社2020年版。

2. 陈鸿雁著:《大学生文明礼仪》,中国水利水电出版社2019年版。

3. 颜怡主编:《大学生安全教育》,中国人民公安大学出版社2021年版。

4. 刘晓东主编:《大学生社会实践理论与实务》,高等教育出版社2014年版。

第六章　平安湖南社会实践的总结、考核与成果转化

【教学目的和要求】

掌握平安湖南社会实践总结报告的撰写技巧，了解社会实践的考核评价指标体系构建原则和权重设置方法，掌握社会实践成果的主要类型和转化方式。

【教学重点和难点】

- 平安湖南社会实践总结报告的撰写
- 平安湖南社会实践的考核评价
- 平安湖南社会实践的成果转化
- 如何构建科学的社会实践考核评价指标体系

【学习导读】

社会实践活动开展之后需要及时进行总结，一是积累总结活动的成功经验，二是对活动开展过程中存在的不足提出改进建议。其中，撰写社会实践总结报告和对社会实践进行考核评价是最常见的两种总结形式。通过学习调查报告的作用、类型、特点以及写法，为完成一份社会实践总结报告做好充分准备。此外，通过掌握构建科学的考核评价指标和评价体系的方法，以帮助全面、客观地对实践活动的效果进行评价。最后，对于社会实践过程中形成的成果要积极推广转化，扩大活动的影响力，带动更多的人参与到社会实践活动中来。本章内容分为三大块：平安湖南社会实践总结报告的撰写、平安湖南社会实践的考核评价和平安湖南社会实践的成果转化。

第一节　平安湖南社会实践总结报告的撰写

一、社会实践总结报告的作用

社会实践总结报告是对某一情况、某一事件、某一经验或问题，经过在社会实践中对其客观实际情况的调查了解，将调查了解到的全部情况和材料进行去粗取精、去伪存真、由此及彼、由表及里的分析研究，揭示出本质、寻找出规律、总结出经验，最后以书面形式陈述出来的实践成果。①

二、社会实践总结报告的类型

实践总结报告中最重要的内容是关于整个实践活动的调查分析，因此根据调查内容的性质，将实践总结报告分为以下六种类型：

（一）专题型调查总结报告

专题型调查总结报告，就是侧重某个问题进行较深入的调查后形成的报告，这类报告一般能够在标题上反映出来。它能及时揭露现实生活中的矛盾，反映群众的意见和要求，研究急需解决的具体的实际问题，并根据调查的结果提出处理意见，或者对策，或是建议。

（二）综合型调查总结报告

它是以综合调查众多的对象及其基本情况为内容，作全面系统的调查和反映的报告，具有全面、系统、深入和篇幅较长的特点。它与专题调查总结报告的主要区别就在于它的综合性上，可以使读者从报告中看到事物相对完整的“鸟瞰图”。

（三）理论研究型调查总结报告

这是以学术研究为目的而撰写的报告，它以收集、分类、整理资料并提出问题、报告结论为特点，大多发表在学术刊物上，或载于学术著作中。

（四）实际建议型调查总结报告

这是由于实际工作需要而写的调查报告，其主要内容是为预测、决策、制定政策、处理问题等进行调查所获得的材料及有关的建议。

（五）历史情况型调查总结报告

这是根据需要以历史情况为对象进行调查而形成的调查报告。它可以供人们了解某一事物或问题的历史资料和历史真相。

---

① 吴元英：《社会实践调查报告》，载《新作文（教育教学研究）》2008 年第 20 期。

（六）现实情况型调查总结报告

它是以正在发生、发展的一些现实生活为对象进行调查后所形成的调查报告。人们可以通过它了解和认识某些事物和问题的客观现实情况，以作为其他认识活动的依据或参考。另外，有些调查报告可以是以上几种类型的结合形式。

三、社会实践总结报告的特点

（一）真实性

所谓真实性，就是尊重客观事实，靠事实说话。这一特点要求调研人员必须树立严谨的科学态度、认真的求实精神。只有严谨的科学态度，才能写出真实可靠、对工作具有指导意义的实践总结报告。

（二）针对性

调查研究具有很强的针对性，在实践总结报告的写作上，必须中心突出，明确提出所针对的问题，明确交代这一问题所获得的事实材料，分析出问题的症结所在，提出具体可行的建议和对策。

（三）典型性

典型性是指在实践总结报告的写作过程中所采用的事实材料要具有代表性，以及所揭示的问题带有普遍性。这种典型特点在总结经验和反映典型事件的调查中表现得尤为突出。

（四）系统性或完整性

实践总结报告的系统性或完整性是指由调查材料所得出的结论，必须具有说服力，能够把被调查的情况完整、系统地交代清楚。不能只摆出结论，而疏漏交代事实过程和必须的环节。因为这样的疏忽势必造成不严密、根据不足以及不足以令人信服的印象。这里所说的系统性或完整性，并不是要求在总结报告的写作过程中事无巨细、面面俱到，而是抓住事物的本质和主要方面，写出结论的推理过程。

总的来说，实践总结报告要做到论证系统、逻辑严密、摆事实、讲道理、具有强烈的说服力，从而使之成为科学决策的可靠资料。

四、社会实践总结报告的结构

实践总结报告的结构不像文学作品那样灵活自由，通常它有一个基本固定的模式，要根据主旨的需要，精心地布局谋篇，很好地反映客观事物。一般来说，实践总结报告的内容大体有：标题、导语、概况介绍、资料统计、理性分析、总结和结论或对策、建议，以及所附的材料等。由此形成的实践总结报告结构就包括标题、导语、正文、结尾和落款。①

（一）标题

实践总结报告的标题应该由简短、明确的文字组成，通过标题把实践活动的内容、特点概括出来。题目字数要适当，一般不宜超过20个字。如果有细节必须放进标题，为避免冗长，可以设副标题，把细节放在副标题内。根据是否设置副标题，可将标题细分为单标题和双标题两类。

1. 单标题。所谓单标题，就是一个标题，包括公文式标题和文章式标题两种类型。公文式标题通常按照“调查对象+调查课题+文体名称”的公式拟制标题。例如，《农村交通出行安全问题调查》就是这样的标题，其中“农村”是调查对象，“交通出行安全”是调查课题，“调查”显示文体是调查报告。这样写的好处是要素清楚，读者一看就知道报告关注的是什么对象，聚焦的是哪些问题，文种也很明确。这样写的不足之处是太模式化，不够新鲜活泼。公文式标题一般由介词“关于”加社会实践事由、文种组成，如《关于青少年对毒品危害认识的调查报告》《关于典型校园电信诈骗伎俩的调查报告》，也有的省略介词“关于”和文种，如《校园霸凌问题调查》。

文章式标题。这类总结报告的标题比较灵活，标题中可不写“调查报告”或“调查”的字样，有的是概括出总结报告的基本内容，如《当代中小学生的交通出行安全观》；有的是采取提问的形式，如《为什么酒驾醉驾屡禁不止》《如何加强青少年的性教育》；可以显示作者自己的观点，如《提升农村交通出行安全观，道阻且长，行则将至》；可以直接叙述事实，如《支教的日子》；可以用形象“画面”暗示内容，如《“纸上得来终觉浅，绝知此事要躬行”——平安湖南社会实践报告》。

2. 双标题。所谓双标题，就是两个标题，即一个正标题、一个副标题。其中，正标题一般采用常规标题写法，具体方式如上所述；副标题则采用公式化写法，由调查对象、调查课题、文体名称组成，如《他们为什么沉迷网络？——对某地中小学网瘾问题的调查》。

（二）导语

导语又称引言，是实践总结报告的前言，用于简洁、明了地介绍有关调查的情况，或提出全文的引子，为正文写作做好铺垫。实践总结报告的导语要简明、扼要。它的文字虽然简短，但具有“龙头”的作用，关系到全文的主题和格调。一篇好的调查报告离不开一个好的导语。好的导语能发挥引人入胜的效果，报告撰写人员必须精心构思。社会实践总结报告的导语形式多样，常见的有以下四种

① 李醒：《怎样写好调查报告》，载《应用写作》2019年第11期。

类型。①

1. 概述式。对实践调查的情况进行简明扼要的说明，或介绍调查对象的基本情况，或交代调查的目的、范围、形式，或作背景式的介绍，以交代事件的经过及进程。概述式导语的最大特点是开宗明义，使读者对实践调查的主要情况有一个基本的了解。

【实践案例】

《让“拒毒防毒”意识深入人心，泉塘街道打造禁毒教育微基地建设调研》的概述式开头

在戒毒工作中发现，很多吸毒者都是因为对毒品缺乏了解而被诱骗吸毒，有的为了“治病”而滥用毒品，结果成瘾而不能自拔！为了教育广大青少年，以达到识毒、戒毒、禁毒的目的，泉塘街道党工委办事处结合上级要求，在丁家岭社区打造了禁毒教育微基地。禁毒教育微基地以深入推进青少年毒品预防教育“6·27”工程建设为主线，以建设“禁毒教育基地”“禁毒教育（警示）基地”“禁毒教育园地”“校园禁毒微基地”“社会面禁毒宣传阵地”“媒体禁毒宣传阵地”6类禁毒宣传阵地为抓手，发动社会各方共同参与，通过禁毒知识的普及、抵御毒品能力的增强，进一步降低毒品的社会危害，持续提升毒品问题综合治理、精准治理能力，确保全市毒品形势持续向好发展，为小康社会营造“无毒”健康环境。

这个开头把禁毒教育微基地建设的起因，包括的主要建设阵地作了概括的介绍，提纲挈领，统率全文。

2. 设问式。在开头提出问题来，引起读者对调查课题的关注和兴趣，然后回答问题。设问式导语开门见山，主题醒目，能激发读者的兴趣，调动起读者思考问题的积极性。主要有以下两种表现手法。

（1）自问自答。在导语部分提出问题，并回答问题，如《小孩遭遇校园霸凌该怎么办?〈民法典〉保护你!》

（2）上问下答。在导语部分提出问题后，由主体部分具体回答。这种手法一般在问卷调查报告、采访类调查报告中采用较多。

3. 议论式。围绕主题进行议论，点明所实践调查问题的性质与意义。这样的开头可以采用提问的方式引出问题，也可以直接将问题摆出来。例如，《未成年犯罪低龄化情况调查报告》的开头：近日，我国修法拟调整法定最低刑事责任年龄，

---

① 啸风：《党政机关调查报告导语形式的探讨》，载《秘书》2003年第6期。

对法定最低刑事责任年龄作个别下调，即已满12周岁不满14周岁的人，犯故意杀人、故意伤害罪，致人死亡，情节恶劣的，经最高人民检察院核准，应当负刑事责任。这则消息一出，得到了诸多网友的支持，却也不得不让我们深思，为什么未成年人犯罪案件频频发生？引发犯罪低龄化趋势的原因是什么？如何对待未成年人罪犯？为此，长安实践团近期作了一个问卷调查，累计收集来自全国各地有效样本共3000余份，对未成年犯罪低龄化情况开展调查。

4. 交代式。在开头简单地交代调查的目的、方法、时间、范围、背景等信息情况，使读者在入篇时就对调查的过程和基本情况有所了解。例如，《关于湖南省内农村道路交通安全隐患的调查》一文的开头：近年来，我国农村道路通车里程和道路状况大大提高，机动车大量进入农村家庭，农民利用机动车出行日益频繁。然而，受各种因素影响，农村道路交通安全现状不容乐观，人、车、路的矛盾日益加剧，交通事故呈上升趋势。为预防和减少农村道路交通事故，湖南警察学院通途交通安全科普团队调查省内多条农村道路的交通管理现状、交通安全设施以及当地居民的交通安全意识，以期各级政府和相关部门重视并加强农村道路交通安全管理。

这个开头包括目的、方法、范围和结论等几个方面，总的来说属于交代式的导语。

（三）正文

正文也称主体、主文，是全文的中心。它对调查得来的事实和有关材料进行叙述，对所作出的分析研究进行议论，对调查研究的结果和结论进行说明。

正文的主要内容和作用有三个方面：一是说明实践总结报告的主旨，让读者了解中心观点；二是提供说明主旨的事实材料，让读者理解并信服观点的正确性；三是作者对客观事实的分析及有关的评论，从理论上深化事实材料，以突出实践总结报告的典型意义。比如，《关于长沙市内停车问题的调查报告》的主体部分共写了三个问题：一是车位少。长沙现有汽车301万辆，停车位只有100万个，按照一车一个车位计算，缺口超200万个，且缺口有继续拉大趋势。车位利用率低，不超过30%，一些车位长期闲置。值得注意的是，小区车位市场较乱，有的只售不租，如岳麓区某小区；有的囤积居奇、哄抬物价，如雨花区某小区196个车位被一人购买后再加价出售。二是停车贵。大部分车位只有使用权，没有产权，价格从几万到几十万不等，很多群众不愿购买。停车一般是15分钟内免费，超时收费五花八门。有的免费开放，有的按次收费还可讨价还价，有的收费每小时3元，如路边临时停车位，有的每小时10元。比如，在一些商场停车场，超时1分钟按1小时收费，是否可以借鉴北京、上海等城市的做法，将计费周期缩短到10分钟甚至5分钟一个间隔，提高车位利用率。三是停车乱。乱停乱摆随处可见，有的非机动车挤占机动车位；有的加油加气车停新能源车位；有的停放在私人车位或车位外，挤占他人车位；有的长时间挤占限时停车位；有的停在禁停区，挤占应急车道、公共要道、人行过道等。这三个问题各自成章又有内在联系，比较完整地反映了“车位少”“停车贵”和“停车乱”三个因素对城市停车问题带来的影响和冲击。

一般来说，根据逻辑关系安排材料的框架有以下三种结构：

第一，横式结构，也称并列结构，是指把调查的材料和要表现的主旨分为几个不同的问题，各个问题处于平等并列的地位，每个问题都有一个中心，可以独自成章，而每个问题又是体现全文中心的一部分。采用这种结构形式，要处理好各部分之间的关系，如并列关系、因果关系、分总关系、主从关系等，都应妥善安排。比如，《碳中和背景下城市交通发展的调查与分析》，主体共有四部分，从鼓励慢行交通出行、大力发展公共交通、大力推行新能源车、构建快速便捷的共享交通系统四个方面实现碳中和目标。这四个方面虽然互不隶属，但皆统一在“碳中和背景下城市交通发展”这一中心之下。

第二，纵式结构，也称平叙结构，指按照客观事物发生、发展、结局的前后顺序，把内容分成几个层次，然后逐层分析说明。这种结构方式反映了客观事物变化的内在逻辑性，有助于读者了解事物发展的来龙去脉，给人一个完整而清晰的印象。

第三，综合式结构。这种结构安排兼有横式、纵式的特点，二者相互结合地安排材料。按照内容表达的层次组成的框架有：“情况—成果—问题—建议”式结构，多用于反映基本情况的实践总结报告；“成果—具体做法—经验”式结构，多用于介绍经验的实践总结报告；“问题—原因—意见或建议”式结构，多用于揭露问题的实践总结报告；“事件过程—事件性质结论—处理意见”式结构，多用于揭示案件是非的实践总结报告。

（四）结尾

结尾即结语，是实践总结报告的结束语，作者常在此部分表达自己的观点，对主体部分的内容进行概括、升华，因此，它的结尾往往是比较重要的一个部分。

因为实践总结报告的目的、内容、主旨不同，结尾的写作也不同。有的总括全文的内容，突出主要观点；有的提出问题，引起有关部门的重视；有的说明经验的意义，以利于人们借鉴。有的实践总结报告已把问题讲清，无须赘言，也可省略结语。

五、社会实践总结报告的写法

一般而言，要想写出一篇优秀的实践总结报告必须做到以下几点：

一是必须掌握大量的第一手材料。实践者要深入群众，了解调查对象各方面的材料，包括正面的、反面的，直接的、间接的，历史的、现实的，弄清它的来龙去脉，为分析研究提供大量、可靠的事实依据。

二是要善于作认真的分析与研究。对掌握的大量材料作去粗取精、去伪存真、由此及彼、由表及里的处理，要透过表面现象看到事物的真面目，抓住它的本质，从而得出正确的判断和结论。

三是要选用切实、可靠的材料说明观点。实践总结报告所揭示的结论，必须通过对具体情况、具体事实作客观的叙述和分析很自然地得出。要善于用精确、充足的材料来说明观点。不能脱离材料空发议论；也不能只摆一大堆材料，而不提出明确的观点和结论。

四是实践总结报告的文字要朴素、明确、实在。要注意把说理和叙事有机地结合起来，要善于用简要的议论总结经验、阐明规律、说明政策；还要注意运用可靠的统计数字和群众语言来印证观点。

【实践总结报告样例】

关于农村交通安全情况的调查报告
——来自福清市港头镇占阳村的实地调查

加强农村道路交通安全工作，有效遏制农村道路交通事故，确保人民群众生命财产安全，是推进社会主义新农村建设、解决好“三农”问题的重要内容，是全面落实科学发展观、统筹城乡发展、构建和谐社会的客观要求。随着我国经济社会的发展，社会主义新农村建设进程逐步加快，农村道路交通条件不断改善，农民朋友交通出行大量增加。但是一些农民朋友对道路交通安全法律法规了解不够，交通行为不规范，道路交通事故时有发生。据统计，2006 年，全国农民群众因交通事故死亡 39610 人、受伤 158487 人，分别占总数的 44.3%和 36.8%。交通事故是残酷的，但也是可以避免的，只要农民朋友了解并自觉遵守交通安全法律法规，增强交通安全意识，提高自我保护能力，就可以远离交通事故伤害。寒假我对此展开了以“农村交通安全情况”为主题的问卷调查。并临时做了本画册，这本画册将告诉农民朋友如何安全走路、骑车和乘车。希望它能给农民朋友带来平安和幸福！

一、调查对象与方法

（一）调查对象

2009 年 7 月 20 日至 30 日我深入福清市港头镇占阳村随机对农户进行了问卷调查活动。

（二）调查方法

本次调查以书面问卷为载体，通过一对一访谈方式开展入户调查。其中，深入农户数家，回收 40 份问卷，以较客观的方式收集到一定数量真实可靠的原始数据。

二、调查结果与分析

（一）调查结果

本次调查共发出问卷40份，回收问卷40份，其中有效问卷40份，回收率100%，问卷容量为40。

了解到的农民朋友对农村交通安全情况的看法及态度情况如下：

1. 在调查的人数中，对农村交通总体印象中等的达到55%。

2. 在自己居所附近出现过交通事故的占87.5%，其中超过一两起的占25%。由此可见，农村存在着很大的安全隐患。

3. 认为过去农村的交通很好的有12.5%，分析原因可能是农民看到了现在的状况，认为过去“也不会好到哪里去”。认为过去交通较差的有45%，访谈的结果是由于过去我们的马路还是泥泞的缘故。

4. 关于农村的交通变差的原因，有45%的人认为是人为因素。看来，大部分农民都已经认识到农村交通变差的原因。然而，仍有35%的人认为这是社会发展的必然结果。由此可见，要解决“人为因素”，首先要提高交通出行者的思想素质。有20%的人认为是自然因素，比如在道路拐弯处树木比较茂盛，挡住了视线。

5. 在看待农村交通的未来问题上，有50%的人认为农村交通在几年内能变好。看来农民对农村交通的未来抱有很大的希望。

6. 50%的人认为要使交通变好，需要依靠群众配合。要整顿好交通，必须充分发动群众参与。也有47.5%的人认为要依靠政府部门的工作，由此可见，政府部门做得还不够。

7. 附录调查问卷中的第8、9、10、11四题是对农民个人对交通的认识及对违反交通的行为的看法。从数据可以看出，广大农民朋友对交通安全的知识知道的不是很多，政府要加大宣传力度。第7题有67.5%的正确，而第8题只有45%正确，第9题就更少了，只有17.5%正确。从对超速驾驶的态度来看，75%的人表示很担心，可以看出许多人不希望违反交通的行为发生，但是有些农民表态，自己的行动却没能做到这一点。这是农民观念和行动上不统一造成的。这也是要搞好交通必须解决的一大难题。

8. 常见的严重危害交通的违法行为是：乱停车、不按规定系安全带、驾乘摩托车不戴安全头盔、酒后驾车、疲劳驾车、超载、超速等。既然知道有这么多的交通违法行为，政府部门就应该层层落实责任，务必把各项工作措施落到实处，最大限度地预防和减少农村道路交通事故。

9. 在看待政府态度上，有72.5%的人认为政府对交通问题不重视。这也显示出政府在这个问题上的整治力度还不够大，还应再加强。

10. 正所谓旁观者清。站在一个人的角度看其他人，应该是很公正的。然而，45%的人认为其他人对农村交通问题不够重视。这也说明了前面提到的农民在行动上的不足。

（二）调查问题分析

1. 道路隐患大量存在。我们福清市农村道路众多，国省道农村地段相当长。一些道路特别是县乡道路、“村村通”道路，由于施工设计等先天不足，因陋就简，建设质量差，普遍存在路窄、弯急、坡陡、曲折、起伏大、路形复杂等问题，直接影响交通安全；有的路段由于长期使用受损，成为隐患路段；一些道路防护栏、防护墩、防撞墙、隔离带、交通标志标线、交通信号灯、警示标志、减速设施等必要的交通安全设施奇缺，有的事故隐患点由于长期得不到有效治理，蔓延成为隐患路段。有20%的人认为是自然因素。

2. 严重交通违法突出。拖拉机、三轮汽车、低速载货汽车等机动车违法载人等现象比较普遍，特别是摩托车超员、驾乘摩托车不戴安全头盔问题相当严重；逢年过节、走亲访友、参加红白喜事时，往往有酒后驾车乐极生悲的问题出现；一个家庭为了生产生活需要，购买了一辆摩托车，家庭成员共同使用，另外出于经济考虑，不愿每人都办驾驶证，因而有的就无证驾驶；在一些偏僻地区，车主为了逃避机动车的一些税费，不参加机动车定期检测、不办理机动车第三者责任强制保险、使用无牌无证车辆或报废车辆的情况大有人在。

3. 规划管理不当。在农村中，有很多如菜市场等最易发生交通事故的路段，这些地方由于得不到很好的规划管理，很多农民在路边摆摊，使本来就窄的路变得更窄了，使得交通拥堵，容易发生交通事故。农村道路交通管理工作存在很大的局限性，墨守成规，仍旧囿于传统的、粗放式的管理方式方法，没有很好地实现科学管理，工作方法措施缺乏针对性，存在时紧时松和顾此失彼的问题。农村道路交通安全科技投入不够，管理的科技含量还相当低，特别是道路交通安全监控设施基本没有。农村道路交通安全基础工作相当不扎实，严重制约实施有效管理。但是，要从更深层次上做实农村交通安全工作，实现“打基础、管长远、治根本”的目标，必须要全社会各有关方面进一步共同努力。

4. 宣传力度不到位。在农村中，常见到有关交通维护的标语，这些标语是用来提醒人们注意交通安全的。然而，很多人却对此视而不见。一句句标语都成了空口号，毫无实际行动。比如，主要路口设置“严禁农用车、拖拉机违法载人”“保护生命、平安出行”等宣传警示标语，而实际上呢，许多人没看见，就算看见了也只是一笑了之。与其说是农民的交通安全意识不够高，不如从政府的措施找原因。归结起来，就是政府的宣传力度不够。而且有72.5%的人认为政府对交通问题不重视。

5. 综合治理机制尚未有效落实，交通安全社会化道路仍然很长。道路交通安全作为关系民生的重大课题，越来越被人们所关注，其工作的内涵和外延随着《道路交通管理条例》向《道路交通安全法》的变迁而产生实质性的变化，职责任务要求由过去由公安交通管理部门主要负责，向政府主导下相关部门各负其责、齐抓共管、综合治理转变。然而，在《道路交通安全法》实践过程中，这一转变显得相当艰难，政府重视程度大大提高，但部门齐抓共管、群众积极参与的要求尚未真正落实，实现综合治理还有很长一段路要走。一是工作机制不健全，责任不明确，运行不正常，措施得不到有效落实，成为一个虚设机构，部门联动实属纸上谈兵，仍然摆脱不了公安交通管理部门单打独斗的局面。二是责任义务不落实，《道路交通安全法》对政府、部门、机关、社会团体以及其他组织等规定了相当明确的义务，但是现实当中落实不够好，存在推责现象，甚至纠缠于经济利益，在支持配合方面大打折扣。这一问题在交通安全宣传教育方面多见。三是农民群众参与不主动，群众对交通安全在监督方面做得多一点，而以身作则就做得差一点，参与维护交通安全的积极性和主动性不够，存在“说这一套，做另一套”之嫌，比如看到别人交通违法就大加指责，对交通管理不足也敢于批评，而自己交通违法就理由充分，不乐意接受处理。调查结果显示50%的人认为要使交通变好，需要依靠群众配合。

三、解决对策

要整治好农村的交通，应该找寻一条正确的出路。这并非一朝一夕之事，我们任重而道远。以下对政府、个人提出的几点建议，虽说其中不乏有些老生常谈之感，但我认为，这是一条正确的出路。

（一）政府

在整个治理的过程中，政府完全掌握着主动权。在这个问题上绝不能有所退缩，要坚定立场。首先，要加大宣传力度，其重要性上面已提到过。其次，要采取强制性措施，加大监督管理力度，如制定有关规定等，加强引导市民重视交通安全。久而久之，市民也就对此多加注意了。此外，还可以采用一些鼓励性措施，如颁发奖金、评选维护交通安全先进模范等，鼓励农民朋友自觉遵守交通规则。总之，主动权在政府手里，政府应该充分利用这一主动权，发动群众，搞好交通。

1. 强化管理，消除隐患。交通、公安交警部门要组织人员上路，投入执法力量，严查超速、超员、酒后驾车、疲劳驾驶、违法停车等交通违法行为。进一步做好危险路段排查治理，完善道路标志、标线及交通安全设施，加大交通安全隐患治理。在重点路段、重点时段实施不间断巡逻管控，重点查处拖拉机、低速货车、三轮汽车、摩托车违法载人和无牌无证等交通违法行为。公安、交通和农机部门要针对农村摩托车、拖拉机和低速载货汽车事故多发的特点，严把驾驶员教育培训、考试和审验关，进一步提高培训和考试质量。工商、质监部门要对车辆非法改装企业和违规生产、销售企业进行整顿，确保在源头上预防和减少交通事故发生。同时，交警部门要加强恶劣天气交通管理，加强与气象、交通运输部门信息沟通，完善应急预案，开展应急处置演练，提高恶劣气候条件下的交通管控能力。

2. 严管严控，全力整治路面行车秩序。公安、交通、农业、安监等部门要积极开展联合执法和专项整治行动，在重点公路的要口、要点、要段上加强勤务，加大巡逻密度，加强对摩托车、低速载货汽车和拖拉机的监督管理，严格落实管控责任，严肃查处和严厉打击低速载货汽车和拖拉机违法载人、无证驾驶、无牌无证上路行驶等严重交通违法行为，严防漏管失察，形成严管重治的高压态势。

3. 多措并举，加大交通安全宣传教育力度。要结合农村特点，采取农民群众喜闻乐见的形式，增强交通安全宣传教育的针对性和有效性，把道路交通安全相关禁止性规定列入村规民约，增强对农民群众的日常教育和行为约束；要发挥交通安全宣传的引导和警示功能，在乡镇街道、主要公路路口和客运站点等人员密集的场所设立固定的交通安全宣传栏、宣传墙和警示墙，宣传交通法规和交通安全知识，宣传党和政府在解决农民群众安全出行等方面采取的政策措施，宣传摩托车、低速载货汽车和拖拉机违法载人的严重危害，利用群众身边的案例教育群众，并通过电视、电台、报刊等信息载体，扩大宣传覆盖面，努力提高农民群众安全出行的观念，增强交通参与者遵纪守法的自觉性；要大力开展“交通安全文明村”“交通安全文明学校”创建活动，发挥交通安全文明单位的辐射和示范功能，达到宣传一个带动一片的效果。

（二）农民

要整治好交通，最重要的是农民群众。从群众的角度来说，应该对交通问题高度重视，提高自身交通安全意识。同时，要积极响应政府的号召，努力做好每一件事，为交通安全维护出一份力。农民群众可以以工作单位、住宅小区等为单位自发组织交通安全维护活动。尤其是像学校这样容易组织大量人手的单位。活动内容也可多种多样。入户宣传、自愿到菜市场维持交通秩序等都可以。从政府的角度来说，应该充分发动这个交通维护的主力军。要通过新闻媒体等手段对农民群众进行宣传教育。同时还要注意幼儿、中小学生交通安全意识的启蒙教育，让其从小就有安全意识，培养其成为维护交通的接班人。

四、结语

看了以上的有关资料，我对农村的交通问题以及有关内容都有了较清楚的了解。由于能力有限，我的研究不能涉及其本质问题，但是我同样认识到了交通安全维护的重要性。农村的交通急需整治，这是众所周知的事情。整治不能只是停留在口头上，而要落实到行动上。为了使农村交通变好，为了使我们生存的地球变得更美，我们每个人都应该为交通维护作一点贡献。

在进行实地调查的过程中，我不仅看到农村交通不利的一面，同时也看到农村交通情况的改变，也亲身感受到了这一点。虽然在菜市场上看到有乱停车的现象，但那是因为专供停车的位置实在是太小了，已经被人占完了，所以大部分人还是会自觉地停好车的；从以前的泥泞路到现在的水泥路，交通环境改善了不少，晚上还有路灯，这些都是大家有目共睹的；从以前根本见不到一个警示牌到现在在各个重要路口可见的“减速慢行、安全行车”“注意学生”等提醒标语。看到这些，我多少会感到些欣慰。是的，农村的交通正朝着光明前进，这已成为不可阻挡的趋势。

在调查的农民朋友中有50%相信，在不久的将来，我们都能看到一个崭新的农村，一个充满着蓬勃生机的农村。

抓好农村道路交通安全工作，解决好农村群众出行难、出行贵的问题，是践行“三个代表”重要思想，坚持“立党为公、执政为民”的具体体现，是推进社会主义新农村建设、解决好“三农”问题的重要内容，是全面落实科学发展观、统筹城乡发展、构建和谐社会的客观要求。各部门要充分认识加强农村道路交通安全管理工作对于保障人民群众安居乐业、促进社会和谐的重大意义，加大政策支持和资金投入力度，从人力、财力、物力等方面向农村倾斜，努力推进农村道路交通安全工作深入开展。通过加强农村道路交通安全管理，进一步改善农村道路交通安全环境，最大限度地减少农村道路交通事故的发生。

附录：关于农村交通安全情况的调查问卷

1. 你对农村交通总体印象如何？

A. 良好　B. 中等　C. 很差

2. 在你所居住的路段有无出现过交通事故？

A. 没有　B. 有一两起　C. 其他

3. 你觉得农村的交通过去是怎样的？

A. 很好　B. 一般　C. 较差

4. 你觉得农村的交通变差的原因是什么？

A. 人为因素　B. 自然因素　C. 社会发展必然结果

5. 你认为要使农村的交通变好，最重要的环节是什么？（就农村的现状来看）

A. 政府部门工作　B. 宣传力度　C. 群众配合

6. 在横过公路前，先左看，后右看，再左看，确认安全后，直行通过，这种做法正确与否？

A. 正确　B. 不正确

7. 骑自行车载物，高度从地面起不得超过______，宽度左右各不准超出车把______。

A. 1.5 米　B. 15 厘米　C. 30 厘米

8. 初次申领驾驶证应是年满______至______周岁的正常公民，驾驶证全国有效，有效期______年。

A. 5　B. 6　C. 16　D. 18　E. 50　F. 70

9. 当你看到有人超速驾驶时，你的反应是？

A. 管他三七二十一，那是别人的事　B. 很担心　C. 不知道

10. 你认为现在的政府部门对农村交通问题的态度如何？

A. 很重视　B. 不太重视　C. 顺其自然

11. 你认为其他农民朋友对交通问题怎么看？

A. 很在意 B. 不怎么重视 C. 持无所谓的态度

第二节 平安湖南社会实践的考核评价

社会实践报告的完成并不是平安湖南社会实践全部环节的结束，还需要完成最终的考核评价。社会实践的考核评价既是一项纷繁芜杂的系统工程，又是学校社会实践教育中的重要一环。无论对于社会实践活动本身，还是对于继续开展社会实践活动，都具有重要的意义。本节主要介绍社会实践考核评价的相关内容。

一、社会实践考核评价的概念

在教育领域使用“考核评价”一词，通常是指考核评价主体依据一定的考核评价标准对考核评价对象的行为过程与行为结果作出价值判断的过程。[①] 具体到平安湖南社会实践考核评价来说，是指高校、社会实践单位等多元主体依据一定的大学生社会实践考核评价标准对大学生参与社会实践活动的过程和结果作出价值判断的过程。

二、社会实践考核评价的内容

对大学生社会实践的评价指标应充分体现社会实践活动的目的，突出社会实践活动的特点。因此，根据社会实践活动的基本环节，考核评价的首要方法是构建评价指标体系的基准，指标分为：实践主题、实践计划、实践态度和能力、实践成果。[②]

（一）实践主题

确定社会实践主题是大学生社会实践的首要环节，只有方向准确、成果丰富的社会实践活动才是有效的。该项考核评价内容又可以分为“选题满意度”和“选题难度”两个指标。

“选题满意度”，可以从“专业贴近度”“社会需求紧密度”两个观测点来评价。“专业贴近度”，是指所选社会实践的主题、类型与学生所学专业的相关性程度。一般来说，平安湖南社会实践要求学生选择实践主题与公安专业（禁毒、交通管理、刑事科学技术以及治安等）具有较强的相关性，这有利于学生整合所学

① 肖青山：《大学生社会实践考核评价问题探析》，载《新西部》2018 年第 35 期。

② 陈立力：《大学生社会实践评价指标体系与评价方法研究》，载《中国青年政治学院学报》2010 年第 29 期。

的专业知识，通过社会实践进一步完善知识结构，提高专业知识的应用能力。“社会需求紧密度”，是指所选社会实践的主题、类型与社会发展、人类进步等需求之间相联系的紧密程度。具体来说，我们要求所选的实践主题必须和社会需求有紧密的联系，只有这样，社会实践活动才更加具有现实意义。

“选题难度”主要评价学生所选实践主题的难易程度。社会实践主题并非越难越好。一个好的实践主题，其难易程度必须符合学生的实际能力和知识储备，这是保证社会实践质量、提高社会实践实效性的重要前提。

（二）实践计划

制订社会实践计划，是指由实践主题出发，为达预期目标所设计的整个实践活动的方案。一个好的实践计划，是社会实践活动有条不紊进行的前提。该指标可以分为“计划完整性”和“计划可行性”两个指标。

“计划完整性”，是指学生所设计的实践方案各要素，即实践活动的目的、意义、采取的方法、实践路线、内容、时间安排、人员分工和预期效果等的翔实程度和全面程度。因此，“计划完整性”可以从“计划翔实程度”和“计划全面程度”两个观测点来评价。

“计划可行性”，主要评价学生设计的实践方案的合理程度，增强计划的可行性就要求学生加强调查研究，做好前期准备工作。

（三）实践态度和能力

学生在社会实践活动开展过程中的态度、能力是影响社会实践效果的一个重要因素。该指标可以分为“实践态度”和“实践能力”两个指标。

“实践态度”，可以从“团队合作”“爱岗敬业”“主动性”三个观测点来评价。“团队合作”主要评价学生在实践过程中目标一致性与团结合作程度。无论是一个人完成还是多人合作的社会实践活动，都需要合作精神，需要实践团队的每个成员都能发挥应有的作用。“爱岗敬业”，主要评价社会实践成员是否以勤奋好学、刻苦钻研的态度认真完成社会实践的各项任务，尤其是实践团队中的每一个成员是否都能立足团队分工后的岗位，为团队成功不断付出努力。“主动性”主要评价实践成员在社会实践过程中是否能主动、及时地与指导教师、实践单位导师沟通信息、讨论问题，最大限度地收获社会实践成果。

“实践能力”可以从“沟通能力”“应变抗挫能力”“资源利用能力”“总结归纳能力”四个观测点来评价。“沟通能力”，是指学生在社会实践过程中与人交往的能力，包括和实践单位的领导、导师、同事等交流，和指导教师的交流，和被访（服务）对象的交流，和队员的交流，和陌生人的交流等。“应变抗挫能力”，是指学生在社会实践过程中针对实践计划和社会实际的变通性，遇到挫折后克服困难的能力，该指标的实质是考察学生发现问题、解决问题的信心、决心和能力。“资源利用能力”，是指在社会实践过程中，学生合理、有效利用周边各种社会资源的能力，包括学校、指导教师、实践单位、实践地有关部门、各级团组织、人民群众、有关政策等。人的社会属性告诉我们，大学生合理、有效地利用社会资源是社会实践活动获得成功的重要因素。“总结归纳能力”，是指学生在社会实践各个环节对发现的各种问题进行总结、分析、归纳，提炼事物发展规律、特征，从而得出结论的能力。

（四）实践成果

作为社会实践的最后一个环节，实践总结和答辩要求学生对实践成果进行归纳、整理和总结，并与实践计划对比落实，突出理论升华。所以，该指标也是最重要的评价指标，可以分为“实践总结报告质量”“其他实践物化材料”“成果答辩情况”三个指标。

“实践总结报告质量”，可以从“科学性”“创新性”“实用性”三个观测点来评价。“科学性”，是指一篇好的实践总结报告，首先应该经得起严密的逻辑检验，它所基于的实践研究过程、归纳总结过程及其相应的图表、数据等都应该符合科学的原理、规范等。科学性要求每个学生在实践过程中来不得半点虚假与水分。“创新性”，是指在实践中，学生独立进行研究的能力和对各种理论、知识点的创造性应用能力。“实用性”，是指实践总结报告的结论可以用于解决实际问题，具有使用价值。

“其他实践物化材料”，可以从“队员实践日记、感悟”“指导教师鉴定”“实践单位证明、鉴定”“媒体报道情况”“有关活动照片”五个观测点来评价。“队员实践日记、感悟”反映的是学生本人经历实践活动后对专业学习、专业知识结构的全面检验和完善，对社会、行业、单位等的不断了解以及在认知、策划、沟通、执行、总结等能力上的提升。“指导教师鉴定”反映的是从学校育人目标、专业学习要求等出发，对实践活动予以认可的程度。“实践单位的证明、鉴定”反映的是接收大学生进行社会实践的单位对该社会实践活动为单位、社会所产生的经济（社会）效益和大学生们在实践过程中所表现出的综合素质予以认可的程度。“媒体报道情况”“有关活动照片”一方面反映了实践活动的真实性，另一方面反映了在社会实践过程中，社会舆论、新闻媒体等对该活动或成员等予以关注的程度。

“成果答辩情况”，可以从“语言流畅性”“表达准确性”“逻辑严密性”三个观测点来评价。“语言流畅性”，是指学生在答辩中思维敏捷、沉稳大方、口齿清楚、语言生动流利。“表达准确性”，是指学生在答辩中能围绕所提的问题，准确、科学地回答，没有明显的错误。“逻辑严密性”，是指学生在答辩中思维严密，有条有理，前后不出现矛盾，做到环环相扣，不出现思维断档。

三、社会实践考核评价的方法

对大学生社会实践的评价应该采取形成性评价和总结性评价相结合的评价方法。形成性评价，是指按照上述评价指标体系积累各观测点的佐证材料，对学生实践行为与效果进行日常性记载并作出定性分析。总结性评价一般是在实践活动之后，对学生实践活动作出的全面评价。这种评价以形成性评价为基础和前提，依据大量的第一手材料，具有较强的严肃性和科学性，具体方法如下：

由学生（实践成员代表）、指导教师、校外导师、专家组专家共同进行，专家组一般由实践单位（基地）代表、校内专业带头人、教研室主任、具有丰富实践教学经验的骨干教师、团工作负责人组成。大家依据实践的过程材料、成果和学生的答辩情况，首先构建评价指标体系，然后确定各评价指标的权重，最后进行统计。

（一）构建评价指标体系

大学生社会实践区别于其他教学方式的本质特点在于：通过大学生参与社会实践全过程，即确定实践主题，制订实践计划，开展实践活动，进行实践总结和答辩，让丰富的感性体验和理论思维相结合，强烈的现场参与感触发和增强理论思维的兴奋点，大学生对社会需求、专业学习和自我成才有更全面的认识。① 因此，构建大学生社会实践评价指标体系，应建立在该社会实践活动的开展是否促进了学生的成长成才上，是否推动了学校的教育教学改革上，是否给社会带来了一定的社会效益上。构建评价指标体系应遵循以下原则：

1. 系统性与重点性相结合的原则。大学生社会实践是一项涉及个人、学校和社会的系统工程，因此，对社会实践的评价应采取系统论的观点和方法，全面考察保障社会实践质量的各个要素，使影响大学生社会实践质量的各因素、实践过程的各环节紧密联系，形成有机整体；同时，根据实践活动的特点和学生个人的特长与爱好等，还应该有某方面的重点考核，以反映学生自己的特色。对于平安湖南社会实践课程，既要系统地考察学生开展社会实践活动的综合素质，更要重点关注学生对公安知识的掌握和在实践中的应用。

2. 选题评价与成果评价相结合的原则。大学生社会实践评价应该既评价实践选题本身，又评价实践成果。因为，实践选题带有方向性，方向不准确，就不能反映社会需要、学校育人和学生成长成才的要求，即使成果再好，也不能说明实践是有效的；反之，选题方向对头了，但如果实践成果水平过低，那也不能达到社会需要、学校育人和学生成长成才的要求，同样也说明大学生社会实践效果不好。

3. 成果水平与实践态度、能力培养相结合的原则。虽然社会实践完成的成果

---

① 赵振华：《大学生社会实践的现状及路径探析》，载《教育探索》2007 年第 4 期。

和成果答辩水平是最重要的评价依据，但学生在整个实践过程中的态度、能力培养也是一个重要因素。首先，要看实践成果是通过勤奋刻苦取得的，还是轻而易举、不劳而获的；其次，要看社会实践环节中学生是否虚心好学，是否认真向指导教师、校外导师等讨教，是否能够发现问题、解决问题等。这些都应该在考核评价中体现出来。

4. 学校（教师）评价、社会（导师）评价与自我（学生）评价相结合。学生自我评价的重要性体现在这种评价能真实反映个体自我发展的意向和为这种意向所作出的努力，使教师从中获得来自学生自我发展的信息。自我评价的积极意义还在于培养和锻炼学生自我评价的能力，使学生能自己发现问题，并及时调整行为，促进自我完善，充分发挥主体的自主性和主观能动性。学校（教师）、实践单位等对社会实践的评价，要注重对学生在实践过程中表现出来的理想、信念、智慧、能力等作出综合评价。评价最重要的意图不是证明，而是为了改进。通过评价，学校、教师、用人单位和学生都可以从反馈的信息中发现管理和教育教学中的优势和不足。

（二）确定评价指标权数

大学生社会实践各评价指标的权重可采取 Delph 法、主成分分析法、层次分析法等予以确定。[①②] 其中层次分析法既集中了专家的意见和看法，又利用相应的数学工具对专家的意见进行处理，因而具有较强的客观性。我们利用层次分析法来确定各指标的权数。其基本步骤如下。[③]

1. 构造判断矩阵。选取若干有关方面的专家，利用比率标度法对各评价指标的相对重要性进行判断，取判断值的平均值后构造一个判断矩阵 B（其形式如表 1 所示）。

表 1　判断矩阵表

指标	C_1	……	C_n
C_1	b_{11}	……	b_{1n}
……		……	
C_n	b_{n1}	……	b_{nn}

---

① 刘西华：《大学生社会实践教育效果评价指标体系的构建——基于模糊层次综合评判法》，载《济南职业学院学报》2012 年第 6 期。

② 陈立力：《大学生社会实践评价指标体系与评价方法研究》，载《中国青年政治学院学报》2010 年第 29 期。

③ 庞彦军、刘开第、张博文：《综合评价系统客观性指标权重的确定方法》，载《系统工程理论与实践》2001 年第 21 期。

其中各元素 b_{ij} 表示横行指标 C_i 对各列指标 C_j 的相对重要程度的两两比值，用1、2、…、9或其倒数表示。

2. 计算各指标权重。数学原理证明：对判断矩阵 B 求最大正特征根，且通过求解 $BW=\lambda W$ 可获得排序值，归一化后得到各指标的权重。

3. 对判断矩阵进行一致性检验。使用层次分析法计算评价指标的权数，重要的一条是保持思维逻辑的一致性，即专家在判断指标的重要性时，各判断之间应协调一致，不能出现矛盾的结果。数学上已经发展出了相应的方法对专家的判断结果进行检验。如果判断矩阵不能通过一致性检验，应将有关结果反馈给专家，对判断矩阵进行修正，直到通过一致性检验为止。

按上述步骤，各级指标权重如表2所示（为了便于评价，每项指标的权重取5的倍数）。

表2　大学生社会实践评价指标和权重

一级指标	权重（%）	二级指标	权重（%）	观测点	权重（%）
实践主题	15	选题满意度	50	专业贴近度	60
				社会需求紧密度	
		选题难度	50	选题难度	40
实践计划	15	计划完整性	40	实践计划翔实程度	50
				实践计划全面程度	50
		计划可行性	60	实践计划可行性	100
实践态度和能力	30	实践态度	60	团队合作	40
				爱岗敬业	30
				主动性	30
		实践能力	40	沟通能力	20
				应变抗压能力	30
				资源利用能力	20
				总结归纳能力	30

（续表）

一级指标	权重（%）	二级指标	权重（%）	观测点	权重（%）
实践成果	40	实践总结报告质量	50	科学性	40
				创新性	30
				实用性	30
		其他物化材料	20	指导老师记录、鉴定	20
				实践单位证明、鉴定	20
				队员实践日记、感悟	30
				媒体报道情况	10
				有关活动照片	20
		成果答辩情况	30	语言流畅性	30
				表达准确性	40
				逻辑严密性	30

（三）考核评价计算

假设评价小组共有 P 人，每人对该社会实践的评价情况在实践成绩（W）中的权重分别为 b_i，每位评价者对该社会实践的评价情况的实践成绩为 $c_j=\sum_{i=1}^{n}\omega_i x_i$，则社会实践成绩为 $W=\sum_{j=1}^{p}b_j c_j$。

其中，ω_i 为一级指标的权重，x_i 为一级指标的得分，n 为一级评价指标个数；一级指标 x_i 由二级指标加权合成得到。设第 i 项一级指标所对应的二级评价指标为 l 项，权重为 w_{ij}，在二级指标各项中的得分为 x_{ij}，则 $x_i=\sum_{j=1}^{l}w_{ij}x_{ij}$，在本文中，由于第 j 项二级指标下所对应的观测点为 h 项，则此项在总排序中的权重为 w_{ijk}，在二级指标下对应观测点的得分为 $xijk$，二级指标的得分为 $X_{ijk}=\sum_{k=1}^{h}w_{ijk}x_{ijk}$。

四、社会实践考核结果的应用

社会实践考核结果的运用主要体现为考核的四大功能，即鉴定功能、导向功能、激励功能以及反馈调节功能。

（一）鉴定功能

大学生社会实践的鉴定功能是大学生社会实践考核评价的基本功能，即通过对大学生参加社会实践这一活动在考察认定的基础上作出大学生参与这一活动成绩是否合格、成绩高低的判断。我们借助这一基本功能，可以对参加社会实践各个单独的个体进行区分辨别，进而根据不同情况对他们开展有针对性的指导，以提高大学生开展社会实践活动的质量，促进大学生社会实践取得实效。

（二）导向功能

大学生社会实践考核评价的另一个重要功能就是导向功能，也即考核评价其自身带有一定的方向性，其意指考核评价的主体在选取各项指标、确定考核指标所占权重等时是有所倚重的，是带有方向性的，是有自己的标准的。确定后的各项指标和指标的权重等是引导考核评价的对象朝着预设的目标来进行的，也就是我们通常所说的“指挥棒”作用。这样就使大学生在参与社会实践活动中必须按照目标来进行努力，否则就难以取得好的成绩。因此，我们在对大学生参加社会实践活动进行考核评价时，就一定要设计好符合教育规律和正确方向的考核评价指标体系，只有这样才能确保大学生社会实践活动不走样，取得实效。

（三）激励功能

激励功能是大学生社会实践考核评价的必然结果，从心理学角度来看，人都有希望得到好的评价和实现自身价值的心理趋向。对大学生参与社会实践活动进行考核评价并进行分等评定，这对得到好的评价的大学生来说将会获得心理满足感，将使他们在以后的社会实践活动中更加努力，以取得更好的成绩。而对于获得不好评价的大学生来说，这对他们是一种鞭策，将促使他们在下次活动争取好的评价。但要使激励功能得到完全发挥，一定要制定合理的评价指标，且要符合教育规律。

（四）反馈调节功能

大学生社会实践活动是一项贯穿大学生社会实践活动全过程的活动，而在每一次活动结束后的考核评价，都可以及时反馈给学生，从而使学生及时发现存在的问题，并在下一次活动中采取措施予以解决。而对于组织者来说，通过对大学生社会实践的考核评价，也可及时发现考核评价指标、权重、指导方法等方面的问题，进而进行调节。通过考核评价的反馈调节功能，可以使大学生社会实践活动取得更好的效果。

第三节　平安湖南社会实践的成果转化

高校社会实践需要重视成果转化。[①] 高校社会实践管理部门要采用多种方式转化高校社会实践育人成果，通过正向引导和结果转化，带动师生积极参与社会实践，拉动学生投身于各式各样的创新创业及就业工作中，形成“全员、全程、全

① 刘希磊：《高校大学生社会实践成功经验及启示》，载《南昌高专学报》2012 年第 27 期。

方位”的社会实践育人工作氛围，做好社会育人的功能转化。①

一、社会实践成果的类型

（一）优秀学术论文

该类社会实践成果转换的过程中要注意两点：一是力求选题价值性和学术价值深度；二是可以寻求专业导师指导，将实践成果与指导老师的研究方向结合起来撰写的论文会更有价值。

（二）参加学科竞赛

竞赛是激发潜能和创造力的最好手段。调查研究、科技发明与研究等类型的社会实践结束后，可以将形成的学术成果进一步转化，通过参加竞赛检验成果的质量和水平。目前，平安湖南社会实践团体的部分实践成果在湖南省“挑战杯”大学生创业计划竞赛、湖南省“互联网+”大学生创新创业大赛等比赛中已取得了较为出色的成绩。

（三）领导的批示与肯定

向领导汇报实践成果的途径是直接找相关部门负责人，向其寻求帮助或提交调研成果，或者通过官方渠道由下属部门提交书面汇报。此外，写信也是一种比较常用的汇报渠道。特别是通过专家学者、人大代表或社会知名人士发出的信件、报告，也较容易得到批示。

（四）发明专利

申请专利对于开展科技发明与研究类型的社会实践，是比较常见的成果转化和成果保护方式。大学生在社会实践之后，要树立科研成果转化和保护意识。特别是对于那些具有实用价值的优秀成果，不能仅满足于撰写论文，更要注意“先申请专利，再发表论文”。

（五）媒体宣传

包括基层服务典型事迹的新闻报道宣传，优秀微记录短片以及社会实践典型照片等表现形式。

二、社会实践成果的转化方式

实践成果的转化，就是将社会实践的思想成果加以总结并在更大范围内交流的

① 商丽莉：《基于“三全育人”的大学生社会实践探索》，载《陕西教育（高教）》2021年第8期。

工作。[①] 这里介绍以下几种最为常见的实践成果转化方式。

（一）发表论文

通过社会实践成果转化发表论文，可以获得更大范围的认可，实现更大的社会价值。发表论文有以下意义：第一，是对社会实践成果的公开与再次鉴定。通过社会实践形成的报告，无论是自我认定还是学校评价，毕竟是小范围的鉴定结果。通过成果转化形成学术论文，如果能发表，则是更大范围地对社会实践成果质量的一次检验和提高。第二，有助于培养和提升大学生进行学术研究、开展学术交流的能力。撰写、修改和发表论文，本身就是一次科研实践，有助于进一步激发学习和研究的兴趣，并在这一过程中建立对某一学科的学术交流渠道，对未来继续深造、深化研究工作大有裨益。第三，为丰富人类知识宝库和促进社会发展作出贡献。

为培养学生的科学精神，保证学生社会实践论文的质量，避免与社会实践总结混淆，论文撰写过程中要遵循一定的学术规范。[②] 一份完整的实践论文应由以下几个部分组成：

1. 论文题目。论文题目应该用简短、明确的文字写成，通过标题把实践活动的内容、特点概括出来。题目字数要适当，一般不宜超过 20 个字。如果有些细节必须放进标题，为避免冗长，可以设副标题，把细节放在副标题里。

2. 学院名称及作者姓名。学院名称和作者姓名应在题目下方注明，学院名称应用全称。

3. 摘要（有英文摘要的，中文在前、英文在后）。论文需配摘要，摘要应反映论文的主要内容，概括地阐述实践活动中得到的基本观点、实践方法、取得的成果和结论。摘要字数要适当，中文摘要一般以 200 字左右为宜，英文摘要一般至少要有 100 个实词。摘要包括：

（1）“摘要”字样。

（2）摘要正文：摘要中应有数据、结论，是一篇完整的短文，可以独立使用，可供引用。中文摘要一般不宜超过 300 字。

（3）关键词：是为了文献标引工作，从论文中选出用以表示全文主题内容信息款目的单词或术语。每篇论文选 3～8 个词作为关键词。关键词列于摘要段之后。

（4）中图分类号：中图分类法是当今国内图书馆使用最广泛的分类法体系，共分 5 个基本部类、22 个大类。采用汉语拼音字母与阿拉伯数字相结合的混合号码，用字母代表大类，以字母顺序反映大类次序，字母后用数字作标记。

4. 正文。正文是实践论文的核心内容，是对实践活动的详细表述。这部分内

---

① 包家官、陈润欣、陈姝含：《新时代高校“三下乡”社会实践活动育人效果深化及实践路径研究》，载《陕西青年职业学院学报》2021 年第 1 期。

② 卢文辉、叶继元：《对学术规范内容体系的再思考》，载《高校图书馆工作》2019 年第 39 期。

容为作者所要论述的主要事实和观点，包括介绍实践活动的目的、相关背景、时间、地点、人员、调查手段组成，以及对实践活动中得到的结论的详细叙述。

要能够体现解放思想、实事求是、与时俱进的思想路线，有新观点、新思路；坚持理论联系实际，对实际工作有指导作用和借鉴作用，能提出建设性的意见和建议；报告内容观点鲜明，重点突出，结构合理，条理清晰，文字通畅、精练。字数一般控制在 5000 字以内。

5. 结束语。结束语包含对整个实践活动进行归纳和综合而得到的收获和感悟，也可以包括实践过程中发现的问题，并提出相应的解决办法。

6. 致谢。致谢通常以简短的文字对在实践过程与论文撰写过程中直接给予帮助的指导教师、答疑教师和其他人员表示谢意。

7. 公式。公式应居中书写，公式的编号用圆括号括起放在公式右边行末，公式与编号之间不加虚线。

8. 表格。每个表格应有自己的表序和表题，表序和表题应写在表格上方居中排列，表序后空一格书写表题。表格允许下页续写，续写时表题可省略，但表头应重复写，并在右上方写“续表××”。

9. 插图。文中的插图必须精心制作，线条要匀称，图面要整洁美观；插图在 6 幅以内，用计算机绘制；若为照片，应提供清晰的照片，比例一般以 1∶1 为宜。插图一律插入正文的相应位置，并注明图号、图题，每幅插图应有图序和图题，图序和图题应放在图位下方居中处，图序和图题一般用五号字。

10. 参考文献。参考文献是为撰写或编辑论文和著作而引用的相关文献信息资源，属于学术论文不可缺少的一个组成部分。参考文献是对前人成果继承的反映，尊重他人著作权的标志；是真实反映论文中某些观点、数据、资料来源的依据；是向读者提供检索信息资源的线索。按规定，参考文献应在文中引用的地方予以标明，并在文末列出。参考文献一律放在文后，参考文献的书写格式要按国家标准 GB 7714-87 规定。参考文献按文中引用的先后，从小到大排序，一般序码宜用方括号括起，不用圆括号括起，且在文中引用处用右上角标注明，要求各项内容齐全。文献作者不超过 3 位时，全部列出；超过 3 位只列前三位，后面加“等”字或“et al.”。中国人和外国人名一律采用姓名前后著录法。外国人的名字部分用缩写，并省略“.”。

在教师指导和帮助下转化形成的学术论文，一经完成即可选择向媒体投稿。这些论文可投向期刊报纸、网络出版物或论文集，一般以专业期刊为主。向期刊投稿时，要根据论文的内容、质量，对期刊的类别和级别有所选择，以提高投稿的效率。向期刊投稿，需要对我国期刊的分类分级相关知识有所了解，从而使论文投向适合的期刊，实现价值的最大化。

（二）参加竞赛

学科竞赛活动是在紧密结合课堂教学的基础上，以竞赛的方法，激发学生理论联系实际和独立工作的能力，通过实践来发现问题、解决问题，增强学生学习和工作自信心的系列活动，学科竞赛具有探索性、创造性和科学性，既无任何捷径可走，又需要付出艰苦的劳动。因此，开展学科竞赛活动，有助于培养大学生严谨求实的学习态度和勇于探索、积极进取的科学精神。① 学科竞赛在促进学科建设和课程改革，引导高校在教学改革中注重学生创新能力、协作精神、理论联系实际、动手能力的培养，在倡导素质教育，提高学生的创新能力和对实际问题进行设计制作的能力等诸多方面有着日益重要的推动作用。

1. 学科竞赛有助于大学生科研能力的培养。高校学科竞赛，除了能够培养大学生的实际动手能力外，更重要的是可以培养他们科学的抽象思维能力及科研能力。大学生参加学科竞赛，必然要进行文献资料查阅、竞赛方案设计、实验结果分析归纳等一系列活动。在这些活动中，他们在竞赛活动的时间、空间、科学知识等方面的应用，都得到了多角度、多层次的实践。这为他们今后科研能力的培养、独立科研工作及创新意识打下坚实的基础，增强了他们的竞争实力。通过学科竞赛可以深化科学知识的学习，扩大科学知识面，构建合理的科研知识结构；可以有效地拓宽思路和科研知识范围，学到许多书本上和学校里学不到的知识，拓宽了视野、增长了见识和才干。通过学科竞赛活动，可以重新构建合理的科研能力结构，增强探索和创新精神。

在科研氛围浓厚的高校里，通过参加学科竞赛活动培养大学生的科研能力是可行的。然而，从目前大学生学科竞赛现状来看，存在着学科竞赛成果质量偏低，参加学科竞赛的学生人数偏少等现象，因此学科竞赛需要高校内部各方面的共同协作，积极组织并参与到大学生科研能力的培养之中，是高校学科竞赛工作与时俱进、服务育人指导思想在实践中的真正体现。

2. 学科竞赛有助于大学生创新能力的培养。高校是培养创新型人才的摇篮，是向社会输送人才的源泉，现在有关高等教育改革对人才创新能力培养影响的研究论文很多，在此无须赘述。但是，高校学科竞赛在人才创新能力培养方面的作用则鲜见报刊。学科竞赛在大学生学习和成长过程中处于很重要的地位，其对大学生的知识和能力、人格和智慧、思想和行为等均具有深刻影响，自然对大学生创新能力的培养具有不可替代的作用。高校开展各种学科竞赛，是符合大学生创新能力的组成要素要求的，它将创新观念落实到学生的学习和生活中。一方面发挥培训和育人成才功能，培养和提高学生的创新能力；另一方面为学生提供成才的良好机会，使学生增强自主学习、自我提高和勇于创新的能力。

学科竞赛为大学生成才营造了良好的氛围。因此，要培养学生的创新能力，有必要开展专项的学科竞赛活动。但更重要的是要将能力培养贯穿于学生的学习和生

① 宋光海：《学科竞赛对大学生综合素质培养的积极作用》，载《文教资料》2012 年第 9 期。

活中，让他们树立创新理想，通过各种学科竞赛将他们培养成创新人才。对于一个志在成为创新型人才的高校学生而言，在竞赛活动中积极地钻研科学理论、自主地汲取知识营养，有利于他们逐步完善和提高个人综合素质。因此，高校学科竞赛对大学生创新能力的培养必然具有不可忽视的作用。

通过学科竞赛达到知识的积累，形成自己对新事物的认识，在潜移默化中形成新的科学知识点和方法论。达到这个程度以后，学科竞赛活动中获取的知识不仅仅应用于直接解决所面临的问题，也会激发大学生自身产生投入创新活动的想法，并试图独立解决许多问题，或者在前人所积累下来的宝贵经验及知识基础上整合自己的想法，经历创新活动的成功与失败，找到学习与生活的乐趣，增强创新自信心，从而树立创新理想。

3. 学科竞赛有助于大学生实践能力的培养。高等教育的根本任务是培养和造就大批具有创新精神和实践能力的人才，而组织学科竞赛是培养大学生实践能力的途径之一。大学生参加学科竞赛活动把所学的知识联系实际，在团队的通力配合下完成学科活动。活动对大学生的影响是多方位、多层次、多频率的，因此，学科竞赛有助于大学生实践能力的培养和增强。在高校的各类学科竞赛活动中，大学生把理论知识通过竞赛的方式进行分析，把专业领域中的实际问题深入解决，再加上教师有针对性的指导、管理和强化，实践能力在活动中就会逐渐得到加强，学生的综合能力得到提高。

通过学科竞赛培养大学生的实践能力有两种途径：一是学科竞赛活动的准备阶段，学生要进行大量的理论依据和科学数据的查阅，这个过程中学生所接触到的是已有知识的巩固和新知识的学习，他们在实践中积累了知识，锻炼了实践能力；二是学科竞赛阶段，这一过程学生的综合素质得到了历练，实践能力及解决问题的实际能力得到了提高。大学生实践能力的获得和增强不但是其全面发展的重要载体，而且有助于创造力的提升，对他们的择业、就业和创业有着重要意义。

4. 学科竞赛有利于大学生团队精神的培养。团队首先是一个集体，它是一个特殊的群体，是为实现共同目标而自觉合作、积极努力的一个凝聚力很强的社会群体。“精神”一词指意识、思维活动和一般心理状态，也可以指表现出来的活力。团队精神是团队成员关于团队意识和团队有关的一般心理状态，是团队成员对团队及团队相关事物的一系列态度的综合，包括对团队的正确认识、对团队的积极情感和积极反应意向三种心理成分，表现为对团队的认同和实际的支持性行动。

参加学科竞赛活动可以培养大学生的团队精神，这是高校落实素质教育的重要举措之一。培养大学生的团队精神可以让学生切身体会到互相帮助、互相学习的益处，并提高他们共同解决问题的能力；培养大学生的团队精神，有利于提高大学生与人共事时团结协作的主动性，有利于塑造良好的个性人格和提高个人的综合素质。因此，高校进行学科竞赛培养团队精神建设，对大学生个性化及认同自己社会角色的要求是有益的，也符合塑造学生良好个性的要求。

开展各类学科竞赛活动将增强大学生团队的凝聚力。比如，数学建模竞赛、程序设计竞赛、大学生广告艺术大赛、多媒体设计竞赛等。通过这些活动，学生在实践中体验团结协作的重要性，感受竞争与合作、个人和集体的关系，从而培养学生的团队合作精神。

5. 学科竞赛有助于大学生解决实际问题能力的提高。大学生解决实际问题的能力已成为衡量大学生素质的重要标志之一，并将成为高等学校培养目标的一个根本要求。因此，大学生实践能力备受社会各界的关注。解决实际问题能力主要是指知识的转化能力。具体来说是指大学生利用自己的专业知识来解决专业领域中实际问题的能力。如今的高校大学生在解决实际问题能力方面比较薄弱，高校在这方面对学生锻炼比较欠缺，学生亲自动手方面比较差，所学的知识理论实践应用方面欠缺，以至于毕业后走上工作岗位不适应，需要经过很长一段时间的社会实践才能进入角色。

高校学科竞赛组织大学生参加校内、外学科竞赛活动。学校和国家为大学生健康成长，搭建了一个个创新平台，开辟了一条条提升自我之路，创造了解决实际问题的环境，不断激发大学生的创造活力。一般来说，调查研究型社会实践转化形成的调研报告、学术论文等可以参加以“挑战杯”为代表的社会科学类课外学术科技作品竞赛，科技发明与研究等类型社会实践转化形成的发明成果、科研论文等可以参加相关专业类科技竞赛或综合类科技竞赛。

（三）申请专利

申请专利，第一步，准备申请文件，包括请求书、说明书、权利要求书、说明书附图；第二步，提交材料，可以选择两种方式提交材料：一是直接去专利局大厅或地方的专利代办窗口提交，二是通过邮寄的方式提交；第三步，接收国家专利局下发的受理通知书，通知书发放意味着专利的申请正式进入审批流程；第四步，缴纳申请费；第五步，通过专利局申请审查；第六步，领取专利证书。需要注意的是，相较于发表论文，专利的申请难度更大，申请周期也更长，通常为两年左右。

【拓展阅读】

大学生如何申请专利?[①]

专利权是知识产权的重要组成部分。我国的专利包括发明专利、实用新型专利、外观设计专利。发明专利的保护期均为20年，实用新型专利和外观设计专利

---

① 杨溢：《大学生如何申请专利?》，https：//www. zhihu. com/question/319800657/answer / 653516798。

的保护期为10年。

发明专利，既包括产品发明，又包括方法发明。产品发明必须在现有产品基础上有较大的进步，或者是创造未曾有过实质相似技术特征的产品。方法发明则可以包括制造某种产品的方法、配方、方法改进。值得注意的是，新发现的动植物本身不作为发明专利的保护范围，但是，如果提出一种养殖动植物的方法，用这种方法获取的动植物，则可以包括在发明专利的保护范围中。不能申请专利的成果还包括：商业模式、疾病诊断方法、体育竞技规则、智力活动规则、新游戏的规则、绘画和化妆技法、印刷品、科学发现、算法、数学模型、战术、原子核变换得到的新物质、涉及违法主体的产品及制造方法。但是，辅助实践商业模式的实物产品（如互联网手机），疾病诊断方法涉及的新药物新器械（如X光机），体育竞技和智力活动规则必不可少的实物工具（如撑杆跳的撑杆），辅助绘画和化妆的物品（如化妆盒），增加了图文载体以外功能的印刷品（如净水书本），凭借科学发现、数学模型生产的新产品和方法（如37滴焊接剂为周期的焊接方法和焊接机），辅助战术的器具申请国防专利（如无人机），原子核变换得到的新物质、涉及违法主体的产品及制造方法在境外申请专利，则是可行的。新游戏、计算机软件可以用软件著作权保护。

实用新型专利必须是有具体结构、形态的产品发明，而不是已知产品新的制造、使用方法发明。自2014年起，大型设备、系统不再可以申请实用新型专利，“大型设备、系统”包括但不限于：全套的路桥设备、建筑或建筑集群、完整的管线、空调通风系统、发电输电系统、气象站、灾害监测系统、天文台、乙类以上船舶、矿山采矿选矿机械、固废回收系统、污水处理系统。但这些系统和大型设备的零件、结构或组成模块的创新，可以申请实用新型专利。所谓实用新型，指的是对产品的改进相对较简单、容易实现的一些发明创造，或者通俗而言，它们更多的是一些小发明。当难以界定一个发明创造应该申请发明还是实用新型专利时，可以在同一天就同样的申请提出发明专利申请和实用新型专利申请。

外观设计专利是对已有产品的外观、颜色、形状，外表可见图案部件的位置、大小比例，以及外观装饰材料的透明与否作出改变的一些新设计，而不涉及材料的内部结构。外观设计的名称规范需要事先查询《外观设计洛迦诺分类》参考确定。

看过《哆啦A梦》的同学都知道，其中有各种各样名称奇特的发明，但是名称奇特并不一定能彰显发明或实用新型的特征。因此，发明或实用新型的名称，不在于有多么新奇，而应以概括其所属的领域为要，同时可以彰显其特点，如“球阀减压节水水龙头”“热水双向螺旋对流卤素灯冷却装置”“冷冻盐水相变制冷系统”等。如果已有的同领域产品较多，或者用不多于25字难以概括全部特征，也可以直接在发明或实用新型产品所涉及类别前加“一种”二字，如“一种钛合金焊接方法”“一种香水”“一种钢笔”等。当然，好的发明或实用新型名称，有利于投资人在浏览卷帙浩繁的专利公报过程中眼前一亮，发明人也就容易得到更好的机遇。

有时一个发明或实用新型的原理可以应用到多种实施例涉及的产品中，这种情况下，可以将基于同一原理、同一思路的发明或实用新型放到一件申请中。例如，“一种沸石分子筛及该分子筛的制备方法、用途”。

三、社会实践成果的应用推广

(一) 推广价值

社会实践是大学生成长成才的重要途径，是大学生思想政治教育的有效途径。组织开展大学生社会实践，对于促进大学生了解社会、了解国情，增长才干、奉献社会，锻炼毅力、培养品格，增强社会责任感具有不可替代的作用，推广大学生社会实践活动具有重要的现实意义。①

1. 社会实践是大学生接受教育的必要途径。“受教育”是大学生社会实践价值之一。大学的德育目标是培养适应社会主义现代化需要的建设者和接班人，提高大学生思想政治素质是高校的首要任务。我们要在做好课堂思想教育的同时，积极引导学生参加社会实践，在实践中育人。大学生通过社会实践，了解国情、了解社会、坚定信念、增强责任感和使命感，树立正确的世界观、人生观、价值观。

社会实践有利于大学生认识国情和坚定信念，使大学生受到实实在在的爱国主义教育，使他们的民族感情得到升华，真正体会到我们民族的伟大，真正体会到一个炎黄子孙肩负的责任。通过社会实践，使他们真实地感知自身的责任，使他们真实地感受到改革开放取得的巨大成就，加深对党的改革开放政策的理解，坚定对中国特色社会主义的信心，增强对党、对人民、对社会主义的真情实感。

2. 社会实践是大学生增长才干的必然要求。“长才干”是大学生社会实践价值之二。未来的大学生将成为社会主义事业的建设者和接班人，要担负起振兴中华、实现现代化的历史重任，就必须在实践中培养和塑造他们的品格，锻炼他们的毅力，提高他们的能力素质。社会实践有助于大学生增长才干、锻炼毅力、培养品格、提高素质。

社会实践有利于大学生正确认识自己，对自身成长产生紧迫感。通过广泛的社会实践活动，能让大学生看到自己和社会需要之间的差距，看到自身知识和能力上存在的不足，比较客观地去重新认识、评价自我，逐渐摆正个人与社会、个人与人民群众的位置。同时会产生一种紧迫感和危机感，使他们能够潜心思考自身的发展问题，不断地提高自身的素质和能力，以适应社会发展的需要。

3. 社会实践是大学生奉献社会的必由之路。“作贡献”是大学生社会实践价值

① 盖铁生：《大学生社会实践的价值》，载《中国科技博览》2010年第6期。

之三。大学生是民族的希望，祖国的未来，社会主义事业的建设者和接班人，服务社会、服务人民既是进入社会岗位前的主动实验和自我锻炼，也是在为社会作贡献，既是大学生个人成长的需要，也是社会发展的需要。社会实践是大学生奉献社会的必由之路。

“受教育”，能帮助大学生促进思想方法的转变，坚定信念，树立正确的世界观、人生观和价值观；“长才干”，可以增强大学生自身的实力，提高大学生的自身素质；“作贡献”，也就是大学生自身对外部社会的影响和作用，大学生在社会这个广阔的天地充分发挥自己的专长，服务于人民、服务于经济、服务于社会。这就是大学生社会实践的价值所在。

（二）推广的过程

1. 对原成果的学习与认识、提炼。首先，收集、学习、分析社会实践的有关资料；其次，成立实践成果推广小组，制定保障制度，组织管理网络，具体分工；最后，总结、提炼推广重点，做好实践成果推广计划。

2. 实践阶段。不断反思、探索、创新实践成果的推广方法，组织开展观摩活动，交流社会实践活动的开展经验，分阶段完成、落实应用目标。

3. 总结阶段。运用多种方法对成果效益进行教育评价；主要包括收集案例、活动资料，整理、汇总推广资料以及形成成果应用分析报告三个环节。

（三）成果的创新应用措施

1. 创设推广条件，保障成果的有效推广。为保证社会实践成果的有效推广，成立推广领导小组，实行分层管理，组织学习实践成果，制订详细的推广计划，同时聘请专家指导推广工作，最后，完善考评制度，鼓励积极进取。

2. 创新成果推广措施，加速成果转化。整合成果内容，发挥成果效能。将社会实践与立德树人紧密结合起来，发挥社会实践在培养学生综合能力和素质方面不可替代的作用，树立自觉、主动参与各项社会实践活动的良好行为意识。同时，抓住实践成果推广的契机，使实践教育更有渗透性和自发性。

3. 环境熏陶，形成良好的参与社会实践的氛围。首先，注重树立两个方面的榜样：一是师德榜样，建立一支高素质的社会实践指导工作队伍。二是树立同伴榜样，通过对社会实践先进集体、个人的表彰，激发全体同学参与社会实践活动的积极性和主动性。

4. 深入社会实践教育科研。通过承研与社会实践相关的教研、教改课题，对社会实践成果进行理论层面的梳理，使得后续的社会实践活动在理论指导下更具科学性和实效性。

（四）推广成效

1. 学生的综合素质得到了全面、和谐的发展，特别是在开展平安湖南社会实践活动中，增强了对公安事业的认同感、归属感和自豪感。通过一系列实践活动的锻炼，对公安业务知识也有了更深入的理解和认识。

2. 形成大量有价值的有关资料。积累了大量的、有价值的关于社会实践的活动方案、执行过程、经验总结等，为成果的进一步推广提供宝贵经验。

3. 取得了一些突出的成绩，为学校争取了荣誉。因为在平安湖南社会实践活动中的突出表现，平安湖南实践团队先后获得共青团中央、共青团湖南省委员会、湖南省教育厅等部门的表彰，社会实践成果先后获得湖南省挑战杯、湖南省互联网+创新创业大赛的奖励。

思考与作业

1. 社会实践报告包括哪些类型?
2. 简述社会实践考核评价指标体系的构建原则。
3. 简述社会实践成果的类型。

阅读文献

1. 陈淮民、张和平主编:《大学生创新发明与专利申请教程》，合肥工业大学出版社 2017 年版。

2. 刘江海等主编:《创新与专利》，华中科技大学出版社 2020 年版。

3. 张浩主编:《调查报告类文字材料写作范本》，北京工业大学出版社 2012 年版。

4. 廖金宝主编:《大学生社会实践活动“作品化”指导教程》，华南理工大学出版社 2020 年版。

第七章　平安湖南社会实践的发展规划与管理

【教学目的和要求】

了解社会实践活动的短期规划、中期规划和远期规划，掌握社会实践制度的种类和建设方式，掌握社会实践活动的运作流程并能够用于指导具体社会实践活动的开展，掌握社会实践活动综合保障机制的构建和运作。

【教学重点和难点】

- 平安湖南社会实践的发展规划
- 平安湖南社会实践的管理制度种类
- 平安湖南社会实践的运作流程
- 平安湖南社会实践的激励约束机制和考核机制
- 平安湖南社会实践活动的综合保障机制

【学习导读】

大学生社会实践制度建设是社会实践活动的保证和基础，只有建立健全、完善的实践管理制度，活动才能有张有弛地顺利开展下去。本章内容分为三大块：平安湖南社会实践的发展规划；平安湖南社会实践的制度建设；平安湖南社会实践的综合保障。

第一节　平安湖南社会实践的发展规划

随着社会对社会实践在各方面的要求和实践模式的改变，实践活动不断呈现出内容专业化、实践制度规范化、社会实践领导组织科学化和活动社会化的趋势。只有在完善的社会实践活动环境下才能充分发挥大学生的主体性，使大学生在社会实践中思想得到升华、能力得到提高、意志得到锻炼，能实现不断完善自我的目的。[①] 因此，制定一套完备的平安湖南社会实践近期、中期以及长期发展规划，构建一个完善的社会实践环境，才能保证社会实践开展的内容与实践主体的专业密切结合，用规范化的实践制度作为实践活动开展的依据，在科学的实践组织管理形势下开展实践活动，促进平安湖南社会实践活动的蓬勃发展。

一、短期规划

充分发挥校局合作（校企合作）的平台优势，开展平安湖南社会实践新模式的探索。校企合作是我国高校教育教学改革转型发展的一个重要手段，同时也是高校实现健康稳定发展的一种内在需求。目前，湖南警察学院已与湖南省内 14 个市州公安部门建立了院局合作平台，为开展平安湖南社会实践活动建立了良好的平台优势。

社会实践活动旨在加强大学生思想政治教育，为社会培养专业型人才。在这种背景下，校企合作下的大学生社会实践活动越来越普遍。但目前高校社会实践活动存在一定弊端，亟须创新实践活动模式，让校企优秀文化融汇相通，使大学生在社会实践活动中得到成长，凸显大学生社会服务功能，更好地为社会输送人才。

（一）院局（校企）合作的意义

大学生社会实践活动是指在校学生利用课余时间，以提高自身综合素质开展的全部社会性活动。学校和企业联合培养，可以将学生自身所学的课堂知识运用到实践锻炼中，达到学以致用、知行合一的目的。特别是对于平安湖南社会实践活动而言，主要是与基层公安实战部门共建的合作平台开展社会实践活动，更能培养学生的实战能力，也体现了公安院校面向实战、服务实战、融入实战的人才培养特点。

（二）院局（校企）合作的优势

在教育条件和实习实训受限的情况下，大部分高校不具备培养全面型人才的教育条件，在一定程度上打击了学生的自我创造性和动手能力。校企合作是指学校和企业共同合作参与到人才培养的过程中，也是实现学校和企业共赢的一种途径。校企合作培养有利于大学生提前了解社会工作现状，避免毕业后在工作岗位长期处在“过渡适应期”。校企合作有利于培养学生的创新意识，提高其独立思考和分析解决问题的能力。

（三）院局（校企）合作的举措

1. 完善社会实践活动项目化管理模式。高校社会实践活动存在内容深度不够、专业结合度不够、为社会服务度不够等问题，把社会实践活动进行项目化管理，是高校推进社会实践活动创新性发展的有效模式。项目化管理的过程包括：起始过程、计划过程、执行过程、控制过程和结束过程，这五个过程在项目管理的具体工

---

① 任娟：《当代大学生社会实践教育研究》，陕西科技大学 2014 年硕士学位论文。

作中循环往复，是前后衔接的，是相互输入输出关联的。因此，社会实践项目要经过组建团队、选题申报、立项、实施开展和验收评估五个阶段，这就要求实践活动在有限的时间内完成，在各阶段具有明显的周期特征。校企联合下的社会实践活动有利于长期开展和传承，让学生之间相互友好配合，减少了资源的浪费，避免盲目开展，使有效活动达到最优化。

2. 实现理论与实践相结合的育人模式。当下，高校面临着如何将当代大学生培养成社会主义事业合格建设者和可靠接班人的严峻任务。社会实践活动可以由来自不同专业、不同年级的学生自由组成，多学科的交流可以让学生在前期准备工作中发挥各自的优势，利用在学校中获取的专业知识与企业对接，能帮助解决社会实践团队在活动中面临的实际问题。学生通过自身专业开展交通安全科普宣传、禁毒宣讲以及走入社区开展帮扶等，都是理论知识与实践锻炼相结合的体现。

3. 提高学生适应社会和服务社会的能力。社会实践活动是提升大学生适应社会、服务社会的重要环节，学生通过全过程参与实践，不仅进一步检验和巩固在“学校课堂”中学到的理论知识，而且促使学生将所学知识和练就的技能应用到“社会课堂”中分析问题、解决问题，脱离传统的“在家靠家长，在校靠教师”的依赖性，使大学生的自立能力得到强化，帮助大学生了解自己的社会位置和将担负的社会责任，增强民族自豪感、自尊心和责任感，增强他们的挫折承受能力和自控能力，从而增强学生的社会适应能力。

二、中期规划

（一）实践教育的专业化

我们应对实践活动的模式进行有效的改革，多建立与学科专业相结合的实践活动，多开展具有较强课题性、有深度的实践活动。伴随着对实践活动模式的不断改革，在校大学生更愿意参加较专业的实践活动，这类事件活动能帮助他们更好地重温专业知识、加强实际的操作技能，学生能更快地融入社会发展进步的步伐中，不但能锻炼自己而且可以给社会带来经济效益，使学生和社会双方受益。

专业化的社会实践活动符合高校学生对实践活动在理论与实践上的需求，它的特点就是使实践内容更专业化、更具有针对性。学生可以根据自己所在专业的不同，参加与自己所学专业相一致或相关的实践活动，有的放矢地把专业知识与其对口的专业实习或实践联系起来，使其在参加实践活动时能更好地发挥自己的专业特长。要提高社会实践活动的专业化，必须实现实践内容的专业化，所谓实践内容专业化，是指高校社会实践活动的开展是以专业化和课题化的目标来开展的，这种实践活动的目的就是要实现在实践中就能提高学生的思想素质、提高专业技能、提高他们的社会责任感以及使命感，并能为社会的发展提供一定的精神文明和物质文明成果。在实践活动不断开展、选题不断深入的情况下，学校对实践活动专业性的开展体现了一个学校在实践活动开展方面的专业化程度，是衡量一个学校在实践方面发展水平和深度的非常重要的标准。

要注重社会实践活动与专业学习的紧密结合，加强专业类实习项目的推广，实现实践活动和专业课题相联系，可以实现在实践活动中培养学生的专业学习能力、科技研究能力。同时，还要加强实践活动中的技术水平，提高实践的服务和效益，针对学生对所学专业发展的要求，组织以拓宽专业领域和提高职业技能为主要目的的社会实践活动，使参加实践活动的学生更加明确所学专业的发展趋势和做好个人前程规划的重要性。

针对社会实践内容专业化发展的需要，我们可以组织和开展特色专业实践活动。例如，教学与实践联合的实践模式，这种模式可行性强，是在课堂教学过程中进行的实践活动，理论联系实践的教学方式。这种实践模式运行方便、实用性很强，并有很强的针对性，同时也给更多的同学提供了参加专业课程实践的机会。这种实践模式可分为："一边讲一边实践" 和 "先讲—后实践—再讲" 两种。

针对社会实践内容专业化这一改革目标，我们应建立集教学、实践、实习于一体的实践模式，才能满足不断发展的社会对实践活动的要求。这种实践模式是把专业理论、实际应用和教学实践等融合在一起的实践形式，在实践的过程中有专业教师对学生的学习和实践进行及时的指导与协助。

（二）实践教育制度的规范化

组织学生参加社会实践是我国教育政策的重要组成部分，是实施党的教育目标和推动大学生素质教育的重要举措和不能省略的环节，是促进科技与文化、教育与经济结合的重要形式和途径。当前从高等院校社会实践活动进行的总体上看，缺乏完善的制度规范，在这种情况下，就很难建立系统的社会实践制度为高校社会实践提供指导，实践制度的不完善会直接导致从国家到地方及学校领导组织机构的建立缺乏具体、明确的指导方针。

高校社会实践活动要有进一步的开展，就要建立统一的、健全的、具有可行性的社会实践制度体系，并根据各方面的发展不断作出调整。实践制度规范化是指在对大学生社会实践活动的过程和规律的研究，并结合具体实践活动的发展需要制定出的有关实践活动的权威性的制度。社会实践制度的规划需要各级政府及单位在组织制定正确的实践制度，并做到各级相互沟通，针对具体的实践活动做到相互协调、相互补充，调节好衔接不够合理的地方。

同级参加实践单位应该做好沟通工作，特别是学校和实践基地建设单位和提供单位之间的沟通问题。

首先，学校在建立整体教育计划时应把社会实践作为一个必要的、重点的工作进行。针对具体的实践活动制定实践规范和配套文件对社会实践的指导思想、实践目标、实践形式和内容、成绩考核、工作量计算、奖励办法等政策作出明确的规定，并随着高校体制的改革对实践制度进行相应的改革。高校可以根据具体的实践活动制定详细的管理细则、制定具有针对性的活动流程、审核评价制度和报告制度，这些制度的建立对社会实践活动的顺利开展具有很重要的规范作用。

其次，高校制定实践活动制度应从准备到实施再到巩固实践成果，建立一套完整的规范化制度。在社会实践活动的准备阶段要对实践活动的目标、内容、时间等作出具体、充分的规划和安排。在实践活动实施中，按照计划有步骤地进行活动，同时要考虑实践活动中的突发事件，制定出解决方案，采取有效措施。实践结束以后，组织参加人员进行全面总结沟通、成绩考评方式、工作数量和质量考核制度、报告讲演和结果展现及总结表彰等。

最后，加强实践的课程化建设，建立一套实践成果与高校学生课程学分挂钩的制度体系。高等院校应把社会实践活动规定为重要课程之一，并放入教学管理机制中，把参加实践的考核成绩作为评审优秀学生和奖学金的一个重要方面，制定详细的考评办法，分年级分等级进行考评，每年或每学期进行考评。把评定的成绩纳入最终考试成绩中。学校各有关部门应增强对实践活动的指导，形成推动大学生社会实践的动力，引导学生处理好课堂学习和参加社会实践的关系。高校社会实践制度的人性化改革应与社会实践结合，根据具体情况制定一套比较完善的、有效的实践制度，并根据社会发展对实践活动的要求不断完善。

（三）实践教育的社会化

大学生社会实践的社会化就是把社会实践的范围不断扩大，让更多的个人和组织认识社会实践、参与社会实践、愿意支持和资助大学生社会实践活动，使社会实践活动得到更广泛的关注，得到更多的资金、人力和物力支持。让更多的人为社会实践的扩展和深入作出贡献。

社会实践活动的社会化主要有实践的主要参与者（学生）、实践的主要载体（实践基地）。针对实践活动的主体进行的社会化主要是对大学生在思想意识上、在实践活动上进行的社会化。对学生在思想意识方面的社会化，主要是让学生通过社会实践活动来提高自我认识，认识到想象中的自己与实际生活中的自己存在多大的差距，认识到自己的优点和不足，及时改变自己、完善自己，提高自信心和自我认同感，针对自己存在的缺点和不足及时在学习和生活中作出改变，为自己将来走上社会、走上工作岗位打下良好的基础。

同时，可以提高自己在社会中的“角色感”，所谓角色感，是指在不同的地方有不同的身份，如在社会中的地位，在一个家庭中是子女、在学校中是学生、在实习单位是临时员工等，通过社会实践可以让学生提前融入社会，提前认识到自己所在地位的责任。在这方面的培养有利于学生树立良好的责任感、使命感和自觉性。

针对实践活动基地的社会化是指实践基地要面向社会、面向全国的学生，建立专业化的实践基地，这样的实践基地具有专业性、专业化，它是针对某一专业专门建立的实践场所，这样的实践基地可以面向全国，也就是说全国各大高校的这个专业都可以来这个特别有针对性建立的基地进行实践学习。这样的基地既节省了国家政府部门的经费投入，减少了社会单位建立基地的负担，还为高校节约了管理成本，同时更重要的是，为学生提供了特别专业的实践场所，提供了良好的实践环境，也能保证实践的质量。

三、长期规划

2019 年 3 月 18 日，习近平总书记在北京主持召开的学校思想政治理论课教师座谈会上发表重要讲话时反复强调实践教学的重要性，指出要推动思政课改革创新，坚持理论性和实践性相统一。因此，要将坚持探索高校思政课实践教学与大学生社会实践协同发展路径作为平安湖南社会实践发展的长期规划。高校思政课实践教学与大学生社会实践是高校实践育人的两大载体，二者存在许多共通性，能够通过协同创新、融合发展，最终形成实践育人合力，共同完成高等教育立德树人的使命。

为全面贯彻落实《新时代高校思想政治理论课教学工作基本要求》的精神，推进新时代高校思政课实践教学与大学生社会实践协同发展，更好地发挥高校思政类实践教育的功能，形成实践育人合力。

（一）突出实践教育主题

要将实践教育和教学作为高校教育工作的重要主题来抓。一方面，坚持以思政课实践教学为全面性的主体工作，以融入思政课内容的大学生社会实践活动为局部性重要补充，做到主次分明、统筹协调、融合发展；另一方面，应当坚持协同育人原则、理论联系实际原则、全过程育人原则、紧密联系学生原则和整合资源原则，通过开展思政教育类实践教学工作，使大学生加深对思政教育内容的理解、认同和掌握，掌握并运用中国化的马克思主义理论去分析各种社会现实问题，指导自身行为，自觉提高政治素养，培养民族精神和爱国情怀，在实践中不断提升是非判断能力和自主创新能力，努力成长为德智体美劳全面发展的社会主义合格建设者和可靠接班人。

（二）转变实践教育观念

思想是行动的先导，先进的价值理念能够引导实践向着正确的方向发展。因此，要促进高校思政课实践教学与大学生社会实践协同发展，首先必须转变传统教育理念，从思想意识上充分重视实践育人在高校立德树人过程中的重要作用。一方面，学校管理层要深刻认识到素质教育是高校思政课实践教学与大学生社会实践的共同责任，坚决摒弃过去重理论、轻实践的教育观念，牢固树立实践育人理念，坚持协同育人原则，并落实到日常教育工作中；另一方面，无论是高校管理者，还是思政课教师，以及专业课教师，都应当围绕促进学生全面发展目标，将实践育人理念落到实处；要对大学生进行思想动员和实践技能培训，让他们从思想意识上充分重视实践教育活动，将实践教育理念贯彻落实到日常学习、生活和工作中，自觉提升实践能力和创业、就业能力。

（三）创新实践教育载体

要实现实践教育载体共建共享，使教育资源物尽其用，保证学生拥有足够的实践教育机会。一方面，要充分发挥网络实践平台的优势，促进高校思政课实践教学与大学生社会实践协同发展。思政课一般具有鲜明的时代特征，实践育人的教学方式和手段也应当不断创新。因此，要鼓励高校思政课教师运用微信、QQ 等新媒体手段指导大学生开展实践活动，做到线下教学与线上交流相结合，构建立体化的实践教学新模式，形成实践育人的强大合力。另一方面，要完善高校实践育人模式。通过将不同专业、不同年级的大学生全部纳入实践活动参与者的范畴，从而扩大实践教育覆盖面。此外，将社会发展与学生个人发展相结合，使大学生在接受课堂教育的同时接受社会教育，从而全面提高学生思想素质，使学生综合素质能够满足社会需求。

（四）整合实践教育资源

推进高校思政课实践教学与大学生社会实践协同发展是一项系统工程，因此，需要整合各种教育资源。一方面，应当整合校内外教育资源，既要在校内以思政教育为目的，以高校学生会团体为依托，举办校园实践活动，还要走出校园，积极推动高校与政府、企业、乡村、社区、社会组织之间协同配合，实现实践教学与学生成长成才需求相统一，从而促进大学生全面发展；另一方面，应当加强社会实践基地的建设，将校内外的实践教学资源整合在一起，形成多主体开发实践教学内容的格局，保证社会实践的稳定性和持续性，让大学生在专业课实践中提高职业技能的同时，使自身思政素质也得到提升，从而实现思政教育健康发展。

（五）改进实践教育管理

促进高校思政课实践教学与大学生社会实践协同发展离不开完善的制度保障。一方面，要强化高校思政类实践教育工作的组织保障，设立专门的领导机构，并建立融合思政课实践教学与社会实践的教学体制，将思政教育内容有效融入社会实践活动全过程；另一方面，要强化高校思政类实践教育工作制度保障。首先，应建立社会实践过程和效果的评价体系，制定激励机制和奖惩制度，从而充分调动广大师生的积极性。其次，应建立社会实践成果转化推广机制和信息服务平台，通过搭建成果转化推广平台，将开展社会实践的成功经验及时推广普及。最后，应成立思政教育实践活动基金会，严格落实高校思政课生均建设经费标准。通过以上措施促进实践教育管理科学化，从而推动高校思政课实践教学与大学生社会实践协同发展。

第二节　平安湖南社会实践的制度建设

大学生社会实践管理制度建设是社会实践活动的保证和基础，“无规矩不成方圆”，只有建立健全、完善的实践活动管理制度，实践活动才能有张有弛地顺利开展下去。① 平安湖南社会实践管理制度的建立本着以人为本的原则、总结经验的原则、科学预见的原则、原则性、统一性与灵活性相结合的原则、系统性原则、连续性与稳定性相结合的原则以及实效性原则，加强社会实践课程的管理与制度建设，提高社会实践课程教学实效。

一、社会实践制度的概念

目前高校学生社会实践活动还存在着形式单一、参与覆盖面有限、程序不够规范、与地方需求脱节、组织保障不力、考核认定不科学等问题，虽然已开展了大量的学生社会实践活动，但活动质量及其影响力、针对性、实效性非常有限，在这种情形下，高校学生社会实践活动制度化是解决诸如此类问题的有效方式。所谓制度化，是指“群体和组织的社会生活从特殊的、不固定的方式向被普遍认可的固定化模式的转化过程。制度化是群体与组织发展和成熟的过程，也是整个社会生活规范化、有序化的变迁过程”②。科学进行高校学生社会实践活动的制度设计，制定一系列制度举措，实现大学生社会实践活动的制度化目标，是解决当前大学生社会实践活动中存在的问题、提升其质量和育人成效的重要保障。这一系列制度举措就被称为社会实践制度。

当前，国内各高校都已基本形成了一套与各校实际情况相结合的大学生社会实践制度。从宏观角度看，主要包括《大学生的社会实践活动实施细则》《大学生的社会实践活动实施办法》等文件；从微观的角度看，则主要包括《大学生社会实践指导手册》《大学生社会实践团队管理办法》《大学生社会实践经费管理办法》《大学生社会实践后勤保障管理办法》《大学生社会实践安全细则》《大学生社会实践考核评比细则》等制度。

二、社会实践制度的分类

（一）政策引导制度

建立完善的政策引导制度是调动社会实践活动高校相关部门积极性、主动性，

---

① 梅爱冰：《大学生社会实践活动保障机制的建立与完善》，载《学习月刊》2011 年第 6 期。

② 《中国大百科全书・社会学卷》，中国大百科全书出版社 2004 年版。

全力配合实践活动的必要举措。高校根据社会实践存在的问题建立强有力的政策引导机制，建立政策性的奖励机制，对积极配合大学生实践活动的各级部门进行奖励。根据不同单位、部门在具体的社会实践活动中所作出的努力和贡献不同给予不同的政策鼓励、资金奖励或荣誉。①

对于不配合、不支持当地大学生社会实践的部门或个人给予批评教育。只有建立健全的政策引导机制，学生的社会实践活动才能得到各方的支持和扶持，学校才能根据各个年级和各个专业的特点更好地组织实践活动、安排实践活动，达到培养学生提高专业技能，提高学生思想政治水平的教学目的，才能为国家和社会培养出德、智、体、能全面发展的人才。

（二）领导组织制度

在社会实践开展后，学校、实践基地提供单位和地方政府应根据实践活动开展的目的、规模、时间和特点建立起具有针对性的领导班子。在学校应成立专门负责学生实践活动的教务处、学工处、后勤处、科研处等来负责全校社会实践活动的安排和运作，社会实践基地提供单位应建立技术负责部门、生产管理部门、后勤保障部门等对实践活动进行监督和管理，对参与实践活动的在校大学生在生活、实践和思想上给予指导、扶助和重视。地方政府应建立鼓励大学生社会实践活动的激励制度和管理制度，以鼓励更多的社会单位在经济和活动上支持本地区的大学生社会实践活动。三者之间，政府应利用自己的特殊身份发挥其组织引导作用，对学校、基地提供单位和其他社会资源进行整合，共同努力形成一个针对大学生社会实践活动的领导组织机制，来解决实践活动中遇到的可预测和不可预测的困难、问题以及突发事件。

（三）实践基地制度

在实践基地的建设方面，政府应建立各种鼓励制度和支持政策来调动各种组织和个人对实践活动在资金、人员、基地上的支持和积极性。应当建立学校与实践基地之间的线上联动机制（如虚拟教研室等平台），这样有利于双方对社会实践中出现的问题及时进行沟通和解决，省去了以前学校有关部门要去实践基地做回访、去征询意见和建议所花费的时间和精力。

把实践基地的建设纳入对学校院系成果的考评中，这样会加强院系对实践基地建设的重视。学校要善于利用本学校的强势专业和先进的科学技术吸引外部投入，建立共赢的、长期的、稳定的社会实践场所。根据不同的社会实践性质，可以建立不同的社区化社会实践基地，这是一种在高校周边进行的社区服务实践活动、就近进行社会实践的教育活动。这种实践具有很多特点和好处，它既可以节约实践资

---

① 汪如春、鲁宇红、黄淑婧：《论大学生社会实践运行机制的构建与完善》，载《淮海工学院学报（人文社会科学版）》2013 年第 11 期。

金，还可以长期与基地提供单位保持合作关系，建立稳定的实践基地。

（四）指导工作制度

社会实践的指导工作主要包括两个方面：一方面是学校针对实践需要指定的老师对学生社会实践活动的指导和管理；另一方面是实践基地单位对学生参与实践活动的监督。两个方面的管理必须相互协调、沟通和协作，才能在有效的管理机制、管理环境下管理好、服务好大学生的社会实践活动。

学校根据实践活动的需要对实践活动安排老师，一般都具有较强的专业知识和专业技能，侧重于理论上的指导，是某一专业领域的专家，专业老师的指导对学生开发创新思维、开展社会实践活动的广度和深度起着重要作用，在实践过程中能对学生的专业实践操作进行指导。实战部门派出的指导人员侧重于实践操作指导，他们一般都有多年的一线工作经验，在具体的动手能力方面具有很强的操作能力，在实践过程中具有很重要的作用，他们会教育和指导学生进行专业课程的实践操作。

以平安湖南社会实践团队的指导老师团队为例，既有公安院校的老师，又有来自公安部门的实战专家，教师团队的结构搭配合理，公安理论和公安实践能够有效融合，指导老师和实战专家共同对学生的社会实践活动进行指导和管理，能促进创新思维和具体实际操作的更好结合，在加强学生知识和能力锻炼的同时，还可以强化学生在思想和政治方面的学习。

（五）实践活动的管理制度

实践活动的管理制度在整个实践活动中具有很重要的作用。社会实践活动的管理制度的内容大致可以分为三个部分：目标管理制度、过程监督检查和安全监督检查。

1. 目标管理制度。大学生社会实践活动重在培养大学生对专业知识的理解，锻炼学生的动手操作能力，大学生参加实践活动都有较为明确的实践目标。根据实践的目标制订具体的社会实践计划，社会实践计划是实践活动顺利完成的第一个环节，也是一个很重要的环节，所以必须详细制定好每一个步骤；控制好干扰社会实践活动的信息，所谓的干扰信息是指在社会实践开展过程中出现的可能对实践的效果或参与要素产生负面影响的信息。例如，机器故障、人员调动等突发事件，针对不同情况下的突发事件进行全面、充分的考虑，制定出适合当下环境对实践活动的管理规定和实施制度。

2. 过程监督检查。在执行走样、变化冲击、意外干扰下诸如此类问题是一项活动进行中经常遇到的情况。在社会实践实施过程中，随时都有可能发生这样或那样与目标偏离的情况或者其他突发事件，因此，必须对大学生的社会实践进行过程监督检查，来随时纠正偏差，排除干扰。

3. 安全监督检查。监督检查既是一种管理，也是一种激励，同时也是一种责任。这种责任就是对参与社会实践的大学生的人身财产安全的责任。没有大学生的安全，对于社会实践而言是得不偿失的。大学生是家庭的希望，社会的栋梁，祖国的未来。他们的安全理应放在第一位。因此，大学生在这些地方开展社会实践就一定要对大学生进行安全教育，做到一切听指挥，不要擅自离队行动，要事先做好周密的计划，联系好社会实践的地点，做好出现突发事件的处置预案，切实保证大学生的安全。

（六）绩效考评制度

要使实践活动开展的作用和实践的效果得到充分的发挥和展现，必须要建立科学合理的绩效考评制度。效绩考评制度在整个社会实践过程中对参加社会活动的个人和集体具有鼓励和约束作用，它对实践活动不仅要进行定性考核，还要进行定量考核，对实践活动的各个环节制定完备的考核制度。

在进行实践考评上，社会实践的评价标准不够健全完善。学校评定学生参加社会实践是否优秀，很多时候是看学生实践报告写得怎么样，写得好的便给予奖励和表扬。有的同学实践报告写得好，只是在搜集材料和阅读上下了很大的功夫，并未在具体的实践活动中学到多少知识、专业技能方面有多大的提高，而有的同学不但积极参加了社会实践，在实践过程中表现得也很优秀，只是由于其他原因实践报告写得不够完整。所以，仅凭实践报告来对参加实践活动进行评定，这种片面的评定标准对积极参加社会实践的同学是不公平的，会打击到他们以后参加社会实践的积极性，会让他们觉得不论参加还是不参加社会实践活动，只要实践报告写得好就可以得到奖励和表扬，不用那么辛苦参加社会实践活动。

针对社会实践活动成果评定存在的问题，应建立一套数量和质量相结合的评价方法，根据参加实践活动个人或集体对本次活动开展作出的奉献大小和在本次活动中工作量的大小相结合来作为评价标准评定参与实践活动的个人或集体是否优秀、是否先进。对在实践活动的整个过程中表现出色的学生给予物质上的奖励和精神上的鼓舞，并为这些人的就业提供绿色通道，对于没有参加社会实践或在实践活动中表现差的学生给予一定的处罚或处分，充分发挥绩效考核制度中的教育和示范作用。

对学生实践教育成果的评价可以从三个方面开展：实践过程中在思想教育方面的提高、实践单位给出的评价、以报告形式对实践过程的总结。根据考评的结果对学生进行奖励或处罚，在学校用树立模范和榜样的方式来调动、激发学生参加日后的实践活动的积极性和主动性。

三、社会实践制度的制定

社会实践制度的制定工作必须依托完备的领导组织架构，在组织的领导下有序开展，具体工作步骤如下：

（一）成立领导小组

高校要成立由主要领导牵头的实践育人工作领导小组，把实践育人工作纳入重要议事日程和年度工作计划，统筹安排，抓好落实。[①] 领导小组组长一般由分管教学或学生管理的校领导担任。

（二）组织框架建设

平安湖南社会实践的领导组织框架设计，紧密结合“三全育人”平台，构建了涵盖校领导机构、课程团队、团委以及学工部门等多个部门参与的三级组织框架。

组织框架的第一级是社会实践领导小组，由分管教学和学生工作的校领导任组长，学校党办校办、宣教处、学工处、团委、教务处等部分分管领导担任组员，是社会实践工作的决策机构。

组织框架的第二级是由教务处、团委以及公安专业系部（交管系、治安系、侦查系）组成的“大学生社会实践”课程组。其中，教务处负责协调师资力量、安排整体的教学进度；团委负责学生社会实践的组织运行管理和各项教学辅导工作（包括“三下乡”等活动的培训、评比等）；公安专业系部结合平安湖南社会实践的具体内容进行具体的教学和指导。

组织框架的第三级是由各系部领导、大队领导和辅导员组成的社会实践工作组。

（三）具体组织实施

社会实践制度的制定，严格按照以下流程执行实施：

第一步：提出。由团委或相关系部根据社会实践工作管理的需要，提出制度制定要求。经社会实践领导小组同意后，进行充分的调查研究，提出制度草案。

第二步：讨论和审查。制度草案提出后，要广泛征求相关各方的看法和意见，集思广益，在充分讨论、研究的基础上，改正其中不切合实际之处，弥补疏漏，调整与其他制度矛盾、重复之处，使制度草案进一步完善。修改后的制度草案，经社会实践领导小组审核后报请上级管理部门审批。

第三步：试行。制度草案经上级管理部门审批后，可以试行。试行的目的是在实践中进一步检验和完善，使之成熟化、合理化。对于新制定的制度规范，试行是必不可少的一个阶段。

第四步：正式执行。制度经过一段时间试行、完善后，即可稳定下来，形成正式的、具有法律效力的制度文本，按照确定的范围和时间正式执行。与此同时，要向相关方面说明情况，报送上级管理机关备案。

---

① 《教育部等部门关于进一步加强高校实践育人工作的若干意见》（教思政〔2012〕1号）。

第三节　平安湖南社会实践的综合保障

平安湖南社会实践活动的顺利开展，需要一系列社会实践的运行机制提供综合保障。大学生社会实践的综合保障机制，是高校为了实现教育目标而制定的一套具有长期效用的大学生社会实践的方式和机理，是进行社会实践的内外部关系的各个要素之间相互联系的工作方式与运行原理的总称。① 良好的综合保障机制是大学生社会实践活动深入、持久、健康、稳定开展下去的基础。

一、社会实践人员保障

在社会实践的组织中，要选派优秀的教师作为大学生社会实践指导教师，充分调动专业教师的积极性，对专业教师参与学生社会实践工作作出硬性规定和要求，解决人员保障的主要做法包括：

1. 通过规章制度强制性确立大学生社会实践专门的执行机构和专业队伍，解决大学生社会实践活动的人员保障问题。大学生社会实践活动是为实现高等教育总体目标服务的，学校通过制定相应的规章管理制度，将大学生社会实践活动的组织、协调等职能列入地方政府议事日程，指定专门部门负责此项工作，做到有专人管理。

2. 将大学生社会实践活动纳入整体教学计划，对社会实践的指导思想、方针原则、目标要求、形式内容、方法途径、成绩考评、奖励办法及有关政策都作出明确规定，对教师而言，将指导学生开展实践活动与教师职称评定、年终考核、评优等挂钩，确保每一项学生社会实践活动都有专业教师、管理人员参与；对学生而言，制定合理的激励措施，将参加社会实践活动与学生的评优评先、学分研修等进行挂钩，激发学生参与活动的积极性。

3. 确立大学生社会实践专门的执行机构和专业队伍。其总体格局应是党委统一领导，组织大学生社会实践的职能划归高校教务部门，并在该部门设置大学生社会实践科，由其组织实施，教务、学工、团委、各二级教学单位协作参与。教务部门应从长远的角度谋划、设计大学生社会实践的整体规划和系统过程，结合本校的具体特点和实际情况，明确社会实践活动的目的、任务、内容、形式、时间；根据上级的指示和要求，完善社会实践活动的制度、措施以及实施所需的人力、财力和物力；设计一套标准的评估体系，对大学生成绩和各项活动进行定性测评或成果展示；结合学科特色，做好校内实践平台的建设规划工作，重点建设一批稳定的教学

---

① 华银峰、吴姗姗：《论大学生社会实践活动的制度设计》，载《蚌埠学院学报》2013 年第 2 期。

实验平台、科研平台和专业能力实践基地、工程训练中心、创新基地和实训实践基地等。以上措施都涉及经费的投入，而且也有利于经费投入的落实，因此必须得到充分保障。

目前在平安湖南社会实践活动的开展过程中，通常会至少配备一名专职教师和一名区队指导员分别从活动内容和活动管理两个方面进行管理、指导，充分保证了活动的效率成效和组织纪律。

二、社会实践经费保障

如何解决大学生社会实践经费投入问题，是高校必须面对和着力思考的现实问题。通过多年来的实践探索，平安湖南实践团队认为可以从以下几个方面开展社会实践经费保障工作。

1. 依靠政府主导力量，建立多元化、多渠道、多种形式的大学生社会实践活动经费来源体系，充分发挥社会各界的作用。抓好大学生社会实践活动的开展是政府的一项义务和责任，各级财政应加大对大学生社会实践活动经费的投入力度，学校、社会各界、大学生自己也要给予一定的经费支持，通过多方筹措经费，以确保大学生社会实践活动保质保量进行。

2. 通过校企合作、校地共建的方式，建立稳定的大学生社会实践基地，为大学生提供实习实践平台。建立稳定、有效的大学生社会实践基地是开展大学生社会实践活动的有力保障。应发动多方力量，建立稳定、多功能、多类型的实践基地。

3. 采取中央、省支持，地方、学校配套等方式，构建大学生“三结合”的实践平台。为了进一步落实中央精神，各级政府应根据各高校的大学生社会实践活动的开展情况和达到的效果，在财政预算中安排一定的专项资金用于构建大学生“三结合”（校园周边服务与外省市服务相结合、短期服务与长期服务相结合、基地建设与日常布点相结合）的实践平台建设，促进大学生社会实践活动的持续稳定开展。

4. 逐步建立一个良性的大学生社会实践经费自筹或效益平台，作为大学生社会实践经费的补充。高校应充分利用现有资源，通过创办有偿服务的实践、实训基地，作为大学生社会实践活动所需经费的补充。

三、社会实践制度保障

（一）大学生社会实践激励约束保障的含义

通过建立健全系统科学的激励文件规定，运用多种手段，充分调动大学生参与社会实践的积极性和创造性，为推动大学生社会实践活动提供强大的精神动力。[①]

---

① 郑燕红：《大学生社会实践教育机制的构建与完善》，载《智库时代》2018 年第 51 期。

其实质就是通过影响大学生的需求和动机，达到引导大学生参加社会实践完成实践任务的目的。它既包含内源性激励和外源性激励，也包括物质性激励、精神性激励和竞争性激励。

（二）促进大学生社会实践激励约束机制完善的对策

首先，区别大学生的个体差异。根据个体差异设计不同形式和内容的社会实践是提高激励效果的关键。一方面，每个大学生都是独立的个体，他们的性格、需要、态度、年级等各不相同。另一方面，影响大学生参与社会实践的因素也是具有多样性的，既有社会因素、家庭因素，也有主客观因素。这就要求我们既要考虑同一年级不同个体的差异，又要考虑不同年级间的差异。例如，对于家庭经济困难的，应选择有较高报酬的实践活动；对于有高成就需要的，应选择具有一定挑战的社会实践活动。

其次，及时对社会实践活动进行考核。首先需要制定合理的考核办法。其次要突出考核的及时性和一致性。只有及时考核，才能用有吸引力的结果和奖励对符合学校育人目标的做法加以奖励和肯定，同样，只有及时考核，才能用批评、惩罚等方式，使那些不符合学校育人目标的行为得到约束。

再次，注重多种激励方式的有机结合。一是物质性激励和精神激励结合。物质性需求是许多大学生的基础需求，但更多的是满足大学生的求知欲望、社交欲望和成才欲望等精神方面的需求。二是外源性以及内源性激励的统一。要使学生积极参与社会实践活动，要做到内激励以及外激励的共同促进。通过丰富多彩的活动内容以及形式，尽量避免做机械重复性的工作，加强大学生思想政治教育，激发内在激励因素，提升内源性激励。另外，通过提高学生完成工作的期望值、获得各项奖励的保证以及奖酬的效价等提升外源性激励。

最后，重视社会实践的公正公平性。学生往往在社会实践过程中与其他同学进行付出与收获的比较与衡量，会产生不公正或者不公平感，这种感觉会直接影响学生的满意度，从而影响激励的连续性。所以，必须加强和完善大学生社会实践激励中的公平公正体系。主要要做到机会公平、回报公平。

四、社会实践物质保障

大学生社会实践基地是大学生走向社会、接触社会、了解社会、服务社会的桥梁。实践基地建设是开展好大学生社会实践活动的工作平台以及基础保障。[①] 学校在城市社区、农村乡镇、企事业单位、社会服务机构建立“就业创业实践基地”“志愿服务基地”“专业实践实习基地”“科技服务基地”等多种形式、相对稳定

---

① 邓淑丽：《大学生社会实践的机制与保障》，载《天津职业院校联合学报》2009 年第 2 期。

的社会实践基地，形成互惠互利、共同发展的合作机制。

五、社会实践安全保障

大学生社会实践安全保障问题，涉及学生、学校、家庭和社会等方面的因素，确保大学生社会实践的安全是一个系统工程，需要各方的努力，切实采取措施做好安全保障工作。①

1. 切实加强安全教育和法制教育。高校平时要有计划、有针对性地对大学生进行安全教育，特别是要针对大学生在社会实践过程中可能面对的各种安全隐患，通过案例进行安全防范知识教育，提高大学生的防范意识和技能。让大学生在社会实践过程中，始终绷紧安全这根弦。如果不幸发生安全事故，懂得如何从容应对。法律规范是一种特殊的社会规范，任何人都没有超越法律的特权。要有针对性地加强对大学生的法制教育，让他们掌握一些基本的法律知识，思考问题和解决问题要符合法律要求，增强遵纪守法的意识，依法规范和约束自己的行为，不参与违法犯罪活动。

目前，我国尚无专门的大学生社会实践保障法规，因此有待进一步研究、建立和完善。大学生在社会实践过程中出现的需要相关法律法规加以维护的有：基层单位在接受学生社会实践过程中的一系列法律问题，学生正当权益的保护问题，学生的安全保障问题，在建立实践基地问题上单位与学校之间所遇到的矛盾和处理，以及大学生外出从事社会实践活动的权利维护，实习与就业联动等。

2. 切实建立健全大学生社会实践中的安全管理制度。

第一，制定大学生社会实践安全预案。为确保大学生社会实践安全，需要制定缜密的安全预案。预案应包括对社会实践队伍管理的具体要求，社会实践途经路线的注意事项，人员构成及联系方式，如果出现突发事件，如何应对。对交通、财产、投宿、野外、交友、疾病预防、滋扰防范、饮食等方面的安全，要有明确的应对细则。在开展活动前，要充分掌握实践活动地点的治安状况、风俗习惯、实践对象等相关信息。要保持手机畅通，定时和家长、辅导员进行联系。

第二，签订安全协议书。在校外开展实践活动之前，学校与学生签订风险责任的相关协议。协议应当约定校方承担的责任和学生自己承担的责任。协议书应当包含以下内容：一是学生自愿参加社会实践活动；二是保证遵守国家的法律法规和学校的有关规章制度；三是协议要明确一些明令禁止的事项。对于较特殊的社会实践活动，还需要经学生家长签字。

第三，对社会实践活动进行投保。在实践活动中，不可避免地存在着一些防不胜防的意外。可以尝试对社会实践活动进行投保，分担风险，保费可以由学校和学

---

① 陈爱民：《大学生社会实践过程中的安全问题及应对措施》，载《梧州学院学报》2013年第23期。

生共同承担。

3. 切实加强对大学生社会实践的组织领导。确保大学生社会实践安全，不仅是学校、实践单位的责任，也是大学生家庭、大学生本人的责任。从学校层面而言，要明确责任，加强安全防范教育，并形成相应管理机制，制定相应的安全防范措施。大学生要切实提高安全防范意识，提高在交通安全、财产安全、投宿安全、野外安全、交友安全、疾病预防、滋扰防范、饮食等方面安全防范意识和技能，防患于未然。

思考与作业

1. 关于如何制定科学、合理的绩效考评机制以更好地推动实践活动，你有什么好的建议？

2. 校企合作、校局合作可以为社会实践活动的开展提供哪些保障？

阅读文献

1. 李二坤著：《做更好的社会实践夏令营》，厦门大学出版社 2021 年版。

2. 吕志、黄紫华主编：《面向社会实践育人——高校思想政治理论课实践教学探索》，华南理工大学出版社 2009 年版。

3. 陈群主编：《大学生社会实践的合作性支持体系构建与实施指导》，合肥工业大学出版社 2016 年版。

附　　录

中宣部、国家教委、共青团中央关于广泛深入持久地开展高等学校学生社会实践活动的意见

为了使高等学校学生实践活动广泛、深入、持久地开展下去，需要进一步提高认识，加强领导，形成制度，落实措施。为此，提出以下意见：

一、充分认识社会实践活动的重要意义

高等学校学生社会实践活动经过近十年的发展已逐步纳入教育计划，并日益受到社会各方面的重视。实践证明，社会实践活动是在新的历史条件下贯彻教育与生产劳动相结合的方针、加强教育的实践环节的有力措施，是推动青年学生走与实践相结合、与工农群众相结合道路的有效途径。它对于帮助学生了解国情，增进与工农的感情，加强与社会的联系，接受思想、政治、实践能力等多方面的实际锻炼，增强改革开放意识，提高坚持党的基本路线的自觉性，培养全面素质，尤其是思想政治素质，具有重要作用。因此，要从长期坚持党的“一个中心，两个基本点”的基本路线，培养社会主义事业的建设者和接班人，造就改革开放生力军的战略高度，把社会实践活动作为我国社会主义高等教育不可缺少的重要组成部分，广泛、深入、持久地开展下去。

二、依靠地方各级党委、政府的领导，充分发挥各级党委宣传和教育工作部门、教育行政部门和共青团组织在社会实践活动中的作用

培养社会主义事业的建设者和接班人是全社会的共同责任。高等学校学生社会实践活动尤其需要全社会的大力支持。高等学校在假期只能组织一部分学生参加较集中的社会实践活动，多数学生要在回家度假期间就近就便参加社会实践活动。这都需要依靠地方各级党委、政府的领导，充分发挥各级党委宣传和教育工作部门、

教育行政部门、共青团组织的作用。以保证社会实践活动广泛、深入、持久地开展。

省、地（市）、县（市）党委、政府要加强对本地区社会实践活动的领导；根据全国统一要求，从本地实际和大学生思想出发，组织本地区高校重点社会实践活动和回家度假的大学生的社会实践活动；接待有组织的大学生来本地开展社会实践活动。要把开展社会实践活动列入工作日程，领导同志应亲自过问。党委宣传部门和教育工作部门、教育行政部门、共青团组织应在党委和政府的统一领导下，负责组织和协调本地区的大学生社会实践活动。

各省、自治区、直辖市党委宣传和教育工作部门、共青团组织应本着有利于开展社会实践活动、有利于地方和企业发展原则，通过充分协商，征得地方和企业同意后，报请所属党委和政府批准，确定一批县（市）和大、中型企业作为社会实践基地。各大中城市及在校大学生人数较多的地（市）、县（市）党委和政府也应根据上述原则，确定一批区（县）、乡（镇）、村和企事业单位作为回家度假的大学生开展实践活动的基地。各高等学校应努力按照“双向受益”的原则，发挥学校的专业、学科的优势，主动同地方、企事业单位建立相对稳定的关系，建立本校教学、科研、社会实践相结合的活动基地。

大学生社会实践活动基地应当有比较充实的教育内容、较强的领导班子。配备具有一定工作经验和较高的政治思想水平的工作人员。社会实践活动基地的主要任务是有计划地接待和安排有组织的大学生社会实践活动。地方党委和政府部门应加强协调，根据对学生进行教育的要求和各基地的接收能力，安排好活动计划。高校组织学生到非本校建立的社会实践活动基地开展实践活动，应提前与基地所在地方党委和政府有关部门联系，取得同意，安排好活动计划。全国性或跨省（自治区、直辖市）开展的社会实践活动，组织单位应事先与当地党委和政府有关部门联系。

三、切实把社会实践活动列入高等学校的教育计划

各高等学校要把社会实践活动列入教育计划。对学生参加社会实践活动要有整体规划和年度计划，并对不同年级学生提出不同的要求。今后每个本科生在校学习期间，利用课余时间参加社会实践活动的时间累计不能少于四周；研究生、大专生不能少于两周；文科学生还可以多些。学生参加社会实践活动应填写《社会实践活动登记表》、记录参加活动的时间、项目、成果等，并由接受单位填写意见。《社会实践活动登记表》载入学生本人档案。学校要考核学生参加社会实践活动的成绩，作为对学生进行考评，评定奖学金，评选“三好”学生、优秀学生干部、优秀团员、推荐研究生和毕业分配的依据之一。

各高等学校要加强对社会实践活动的领导。党委书记和校长要研究社会实践活动问题。要成立由校领导牵头，学生工作、团委、教务等有关部门负责同志参加的社会实践活动领导小组，负责制定学校社会实践活动的规划和具体计划，及时研

究、解决社会实践活动中的重要问题，开展好社会实践活动。各高等学校组织开展社会实践活动的情况，要作为评估高校工作的依据之一。

要充分发挥教师的作用。学校有组织的社会实践活动一般都应配备指导教师。指导教师的主要任务是做好学生的思想政治工作，同时进行必要的组织指导工作。教师参加指导学生社会实践活动同参与组织教学计划内的实习享受同等待遇，纳入教师晋升职务的考核内容。

四、多渠道解决社会实践活动经费

社会实践活动经费应根据勤俭节约的原则，通过国家、地方、学校、接受单位和学生个人等多渠道解决。

各高等学校要把社会实践活动经费列入预算，保证参加社会实践活动必需的开支。回家度假学生参加当地组织的社会实践活动，食宿一般自理；地方组织活动所需经费要列入预算。要鼓励学校和地方、企事业单位根据“互惠互利，双向受益”的原则开展社会实践活动，学校为地方和企事业单位提供科技文化服务，开展非学历人才培训活动等，地方和企事业单位为学校开展社会实践活动提供便利。同时，企业也要从全局出发，在不影响生产经营的前提下，积极支持并妥善安排社会实践活动。除少量具有独特教育作用的活动外，社会实践活动一般应就近就便安排。

五、精心指导社会实践活动

要按照“受教育、长才干、作贡献”的指导方针来组织社会实践活动，把思想政治教育放在首位。要结合活动对学生进行正确处理理论与实践，个人与人民群众关系的教育及阶级观点、劳动观点、群众观点和辩证唯物主义观点的教育。要根据思想政治教育的重点和学生的思想实际，有针对性地设计社会实践活动的内容和主题。要发挥革命纪念馆、革命历史纪念地进行革命传统教育的作用，激发学生爱国热情和民族自豪感。要让学生多参观考察一些在坚持改革开放方面取得成效的地方和单位，增强他们对社会主义现代化建设的信心和信念。要重视引导青年学生了解中国农村，从而真正认识我国国情。有条件的学校和专业，也可以把社会实践活动同学生的专业实习，同地方和企事业单位的“两个文明”建设结合起来，发挥学生的专业特长，为社会作力所能及的贡献，使学生在参与实际工作的过程中，既受到具体深刻的思想教育，又增长才干。

社会实践活动的形式应当适合学生特点。几年来的经验证明，社会考察、科技文化服务、救灾防疫、劳动锻炼、挂职锻炼等形式都是深受学生欢迎的形式，应当根据情况加以提倡，并不断探索新的形式。

要逐步使社会实践活动规范化。每学年放暑假前各高校都要对学生进行社会实践活动的目的、意义的教育，并提出要求，特别是要注意引导学生以自觉自愿和积极主动的态度参加社会实践活动，虚心向人民群众学习，正确分清社会现象中的主流和支流。学校组织的社会实践活动，要认真选择好实践地点，周密制定方案，认真实施，防止形式主义。对于回家度假的学生，学校应主动与地方或有关的大中型企业取得联系，通报学校对学生参加社会实践活动的要求和回家参加社会实践活动的学生名单。每年秋季开学初，学校应安排一定的时间，专门进行社会实践活动的总结表彰工作。中宣部、国家教委、团中央将定期对有影响的省级社会实践活动和社会实践先进单位，特别是对关心和做好接受工作的先进单位和地方党政部门进行表彰。

新闻单位应当加强对社会实践活动的宣传，除在假期进行较为集中的报道外，还应当经常宣传一些社会实践活动的典型经验和典型个人，刊登一些关于社会实践活动的理论文章，为社会实践活动创造更好的舆论环境。

以上意见，各中等专业技术学校可参照执行。

中共中央、国务院关于进一步加强和改进大学生思想政治教育的意见

（2004年8月26日　中发［2004］16号）

为深入贯彻党的十六大精神，适应新形势、新任务的要求，提高大学生的思想政治素质，促进大学生的全面发展，现就进一步加强和改进大学生思想政治教育提出以下意见。

一、加强和改进大学生思想政治教育是一项重大而紧迫的战略任务

1. 大学生是十分宝贵的人才资源，是民族的希望，是祖国的未来。目前，我国在校大学生包括本科生、专科生和研究生约有2000万。加强和改进大学生思想政治教育，提高他们的思想政治素质，把他们培养成中国特色社会主义事业的建设者和接班人，对于全面实施科教兴国和人才强国战略，确保我国在激烈的国际竞争中始终立于不败之地，确保实现全面建设小康社会、加快推进社会主义现代化的宏伟目标，确保中国特色社会主义事业兴旺发达、后继有人，具有重大而深远的战略意义。

2. 改革开放特别是党的十三届四中全会以来，党中央坚持“两手抓、两手都要硬”的方针，切实加强和改进对大学生思想政治教育工作的领导。各地区各部门和高等学校认真贯彻落实中央要求，加强和改进思想政治教育工作，在培养高素质人才，推动高等教育改革发展，维护学校和社会稳定等方面发挥了重要作用。当代大学生思想政治状况的主流积极、健康、向上。他们热爱党，热爱祖国，热爱社会主义，坚决拥护党的路线方针政策，高度认同邓小平理论和“三个代表”重要思想，充分信赖以胡锦涛同志为总书记的党中央，对坚持走中国特色社会主义道路、实现全面建设小康社会的宏伟目标充满信心。

3. 国际国内形势的深刻变化，使大学生思想政治教育既面临有利条件，也面临严峻挑战。国际敌对势力与我争夺下一代的斗争更加尖锐复杂，大学生面临着大量西方文化思潮和价值观念的冲击，某些腐朽没落的生活方式对大学生的影响不可低估。随着对外开放不断扩大、社会主义市场经济的深入发展，我国社会经济成分、组织形式、就业方式、利益关系和分配方式日益多样化，人们思想活动的独立性、选择性、多变性和差异性日益增强。这有利于大学生树立自强意

识、创新意识、成才意识、创业意识，同时也带来一些不容忽视的负面影响。一些大学生不同程度地存在政治信仰迷茫、理想信念模糊、价值取向扭曲、诚信意识淡薄、社会责任感缺乏、艰苦奋斗精神淡化、团结协作观念较差、心理素质欠佳等问题。

4. 面对新形势、新情况，大学生思想政治教育工作还不够适应，存在不少薄弱环节。一些地方、部门和学校的领导对大学生思想政治教育工作重视不够，办法不多。全社会关心支持大学生思想政治教育的合力尚未形成。学校思想政治理论课实效性不强，哲学社会科学一些学科教材建设滞后，思想政治教育与大学生思想实际结合不紧，少数学校没有把大学生的思想政治教育摆在首位、贯穿于教育教学的全过程。学生管理工作与形势发展要求不相适应，思想政治教育工作队伍建设亟待加强，少数教师不能做到教书育人、为人师表。加强和改进大学生思想政治教育是一项极为紧迫的重要任务。

二、加强和改进大学生思想政治教育的指导思想和基本原则

5. 加强和改进大学生思想政治教育的指导思想是：坚持以马克思列宁主义、毛泽东思想、邓小平理论和“三个代表”重要思想为指导，深入贯彻党的十六大精神，全面落实党的教育方针，紧密结合全面建设小康社会的实际，以理想信念教育为核心，以爱国主义教育为重点，以思想道德建设为基础，以大学生全面发展为目标，解放思想、实事求是、与时俱进，坚持以人为本，贴近实际、贴近生活、贴近学生，努力提高思想政治教育的针对性、实效性和吸引力、感染力，培养德智体美全面发展的社会主义合格建设者和可靠接班人。

6. 加强和改进大学生思想政治教育的基本原则是：（1）坚持教书与育人相结合。学校教育要坚持育人为本、德育为先，把人才培养作为根本任务，把思想政治教育摆在首要位置。（2）坚持教育与自我教育相结合。既要充分发挥学校教师、党团组织的教育引导作用，又要充分调动大学生的积极性和主动性，引导他们自我教育、自我管理、自我服务。（3）坚持政治理论教育与社会实践相结合。既重视课堂教育，又注重引导大学生深入社会、了解社会、服务社会。（4）坚持解决思想问题与解决实际问题相结合。既讲道理又办实事，既以理服人又以情感人，增强思想政治教育的实际效果。（5）坚持教育与管理相结合。把思想政治教育融于学校管理之中，建立长效工作机制，使自律与他律、激励与约束有机地结合起来，有效地引导大学生的思想和行为。（6）坚持继承优良传统与改进创新相结合。在继承党的思想政治工作优良传统的基础上，积极探索新形势下大学生思想政治教育的新途径、新办法，努力体现时代性，把握规律性，富于创造性，增强实效性。

三、加强和改进大学生思想政治教育的主要任务

7. 以理想信念教育为核心，深入进行树立正确的世界观、人生观和价值观教育。要坚持不懈地用马克思列宁主义、毛泽东思想、邓小平理论和“三个代表”重要思想武装大学生，深入开展党的基本理论、基本路线、基本纲领和基本经验教育，开展中国革命、建设和改革开放的历史教育，开展基本国情和形势政策教育，开展科学发展观教育，使大学生正确认识社会发展规律，认识国家的前途命运，认识自己的社会责任，确立在中国共产党领导下走中国特色社会主义道路、实现中华民族伟大复兴的共同理想和坚定信念。同时，要积极引导大学生不断追求更高的目标，使他们中的先进分子树立共产主义的远大理想，确立马克思主义的坚定信念。

8. 以爱国主义教育为重点，深入进行弘扬和培育民族精神教育。深入开展中华民族优良传统和中国革命传统教育，开展各民族平等团结教育，培养团结统一、爱好和平、勤劳勇敢、自强不息的精神，树立民族自尊心、自信心和自豪感。要把民族精神教育与以改革创新为核心的时代精神教育结合起来，引导大学生在中国特色社会主义事业的伟大实践中，在时代和社会的发展进步中汲取营养，培养爱国情怀、改革精神和创新能力，始终保持艰苦奋斗的作风和昂扬向上的精神状态。

9. 以基本道德规范为基础，深入进行公民道德教育。要认真贯彻《公民道德建设实施纲要》，以为人民服务为核心、以集体主义为原则、以诚实守信为重点，广泛开展社会公德、职业道德和家庭美德教育，引导大学生自觉遵守爱国守法、明礼诚信、团结友善、勤俭自强、敬业奉献的基本道德规范。坚持知行统一，积极开展道德实践活动，把道德实践活动融入大学生学习生活之中。修订完善大学生行为准则，引导大学生从身边的事情做起，从具体的事情做起，着力培养良好的道德品质和文明行为。

10. 以大学生全面发展为目标，深入进行素质教育。加强民主法制教育，增强遵纪守法观念。加强人文素质和科学精神教育，加强集体主义和团结合作精神教育，促进大学生思想道德素质、科学文化素质和健康素质协调发展，引导大学生勤于学习、善于创造、甘于奉献，成为有理想、有道德、有文化、有纪律的社会主义新人。

四、充分发挥课堂教学在大学生思想政治教育中的主导作用

11. 高等学校思想政治理论课是大学生思想政治教育的主渠道。思想政治理论课是大学生的必修课，是帮助大学生树立正确世界观、人生观、价值观的重要途径，体现了社会主义大学的本质要求。要按照充分体现当代马克思主义最新成果的要求，全面加强思想政治理论课的学科建设、课程建设、教材建设和教师队伍建

设，进一步推动邓小平理论和“三个代表”重要思想进教材、进课堂、进大学生头脑工作。要联系改革开放和社会主义现代化建设的实际，联系大学生的思想实际，把传授知识与思想教育结合起来，把系统教学与专题教育结合起来，把理论武装与实践育人结合起来，切实改革教学内容，改进教学方法，改善教学手段。要加强对思想政治理论课的宏观指导，采取有力措施，力争在几年内使思想政治理论课教育教学情况有明显改善。

12. 形势政策教育是思想政治教育的重要内容和途径。要建立大学生形势政策报告会制度，定期编写形势政策教育宣讲提纲，建立形势政策教育资源库。国家机关和地方党政负责人要经常为大学生作形势报告。学校要紧密结合国际国内形势变化和学生关注的热点，难点问题，制定形势政策教育教学计划，认真组织实施。

13. 高等学校哲学社会科学课程负有思想政治教育的重要职责。哲学社会科学中的绝大部分学科都具有鲜明的意识形态属性，对于帮助大学生坚定正确的政治方向，正确认识和分析复杂的社会现象，提高思想道德修养和精神境界具有十分重要作用。要坚持和巩固马克思主义在意识形态领域的指导地位，在哲学社会科学教学中充分体现马克思主义中国化的最新理论成果，用科学理论武装大学生，用优秀文化培育大学生。要发扬理论联系实际的优良学风，发挥哲学社会科学的优势，紧密围绕大学生普遍关心的、改革开放和现代化建设中的重大问题，做好释疑解惑和教育引导工作。

要结合实施马克思主义理论研究和建设工程，精心组织编写全面反映毛泽东思想、邓小平理论和“三个代表”重要思想的哲学、政治经济学、科学社会主义、中共党史以及政治学、社会学、法学、史学、新闻学和文学等哲学社会科学重点学科的教材，努力形成以当代中国马克思主义为指导的具有中国特色、中国风格、中国气派的哲学社会科学学科体系和教材体系。

14. 高等学校各门课程都具有育人功能，所有教师都负有育人职责。广大教师要以高度负责的态度，率先垂范、言传身教，以良好的思想、道德、品质和人格给大学生以潜移默化的影响。要把思想政治教育融入到大学生专业学习的各个环节，渗透到教学、科研和社会服务各个方面。要深入发掘各类课程的思想政治教育资源，在传授专业知识过程中加强思想政治教育，使学生在学习科学文化知识过程中，自觉加强思想道德修养，提高政治觉悟。要坚持学术研究无禁区、课堂讲授有纪律，严格教育教学纪律，切实加强教材管理，在讲台上和教材中不得散布违背宪法和党的路线方针政策的错误观点和言论。

五、努力拓展新形势下大学生思想政治教育的有效途径

15. 深入开展社会实践。社会实践是大学生思想政治教育的重要环节，对于促进大学生了解社会、了解国情，增长才干、奉献社会，锻炼毅力、培养品格，

增强社会责任感具有不可替代的作用。要建立大学生社会实践保障体系，探索实践育人的长效机制，引导大学生走出校门，到基层去，到工农群众中去。高等学校要把社会实践纳入学校教育教学总体规划和教学大纲，规定学时和学分，提供必要经费。积极探索和建立社会实践与专业学习相结合、与服务社会相结合、与勤工助学相结合、与择业就业相结合、与创新创业相结合的管理体制，增强社会实践活动的效果，培养大学生的劳动观念和职业道德。要认真组织大学生参加军政训练。利用好寒暑假，开展形式多样的社会实践活动。积极组织大学生参加社会调查、生产劳动、志愿服务、公益活动、科技发明和勤工助学等社会实践活动。重视社会实践基地建设，不断丰富社会实践的内容和形式，提高社会实践的质量和效果，使大学生在社会实践活动中受教育、长才干、作贡献，增强社会责任感。

16. 大力建设校园文化。校园文化具有重要的育人功能，要建设体现社会主义特点、时代特征和学校特色的校园文化，形成优良的校风、教风和学风。大力加强大学生文化素质教育，开展丰富多彩、积极向上的学术、科技、体育、艺术和娱乐活动，把德育与智育、体育、美育有机结合起来，寓教育于文化活动之中。要善于结合传统节庆日、重大事件和开学典礼、毕业典礼等，开展特色鲜明、吸引力强的主题教育活动。重视校园人文环境和自然环境建设，完善校园文化活动设施，建设好大学生活动中心。加强校报、校刊、校内广播电视和学校出版社的建设，加强哲学社会科学研讨会、报告会、讲座的管理，绝不给错误观点和言论提供传播渠道。坚决抵制各种有害文化和腐朽生活方式对大学生的侵蚀和影响。禁止在学校传播宗教。

17. 主动占领网络思想政治教育新阵地。要全面加强校园网的建设，使网络成为弘扬主旋律、开展思想政治教育的重要手段。要利用校园网为大学生学习、生活提供服务，对大学生进行教育和引导，不断拓展大学生思想政治教育的渠道和空间。要建设好融思想性、知识性、趣味性、服务性于一体的主题教育网站或网页，积极开展生动活泼的网络思想政治教育活动，形成网上网下思想政治教育的合力。要密切关注网上动态，了解大学生思想状况，加强同大学生的沟通与交流，及时回答和解决大学生提出的问题。要运用技术、行政和法律手段，加强校园网的管理，严防各种有害信息在网上传播。加强网络思想政治教育队伍建设，形成网络思想政治教育工作体系，牢牢把握网络思想政治教育主动权。

18. 开展深入细致的思想政治工作和心理健康教育。要结合大学生实际，广泛深入开展谈心活动，有针对性地帮助大学生处理好学习成才、择业交友、健康生活等方面的具体问题，提高思想认识和精神境界。要重视心理健康教育，根据大学生的身心发展特点和教育规律，注重培养大学生良好的心理品质和自尊、自爱、自律、自强的优良品格，增强大学生克服困难、经受考验、承受挫折的能力。要制定大学生心理健康教育计划，确定相应的教育内容、教育方法。要建立健全心理健康教育和咨询的专门机构，配备足够数量的专兼职心理健康教育教师，积极开展大学生心理健康教育和心理咨询辅导，引导大学生健康成长。

19. 努力解决大学生的实际问题。思想政治教育既要教育人、引导人，又要关心人、帮助人。高等学校要从严治教，加强管理，改善办学条件，提高教育教学质量，为大学生成长成才创造条件。要加强对经济困难大学生的资助工作，以政府投入为主，多方筹措资金，不断完善资助政策和措施，形成以国家助学贷款为主体，包括助学奖学金、勤工助学基金、特殊困难补助和学费减免在内的助学体系，帮助经济困难大学生完成学业。要帮助大学生树立正确的就业观念，引导毕业生到基层、到西部、到祖国最需要的地方建功立业。要进一步建立健全大学生就业指导机构和就业信息服务系统，提供高效优质的就业创业服务。通过服务育人、管理育人，把党和政府对大学生的关怀落到实处。

六、充分发挥党团组织在大学生思想政治教育中的重要作用

20. 发挥党的政治优势和组织优势，做好大学生思想政治教育工作。高等学校党组织要高度重视学生党员发展工作，坚持标准，保证质量，把优秀大学生吸纳到党的队伍中来。对入党积极分子要注重早期培养，加强制度建设，严格发展程序，进行系统的党的知识教育和实践锻炼。对大学生党员要加强党员先进性教育，使他们严格要求自己，提高党性修养，充分发挥在大学生思想政治教育中的骨干带头作用和先锋模范作用。

要坚持把党支部建在班上，努力实现本科学生班级“低年级有党员、高年级有党支部”的目标。创新学生党支部活动方式，丰富活动内容，增强凝聚力和战斗力，使其成为开展思想政治教育的坚强堡垒。高度重视研究生党组织建设，切实加强研究生思想政治教育。

21. 发挥共青团和学生组织作用，推进大学生思想政治教育。共青团是党领导下的先进青年的群众组织，是党的助手和后备军，在大学生思想政治教育中具有重要作用。高等学校团组织要把加强大学生思想政治教育工作摆在突出位置，充分发挥在教育、团结和联系大学生方面的优势，竭诚为大学生的成长成才服务。要全面实施大学生素质拓展计划，组织开展丰富多彩的思想政治教育活动。要加强对优秀团员的培养，认真做好推荐优秀共青团员入党工作。要坚持党建带团建，把加强团的建设作为高等学校党建的重要任务。要切实加强团的组织建设，选拔优秀青年党员教师做团的工作，保证高校共青团组织机构设置和人员配备。要把团干部作为思想政治教育工作队伍的重要组成部分，做好培养、锻炼和输送工作。

高等学校学生会、研究生会是党领导下的大学生群众组织，是加强和改进大学生思想政治教育的重要依靠力量，也是大学生自我教育的组织者。学生会、研究生会要自觉接受党的领导，在共青团指导下，针对大学生特点，开展生动有效的思想

政治教育活动，把广大学生紧密团结在党的周围，在大学生思想政治教育中更好地发挥桥梁和纽带作用。

22. 依托班级、社团等组织形式，开展大学生思想政治教育。班级是大学生的基本组织形式，是大学生自我教育、自我管理、自我服务的主要组织载体。要着力加强班级集体建设，组织开展丰富多彩的主题班会等活动，发挥团结学生、组织学生、教育学生的职能。要加强对大学生社团的领导和管理，帮助大学生社团选聘指导教师，支持和引导大学生社团自主开展活动。要高度重视大学生生活社区、学生公寓、网络虚拟群体等新型大学生组织的思想政治教育工作，选拔大学生骨干参与学生公寓、网络的教育管理，发挥大学生自身的积极性和主动性，增强教育效果。

七、大力加强大学生思想政治教育工作队伍建设

23. 思想政治教育工作队伍是加强和改进大学生思想政治教育的组织保证。大学生思想政治教育工作队伍主体是学校党政干部和共青团干部，思想政治理论课和哲学社会科学课教师，辅导员和班主任。学校党政干部和共青团干部负责学生思想政治教育的组织、协调、实施；思想政治理论和哲学社会科学课教师根据学科和课程的内容、特点，负责对学生进行思想理论教育、思想品德教育和人文素质教育；辅导员、班主任是大学生思想政治教育的骨干力量，辅导员按照党委的部署有针对性地开展思想政治教育活动，班主任负有在思想、学习和生活等方面指导学生的职责。要采取切实措施，培养一批坚持以马克思主义为指导，理论功底扎实，勇于开拓创新，善于联系实际，老中青相结合的哲学社会科学学科带头人和教学骨干队伍，使他们在大学生思想政治教育中发挥更大的作用。所有从事大学生思想政治教育的人员，都要坚持正确的政治方向，加强思想道德修养，增强社会责任感，成为大学生健康成长的指导者和引路人。在事关政治原则、政治立场和政治方向问题上不能与党中央保持一致的，不得从事大学生思想政治教育工作。

广大教职员工都负有对大学生进行思想政治教育的重要责任。要制定完善有关规定和政策，明确职责任务和考核办法，形成教书育人、管理育人、服务育人的良好氛围和工作格局。教师要提高师德和业务水平，爱岗敬业，教书育人，为人师表，以良好的思想政治素质和道德风范影响和教育学生。学校管理工作要体现育人导向，把严格日常管理与引导大学生遵纪守法、养成良好行为习惯结合起来。后勤服务人员要努力搞好后勤保障，为大学生办实事、办好事，使大学生在优质服务中受到感染和教育。

24. 完善大学生思想政治教育工作队伍的选拔、培养和管理机制。按照政治强、业务精、纪律严、作风正的要求，坚持专兼结合的原则，研究和制定加强高校思想政治教育工作队伍建设的具体意见，吸引更多的优秀教师从事学生思想政治教

育工作。要加强思想政治教育学科建设，培养思想政治教育工作专门人才。实施大学生思想政治教育队伍人才培养工程，建立思想政治教育人才培养基地。选拔推荐一批从事思想政治教育的骨干进一步深造，攻读思想政治教育相关专业的硕士、博士学位，学成后专职从事思想政治教育工作。采取有效措施，组织参加社会实践、挂职锻炼、学习考察等活动，不断提高他们的工作能力和水平。要建立完善大学生思想政治教育专职队伍的激励和保障机制。完善思想政治教育队伍的专业职务系列，从思想政治教育专职队伍的实际出发，解决好他们的教师职务聘任问题，鼓励支持他们安心本职工作，成为思想政治教育方面的专家。建立专项评优奖励制度，定期评比表彰思想政治教育工作先进集体和个人，树立、宣传、推广一批先进典型。

要采取有力措施，着力建设一支高水平的辅导员、班主任队伍。院（系）的每个年级都要按适当比例配备一定数量的专职辅导员，每个班级都要配备一名兼职班主任，鼓励优秀教师兼任班主任工作。辅导员、班主任工作在大学生思想政治教育第一线，任务繁重，责任重大，学校要从政治上、工作上、生活上关心他们，在政策和待遇方面给予适当倾斜。

八、努力营造大学生思想政治教育工作的良好社会环境

25. 全社会都要关心大学生的健康成长，支持大学生思想政治教育工作。宣传、理论、新闻、文艺、出版等方面要坚持弘扬主旋律，为大学生思想政治教育营造良好的社会舆论氛围，为大学生提供丰富的精神食粮。要坚持团结稳定鼓劲、正面宣传为主，反映高等学校思想政治教育工作的先进典型和优秀大学生的先进事迹。各类网站要牢牢把握正确导向，主动承担社会责任，积极开发教育资源，开展形式多样的网络思想政治教育活动。重点新闻网站要不断改进创新，切实增强吸引力和感染力，在大学生思想政治教育中发挥导向作用。要大力发展文化事业和文化产业，为学生提供更多更好的文化产品和文化服务。文化部门和艺术团体要进一步推进高雅文化进校园活动，丰富校园文化生活，提高学生艺术修养。充分发挥爱国主义教育基地对大学生的教育作用，各类博物馆、纪念馆、展览馆、烈士陵园等爱国主义教育基地，对大学生集体参观一律实行免票。各级政府和企事业单位要鼓励和支持面向大学生的公益性文化活动。坚持不懈地开展“扫黄”“打非”，依法加强对各类网站的管理，净化文化市场和网络环境。

26. 各级党委和政府要为高等学校创建良好的育人环境。要把优化校园周边环境作为推进社会主义精神文明建设的重要任务，结合城市改造和社区建设搞好规划，加强综合治理。要依法加强对学校周边的文化、娱乐、商业经营活动的管理，坚决取缔干扰学校正常教学、生活秩序的经营性娱乐活动场所，严厉打击各种刑事犯罪活动，及时处理侵害学生合法权益、身心健康的事件和影响学校、社会稳定的事端。要为大学生专业实习和社会实践创造条件，提供便利。要把高校毕业生就业

作为就业工作的重要组成部分，常抓不懈，完善毕业生就业市场机制，健全毕业生就业服务体系，落实毕业生自主创业、灵活就业的各项扶持政策。要动员社会各方力量，完善资助困难大学生的机制，帮助大学生解决实际困难。党政机关、社会团体、企事业单位以及街道、社区、村镇等要主动配合做好大学生思想政治教育工作。学校要探索建立与大学生家庭联系沟通的机制，相互配合对学生进行思想政治教育。

九、切实加强对大学生思想政治教育工作的领导

27. 各级党委和政府要从战略和全局的高度，充分认识加强和改进大学生思想政治教育的重大意义，把“培养什么人”、“如何培养人”这一重大课题始终摆在重要位置，切实加强领导。要弘扬求真务实精神，及时研究解决涉及大学生健康成长和切身利益的实际问题。制定有关政策和法规，不仅要有利于经济和各项事业的发展，而且要有利于大学生的健康成长。要建立健全党委统一领导、党政群齐抓共管、有关部门各负其责、全社会大力支持的领导体制和工作机制，形成全党全社会共同关心支持大学生思想政治教育的强大合力。教育部要对全国高等学校大学生思想政治教育工作统一规划、组织协调、宏观指导和督促检查。各地负责高校思想政治工作的部门，要切实负起责任。各有关部门要主动配合，共同做好大学生思想政治教育工作。要重视和加强民办高等学校党的建设和大学生的思想政治教育。

28. 高等学校要充分发挥大学生思想政治教育主阵地、主课堂、主渠道作用。要把大学生思想政治教育摆在学校各项工作的首位，贯穿于教育教学的全过程。要建立和完善党委统一领导、党政齐抓共管、专兼职队伍相结合、全校紧密配合、学生自我教育的领导体制和工作机制。高等学校党委要统一领导大学生思想政治教育工作，经常分析大学生思想状况和思想政治教育工作状况，制订思想政治教育的总体规划，对大学生思想政治教育作出全面部署和安排。校长要对大学生德智体美全面发展负责，把思想政治教育与教学、科研、社会服务工作结合起来，同时部署，同时检查，同时评估。学校各部门要明确各自责任，密切协作，切实完成相应任务。学校基层党团组织要认真履行学生思想政治教育的职责，把加强和改进大学生思想政治教育的各项任务真正落到实处。

29. 不断完善大学生思想政治教育的保障机制。要建立健全与法律法规相协调、与高等教育全面发展相衔接、与大学生成长成才需要相适应的思想政治教育和管理的制度体系。要加大大学生思想政治教育工作的经费投入，教育行政部门和学校要合理确定思想政治教育工作方面的经费投入科目，列入预算，确保各项工作顺利开展。学校要为开展大学生思想政治教育工作提供必要的场所与设备，不断改善条件，优化手段。要把大学生思想政治教育工作作为对高等学校办学质量和水平评估考核的重要指标，纳入高等学校党的建设和教育教学评估体系。

30. 加强大学生思想政治教育科学研究工作。各级宣传和教育行政部门要组织专家学者积极开展科学研究，为加强和改进大学生思想政治教育提供理论支持和决策依据。各地哲学社会科学规划工作领导部门要把大学生思想政治教育重大问题研究列入规划。各级高等学校思想政治教育研究会等学术研究机构和团体要加强自身建设，发挥在大学生思想政治教育科学研究、决策咨询、工作指导等方面的重要作用。

中宣部、中央文明办、教育部、共青团中央关于进一步加强和改进大学生社会实践的意见

（中青联发〔2005〕3号）

为贯彻落实《中共中央国务院关于进一步加强和改进大学生思想政治教育的意见》（中发〔2004〕16号）精神，现就进一步加强和改进大学生社会实践提出以下意见。

一、充分认识加强和改进大学生社会实践的重要意义

1. 理论联系实际是党的优良传统和作风，教育与生产劳动和社会实践相结合是党的教育方针的重要内容，理论教育和实践教育相结合是大学生思想政治教育的根本原则。大学生参加社会实践，了解社会、认识国情，增长才干、奉献社会，锻炼毅力、培养品格，对于加深对邓小平理论和“三个代表”重要思想的理解，深化对党的路线方针政策的认识，坚定在中国共产党领导下，走中国特色社会主义道路，实现中华民族伟大复兴的共同理想和信念，增强历史使命感和社会责任感，具有不可替代的重要作用，对于培养中国特色社会主义事业的合格建设者和可靠接班人具有极其重要的意义。

2. 改革开放特别是党的十三届四中全会以来，大学生社会实践不断加强，取得了显著成效，已经成为大学生思想政治教育的有效途径。但是，面对新形势、新任务、新情况、新变化，大学生社会实践还存在薄弱环节，社会实践的方式方法、形式途径还不多，社会实践的新体制新机制还没有建立起来，社会实践活动基地建设还不能满足需要，一些高校领导对大学生社会实践重视不够、措施不力、办法不多，全社会共同支持大学生社会实践的局面尚未形成。必须在巩固已有工作成果基础上，采取更加有力措施，进一步加强和改进大学生社会实践，使之在大学生思想政治教育中发挥更加积极作用。

二、进一步明确大学生社会实践的总体要求和工作原则

3. 大学生社会实践的总体要求是：以邓小平理论和“三个代表”重要思想为指导，认真贯彻以人为本、全面协调可持续的科学发展观，全面贯彻党的教育方针，遵循大学生成长规律和教育规律，以了解社会、服务社会为主要内容，以形式

多样的活动为载体，以稳定的实践基地为依托，以建立长效机制为保障，引导大学生走出校门、深入基层、深入群众、深入实际，开展教学实践、专业实习、军政训练、社会调查、生产劳动、志愿服务、公益活动、科技发明和勤工助学等，在实践中受教育、长才干、做贡献，树立正确的世界观、人生观和价值观，努力成长为中国特色社会主义事业的合格建设者和可靠接班人。

4. 大学生社会实践的工作原则是：（1）坚持育人为本，牢固树立实践育人的思想，把提高大学生思想政治素质作为首要任务。（2）坚持理论联系实际，提高社会实践的针对性实效性和吸引力感染力。（3）坚持课内与课外相结合，集中与分散相结合，确保每一个大学生都能参加社会实践，确保思想政治教育贯穿于社会实践的全过程。（4）坚持受教育、长才干、做贡献，保证大学生社会实践长期健康发展。（5）坚持整合资源，调动校内外各方面积极性，努力形成全社会支持大学生社会实践的良好局面。

三、把大学生社会实践纳入教学计划，不断丰富社会实践的内容

5. 进一步加强以教学实践、专业实习为主要内容的实践教学。把实践教学作为课堂教学的重要组成部分和巩固理论教学成果的重要环节，使大学生在参与实践教学的过程中，深刻体会蕴涵在各门课程中反映人类文明成果、弘扬民族精神、体现科学精神、揭示事物本质规律的内容，培养大学生的创新精神和实践能力。要把实践教学的要求落实到每一个部门、每一门课程和每一位教师，体现在专业培养计划、课程教学大纲和教师的岗位职责中。要着重解决好实践教学经费投入、实验教学资源、实习教学质量、毕业设计质量、实践教学管理等方面存在的问题和不足。

6. 认真组织军政训练。要把军政训练作为必修课，纳入学校整体教学计划，认真组织实施，使大学生在军政训练中提高思想政治觉悟，增强国防观念和国家安全意识，培养爱国主义、集体主义、社会主义和革命英雄主义精神，加强组织纪律观念，发扬艰苦奋斗、吃苦耐劳作风。要积极争取解放军和武警部队的支持，选派优秀指战员组织指导大学生军政训练。

7. 深入开展社会调查。要组织大学生围绕经济社会发展的重要问题，开展调查研究，提出解决问题的意见和建议，形成调研成果。高校要加强对大学生社会调查的选题、途径、过程的管理和指导，开设社会调查课程或讲座，帮助大学生正确认识社会现象，掌握科学研究方法，提高分析问题和解决问题的能力，努力把握事物的本质和规律。本、专科生和研究生在校期间每人至少要开展一次社会调查，写出一篇较高质量的社会调查报告。

8. 广泛开展生产劳动和社会服务。高校要创造条件，引导大学生参加生产劳动，培养大学生的劳动观念和职业道德。大力倡导大学生参加志愿服务等公益活动，引导大学生运用所学知识和技能服务人民，奉献社会，培养为人民服务的道德

观，弘扬社会主义道德风尚。要拓展社会服务的新领域、新载体、新形式，鼓励大学生参加志愿服务西部计划、贫困地区支教计划、青春红丝带志愿行动等活动。要把大学生志愿者纳入中国青年志愿者规范管理的范畴，激发大学生参与社会服务的热情，带动更多大学生参与到志愿服务中来。

9. 大力开展科技发明。引导大学生在社会实践中参与技术改造、工艺革新、先进适用技术传播，为经济社会发展献技出力，不断提高大学生的科学素养，培养良好的学术道德，弘扬求真务实、开拓创新的科学精神。要规范和促进大学生科技成果转化，鼓励大学生开展创业实践，提高创业技能。

10. 扎实开展勤工助学。要为大学生参加勤工助学创造条件，建立规范有效的勤工助学管理制度，鼓励大学生在完成学业的同时，积极参加勤工助学活动。各级政府要广开渠道，努力帮助经济困难的大学生参加勤工助学，取得合理的经济收入，增进对社会和国情的了解。要加强大学生参加校外勤工助学活动的管理，维护大学生的合法权益。坚决禁止大学生参与传销等非法活动。

11. 积极开展“红色之旅”学习参观。要组织大学生到革命纪念地、改革开放前沿和经济社会发展成效显著的地方学习参观，了解中国革命、建设和改革开放的历史和成就，增强大学生对党的感情，对中国特色社会主义的热爱，激发他们全面建设小康社会、实现中华民族伟大复兴的责任感。要充分发挥博物馆、纪念馆、展览馆、烈士陵园等爱国主义教育基地的教育作用。学习参观要突出教育主题，增强教育效果，力戒形式主义。

四、全面深入开展“三下乡”和“四进社区”活动

12. 文化、科技、卫生“三下乡”和科教、文体、法律、卫生“四进社区”活动，是新形势下大学生参加社会实践的有效载体。要广泛发动大学生利用寒暑假等时间开展“三下乡”和“四进社区”活动。高校要更加主动地与地方沟通，进一步明确实践服务的内容，根据需求选派相关专业的大学生组成团队，为群众办实事、做好事、解难事。当地团组织要在党政的领导和支持下，与有关部门协调配合，安排好活动的时间、地点和具体内容。活动所在单位要对大学生的表现作出鉴定。

13. 高校要根据年度大学生思想政治教育的重点和不同年级、专业大学生的具体情况，像组织课堂教学一样，精心设计、周密安排大学生参加“三下乡”和“四进社区”活动。高校团委要根据计划负责具体组织实施。本、专科生和研究生在校期间至少参加一次“三下乡”和“四进社区”活动，开展活动的时间不少于两周。并在开学初，以团支部、班级等为单位进行总结交流。

五、探索建立大学生社会实践的长效机制

14. 探索建立社会实践与专业学习、服务社会、勤工助学、择业就业、创新创业相结合的管理体制。要把社会实践纳入学校教学计划，规定学时学分，对大学生参加社会实践提出时间和任务要求。要把大学生社会实践作为对高等学校办学质量和水平评估考核的重要指标，纳入高等学校党的建设和教育教学评估体系。要制定行之有效的考核办法和激励机制，把大学生参加社会实践的情况记入《大学生素质拓展证书》，定期评选表彰先进集体和个人。

15. 建立多种形式的投入保障机制。对教学实践、专业实习、军政训练，要在学校教学经费中作出安排，确保人人参加；对“三下乡”和“四进社区”活动，学校要建立专项经费，地方政府要给予大力支持；对社会调查、生产劳动和社会服务、科技发明、勤工助学、“红色之旅”，要大力提倡和引导大学生自愿参加，政府和社会各方面予以一定支持。

16. 把大学生社会实践与教师社会实践结合起来，组织高校干部教师参加、指导社会实践。学校党政干部和共青团干部、思想政治理论课和哲学社会科学课教师、辅导员和班主任都要参加大学生社会实践活动。鼓励专业教师参与、指导大学生社会实践。要把干部、教师参加和指导大学生社会实践计入工作量，作为考评的重要依据，调动干部、教师参与社会实践的积极性。

17. 建立相对稳定的大学生社会实践基地。高校要主动与城市社区、农村乡镇、爱国主义教育基地、企事业单位、部队、社会服务机构等联系，本着合作共建、双向受益的原则，从地方建设发展的实际需求和大学生锻炼成长的需要出发，建立多种形式的社会实践基地，力争每个学校、每个院系、每个专业都有相对固定的基地，长期坚持，使学生受锻炼，当地见效益。定期评选表彰大学生社会实践示范基地和优秀基地。

六、切实加强对大学生社会实践的领导

18. 各级党委和政府要为高校组织社会实践活动创造条件，提供便利。各地要在党委统一领导下，建立由有关部门负责同志参加的大学生社会实践联席办公会议制度，定期召开工作协调会。地方各级政府要把支持大学生社会实践列入政府财政，给予具体支持。各地宣传部门、文明办、教育部门和共青团组织要在当地党委政府统一领导下，明确各自任务，形成工作合力。高校要成立由分管领导牵头的大学生社会实践领导小组，统筹安排，抓好落实。要加强安全教育，制定安全预案，确保师生参加社会实践安全。

19. 动员社会各方面支持大学生社会实践。制定社会各方面支持大学生社会实践的政策和具体办法，调动各方面的积极性，为大学生社会实践创造有利条件。鼓励支持社会各方面接纳大学生社会实践。

20. 加强对大学生社会实践的宣传。报刊、广播、电视、互联网等新闻媒体，要深入宣传报道大学生社会实践，为大学生社会实践营造良好氛围。要加强有关大学生社会实践网站建设，构建社会实践网上工作平台。要开展大学生社会实践理论研究，指导社会实践深入发展。

中宣部
中央文明办
教育部
共青团中央
2005 年 2 月 1 日

教育部、中共中央宣传部、财政部、文化部、中国人民解放军总参谋部、中国人民解放军总政治部 中国共产主义青年团中央委员会 关于进一步加强高校实践育人工作的若干意见

（教思政［2012］1号）

各省、自治区、直辖市党委宣传部、党委教育工作部门、教育厅（教委）、财政厅、文化厅、团委，新疆生产建设兵团党委宣传部、教育局、财政局、文化局、团委，中央有关部门（单位）教育司（局），各军区、各军兵种、各总部、武警部队政治部，教育部直属各高等学校：

为全面落实《国家中长期教育改革和发展规划纲要（2010-2020年）》，深入贯彻胡锦涛总书记等中央领导同志一系列重要指示精神，现就进一步加强新形势下高校实践育人工作，提出如下意见。

一、充分认识高校实践育人工作的重要性

1. 进一步加强高校实践育人工作，是全面落实党的教育方针，把社会主义核心价值体系贯穿于国民教育全过程，深入实施素质教育，大力提高高等教育质量的必然要求。党和国家历来高度重视实践育人工作。坚持教育与生产劳动和社会实践相结合，是党的教育方针的重要内容。坚持理论学习、创新思维与社会实践相统一，坚持向实践学习、向人民群众学习，是大学生成长成才的必由之路。进一步加强高校实践育人工作，对于不断增强学生服务国家服务人民的社会责任感、勇于探索的创新精神、善于解决问题的实践能力，具有不可替代的重要作用；对于坚定学生在中国共产党领导下，走中国特色社会主义道路，为实现中华民族伟大复兴而奋斗，自觉成为中国特色社会主义合格建设者和可靠接班人，具有极其重要的意义；对于深化教育教学改革、提高人才培养质量，服务于加快转变经济发展方式、建设创新型国家和人力资源强国，具有重要而深远的意义。

2. 进入本世纪以来，高校实践育人工作得到进一步重视，内容不断丰富，形式不断拓展，取得了很大成绩，积累了宝贵经验，但是实践育人特别是实践教学依然是高校人才培养中的薄弱环节，与培养拔尖创新人才的要求还有差距。要切实改变重理论轻实践、重知识传授轻能力培养的观念，注重学思结合，注重知行统一，注重因材施教，以强化实践教学有关要求为重点，以创新实践育人方法途径为基础，以加强实践育人基地建设为依托，以加大实践育人经费投入为保障，积极调动

整合社会各方面资源，形成实践育人合力，着力构建长效机制，努力推动高校实践育人工作取得新成效、开创新局面。

二、统筹推进实践育人各项工作

3. 加强实践育人工作总体规划。实践教学、军事训练、社会实践活动是实践育人的主要形式。各高校要坚持把社会主义核心价值体系融入实践育人工作全过程，把实践育人工作摆在人才培养的重要位置，纳入学校教学计划，系统设计实践育人教育教学体系，规定相应学时学分，合理增加实践课时，确保实践育人工作全面开展。要区分不同类型实践育人形式，制定具体工作规划，深入推动实践育人工作。

4. 强化实践教学环节。实践教学是学校教学工作的重要组成部分，是深化课堂教学的重要环节，是学生获取、掌握知识的重要途径。各高校要结合专业特点和人才培养要求，分类制订实践教学标准，增加实践教学比重，确保人文社会科学类本科专业不少于总学分（学时）的15%、理工农医类本科专业不少于25%、高职高专类专业不少于50%，师范类学生教育实践不少于一个学期，专业学位硕士研究生不少于半年。要全面落实本科专业类教学质量国家标准对实践教学的基本要求，加强实践教学管理，提高实验、实习、实践和毕业设计（论文）质量。支持高等职业学校学生参加企业技改、工艺创新等实践活动。组织编写一批优秀实验教材。思想政治理论课所有课程都要加强实践环节。

5. 深化实践教学方法改革。实践教学方法改革是推动实践教学改革和人才培养模式改革的关键。各高校要把加强实践教学方法改革作为专业建设的重要内容，重点推行基于问题、基于项目、基于案例的教学方法和学习方法，加强综合性实践科目设计和应用。要加强大学生创新创业教育，支持学生开展研究性学习、创新性实验、创业计划和创业模拟活动。

6. 认真组织军事训练。组织学生进行军事训练，是实现人才培养目标不可缺少的重要环节。各高校要把军事训练作为必修课，列入教学计划，军事技能训练时间为2–3周，实际训练时间不得少于14天。要通过开展军事训练，使学生掌握基本军事技能和军事理论，增强国防观念、国家安全意识，弘扬爱国主义、集体主义和革命英雄主义精神，培养艰苦奋斗、吃苦耐劳的作风。要积极争取解放军和武警部队对学生军事训练的大力支持，认真组织实施，增强军训实效。要突出抓好国防生军政训练，纳入教学课程体系，并为国防生日常教育训练提供必要的场地设施和条件，大力支持国防生参加部队实践活动。

7. 系统开展社会实践活动。社会调查、生产劳动、志愿服务、公益活动、科技发明和勤工助学等社会实践活动是实践育人的有效载体。各高校要把组织开展社会实践活动与组织课堂教学摆在同等重要的位置，与专业学习、就业创业等结合起来，制订学生参加社会实践活动的年度计划。每个本科生在学期间参加社会实践活动的时间累计应不少于4周，研究生、高职高专学生不少于2周，每个学生在学期间要至少参加一次社会调查，撰写一篇调查报告。要倡导和支持学生参加生产劳动、志愿服务和公益活动，鼓励学生在完成学业的同时参加勤工助学，支持学生开展科技发明活动。要抓住重大活动、重大事件、重要节庆日等契机和暑假、寒假时期，紧密围绕一个主题、集中一个时段，广泛开展特色鲜明的主题实践活动。

8. 着力加强实践育人队伍建设。所有高校教师都负有实践育人的重要责任。各高校要制定完善教师实践育人的规定和政策，加大教师培训力度，不断提高教师实践育人水平。要主动聘用具有丰富实践经验的专业人才。要鼓励教师增加实践经历，参与产业化科研项目，积极选派相关专业教师到社会各部门进行挂职锻炼。要配齐配强实验室人员，提升实验教学水平。要统筹安排教师指导和参加学生社会实践活动。积极组织思想政治理论课教师、辅导员和团干部参加社会实践、挂职锻炼、学习考察等活动。教师承担实践育人工作要计算工作量，并纳入年度考核内容。

9. 积极发挥学生主动性。学生是实践育人的对象，也是开展实践教学、军事训练、社会实践活动的主体。要充分发挥学生在实践育人中的主体作用，建立和完善合理的考核激励机制，加大表彰力度，激发学生参与实践的自觉性、积极性。要支持和引导班级、社团等学生组织自主开展社会实践活动，发挥学生在实践育人中的自我教育、自我管理、自我服务作用。

10. 加强实践育人基地建设。实践育人基地是开展实践育人工作的重要载体。要加强实验室、实习实训基地、实践教学共享平台建设，依托现有资源，重点建设一批国家级实验教学示范中心、国家大学生校外实践教育基地和高职实训基地。各高校要努力建设教学与科研紧密结合、学校与社会密切合作的实践教学基地，有条件的高校要强化现场教学环节。基地建设可采取校所合作、校企联合、学校引进等方式。要依托高新技术产业开发区、大学科技园或其他园区，设立学生科技创业实习基地。要积极联系爱国主义教育基地和国防教育基地、城市社区、农村乡镇、工矿企业、驻军部队、社会服务机构等，建立多种形式的社会实践活动基地，力争每个学校、每个院系、每个专业都有相对固定的基地。

三、切实加强对实践育人工作的组织领导

11. 形成工作合力。实践育人是一项系统工程，需要各地区各部门的大力支持，需要各高校的积极努力。推动地方各级政府整合社会各方面力量，大力支持高校实践育人工作。教育部门要加大对高校实践育人工作的指导和支持力度，进一步发挥好沟通联络作用，积极促进形成实践育人合作机制。财政部门要积极支持高校实践育人工作。宣传、文化等部门要为学生参观爱国主义教育基地、文化艺术场所提供优惠条件。部队要支持学校开展军事训练，积极加强军校合作。共青团要动员和组织学生参加社会实践活动。各高校要成立由主要领导牵头的实践育人工作领导

小组，把实践育人工作纳入重要议事日程和年度工作计划，统筹安排，抓好落实；要加强与企事业单位的沟通协商，为学生参加实习实训和实践活动创造条件。企事业单位支付给学生的相关报酬，可依照税收法律法规的规定，在企业所得税前扣除。

12. 加大经费投入。落实实践育人经费，是加强高校实践育人工作的根本保障和基本前提。高校作为实践育人经费投入主体，要统筹安排好教学、科研等方面的经费，新增生均拨款和教学经费要加大对实践教学、军事训练、社会实践活动等实践育人工作的投入。要积极争取社会力量支持，多渠道增加实践育人经费投入。

13. 加强考核管理。教育部门要把实践育人工作作为对高校办学质量和水平评估考核的重要指标，纳入高校教育教学和党的建设及思想政治教育评估体系，及时表彰宣传实践育人先进集体和个人。各高校要制订实践育人成效考核评价办法，切实增强实践育人效果。要制定安全预案，大力加强对学生的安全教育和安全管理，确保实践育人工作安全有序。

14. 加强研究交流。各地各高校要定期召开实践育人经验交流会、座谈研讨会等，及时总结推广实践育人成果，研究深入推进实践育人工作的思路举措。要积极组织专家学者开展科学研究，不断探索实践育人规律，为加强高校实践育人工作提供理论支持和决策依据。各地哲学社会科学规划工作领导部门要把加强实践育人重大问题研究列入规划。

15. 强化舆论引导。要充分发挥报刊、广播、电视、互联网等新闻媒体的作用，广泛开展宣传活动，大力报道加强实践育人工作的重要性、必要性，广泛宣传实践育人工作取得的成效，积极推广加强实践育人工作的新思路、新做法、新经验，在全社会进一步形成支持鼓励大学生深入社会，在实践中成长成才的良好氛围。

各地各高校要根据上述意见，认真研究制定本地本校进一步加强实践育人工作的具体措施，抓好贯彻落实，并将贯彻情况及时报教育部。

中华人民共和国教育部
中国共产党中央委员会宣传部
中华人民共和国财政部
中华人民共和国文化部
中国人民解放军总参谋部
中国人民解放军总政治部
中国共产主义青年团中央委员会
二〇一二年一月十日

教育部、中央政法委关于坚持德法兼修实施卓越法治人才教育培养计划2.0的意见

（教高〔2018〕6号）

各省、自治区、直辖市教育厅（教委）、党委政法委，新疆生产建设兵团教育局、党委政法委，有关部门（单位）教育司（局），部属各高等学校、部省合建各高等学校：

为深入贯彻习近平新时代中国特色社会主义思想和党的十九大精神，贯彻落实习近平总书记在中国政法大学考察时重要讲话精神，根据《教育部关于加快建设高水平本科教育　全面提高人才培养能力的意见》，在卓越法律人才教育培养计划基础上，现就实施卓越法治人才教育培养计划2.0提出以下意见。

一、总体思路

坚持以马克思主义法学思想和中国特色社会主义法治理论为指导，围绕建设社会主义法治国家需要，坚持立德树人、德法兼修，践行明法笃行、知行合一，主动适应法治国家、法治政府、法治社会建设新任务新要求，找准人才培养和行业需求的结合点，深化高等法学教育教学改革，强化法学实践教育，完善协同育人机制，构建法治人才培养共同体，做强一流法学专业，培育一流法治人才，为全面推进新时代法治中国建设提供有力的人才智力保障。

二、目标要求

经过5年的努力，建立起凸显时代特征、体现中国特色的法治人才培养体系。建成一批一流法学专业点，教材课程、师资队伍、教学方法、实践教学等关键环节改革取得显著成效；协同育人机制更加完善，中国特色法治人才培养共同体基本形成；高等法学教育教学质量显著提升，培养造就一大批宪法法律的信仰者、公平正义的捍卫者、法治建设的实践者、法治进程的推动者、法治文明的传承者，为全面依法治国奠定坚实基础。

三、改革任务和重点举措

1. 厚德育，铸就法治人才之魂。注重培养学生的思想道德素养，大力推进中国特色社会主义法治理论进教材进课堂进头脑，将社会主义核心价值观教育贯穿法治人才培养全过程各环节。结合社会实践，积极开展理想信念教育、社会公益教育、中华优秀传统法律文化教育，让学生在感悟法治进步中坚定理想信念，在了解群众疾苦中磨练坚强意志，在奉献社会中增长智慧才干。加大学生法律职业伦理培

养力度，面向全体法学专业学生开设“法律职业伦理”必修课，实现法律职业伦理教育贯穿法治人才培养全过程。坚持“一课双责”，各门课程既要传授专业知识，又要注重价值引领，传递向上向善的正能量。

2. 强专业，筑牢法学教育之本。重点建设120个左右国家级一流法学专业点，引导高校主动适应法治国家建设需求，紧密结合自身特色优势，明确本校法学专业培养目标和建设重点，不断提高专业建设与社会需求的契合度。重点打造200门国家级一流线上线下法学专业课程，推动高校健全课程体系，优化课程结构。鼓励高校开发开设跨学科、跨专业新兴交叉课程、实践教学课程，形成课程模块（课程组）供学生选择性修读。鼓励高校深入实施主辅修制度，丰富学生跨专业知识，培养学生跨领域知识融通能力和实践能力。推进法学学科体系、学术体系、话语体系创新，鼓励高校组建跨专业、跨学科、跨学院教学团队，整合教学资源，积极探索新型教学模式，编写出版一批具有创新性、交叉性的教材，实现跨专业的师资交叉、资源共享、协同创新。鼓励跨学院、跨院校培养能够熟练运用至少一门少数民族语言文字从事法治实务工作的双语法治人才。

3. 重实践，强化法学教育之要。要着力强化法学专业知识教育，将中国法治实践的最新经验和生动案例、中国特色社会主义法治理论研究的最新成果引入课堂、写进教材，及时转化为教学资源。要着力强化实践教学，进一步提高法学专业实践教学学分比例，支持学生参与法律援助、自主创业等活动，积极探索实践教学的方式方法，切实提高实践教学的质量和效果。要着力推动建立法治实务部门接收法学专业学生实习、法学专业学生担任实习法官检察官助理等制度，将接收、指导学生实习作为法治实务部门的职责。

4. 深协同，破除培养机制壁垒。切实发挥政府部门、法院、检察院、律师事务所、企业等在法治人才培养中的作用，健全法学院校和法治实务部门双向交流机制，选聘法治实务部门专家到高校任教，选聘高校法学骨干教师到法治实务部门挂职锻炼。在法学院校探索设立实务教师岗位，吸收法治实务部门专家参与人才培养方案制定、课程体系设计、教材编写、专业教学，不断提升协同育人效果。

5. 强德能，加强法学师资队伍建设。建设全国法学专业教师培训基地，举办中国特色社会主义法治理论与实务研修班，用习近平新时代中国特色社会主义思想武装教师头脑，坚定教师理想信念，带头践行社会主义核心价值观。健全师德考核，强化师德监督，引导教师以德立身、以德立学、以德施教。组织开展专题研修，开展法治中国国情教育活动，引导广大教师深入了解法治实践，提升教师专业能力和综合素质。

6. 拓渠道，发展“互联网+法学教育”。适应教育信息化与法治建设信息化的新形势，推动法学专业教育与现代信息技术的深度融合，打破校园与法治实务部门间的时空屏障，将社会资源引进高校、转化为优质教育教学资源，建立覆盖线上线下、课前课中课后、教学辅学的多维度智慧学习环境。法治实务部门要向法学院校开放数字化法治实务资源，将法庭庭审等实务信息化资源通过直播等方式实时接入法学院校。重点建设校际优质在线课程资源共建共享平台、30个左右信息化课堂教学平台、50个左右庭审直播实践教学平台。

7. 促开放，构建涉外法治人才培养新格局。进一步拓宽与国际高水平大学和国际组织合作交流渠道，深化与国际高水平大学学分互认、教师互换、学生互派、课程互通等实质性合作，积极创造条件选送法学专业师生到国际组织任职实践，培养一批具有国际视野、通晓国际规则，能够参与国际法律事务、善于维护国家利益、勇于推动全球治理规则变革的高层次涉外法治人才。服务“一带一路”建设，着力培养熟悉“一带一路”沿线国家法制的高素质专门法治人才。

8. 立标准，建强法学教育质量文化。要紧密结合新时代高素质法治人才成长需要、紧扣应用型复合型创新型法治人才培养目标、紧跟法治中国建设新进程新需求，建设高等法学院校质量文化，构建中国特色、世界水平的法学教育质量保障体系。制定法学专业认证三级标准和认证办法，开展法学专业认证，推动高校全面参与。以专业认证为抓手，明确质量目标，细化质量标准，强化过程监控和质量评价，切实推动法学教育内涵式发展和法治人才培养能力稳步提升。

四、组织实施

1. 构建三级实施体系。教育部会同中央政法委协调解决计划实施过程中重大问题。各地教育部门、政法部门要根据实际情况，制定实施省级卓越法治人才教育培养计划，建立健全相应组织实施机制。各高校要明确具体实施方案，确定重点建设领域和方向，明确路线图、时间表、责任人。

2. 加强政策经费保障。教育部会同中央政法委在专业设置、人员聘用与评价、国际合作交流等方面给予计划参与高校统筹支持。中央高校应统筹利用中央高校教育教学改革专项等中央高校预算拨款和其他各类资源，支持计划实施。各地教育部门、政法部门要加强省域内政策协调配套，提供有力的政策保障，统筹地方财政高等教育资金和中央支持地方高校改革发展资金，引导支持地方高校实施好本计划。各高校要根据本校计划具体要求，加大国家、省、校政策的衔接、配套、完善、执行力度。

3. 强化监督检查。教育部会同中央政法委适时开展卓越法治人才教育培养计划实施情况绩效评价。各地教育部门、政法部门要加强计划实施过程跟踪，加强实施过程管理，强化动态监测，组织开展多形式的经验交流活动。各高校要主动发布自评报告、进展情况及标志性成果，确保各项改革举措落到实处、取得实效。

教育部
中央政法委
2018年9月17日

中共中央 国务院关于加强社会治安综合治理的决定

（1991年2月19日）

中央早在十年前就提出了社会治安综合治理的方针。这个方针以后在中央文件和国务院文件中又多次重申。十年来，各地在社会治安综合治理方面做了大量卓有成效的工作，创造了不少经验，取得了很大成绩，对维护治安秩序和社会稳定起了重要作用。但是，从目前情况看，各地社会治安综合治理工作发展很不平衡，不少地区尚未落实到各部门和基层单位，这一状况远不适应形势发展的要求。当前，我国社会治安形势仍很严峻，刑事犯罪和其他治安问题有增无减，不少地方人民群众缺乏安全感。为了贯彻落实党的十三届七中全会精神，维护国家长治久安，保障社会主义现代化建设和改革开放顺利进行，必须进一步在全国范围大力加强社会治安综合治理工作。为此，特作以下决定：

一、充分认识在新形势下加强社会治安综合治理的特殊重要性

社会治安综合治理是中央总结历史经验提出的正确方针。十年来的实践证明，加强社会治安综合治理具有多方面的重要意义：（一）它是解决我国社会治安问题的根本出路。社会治安问题是诸多社会矛盾和消极因素的综合反映。必须长期坚持依法从重从快严厉打击严重危害社会治安的刑事犯罪活动，但是仅靠打击不可能有效地减少产生犯罪和社会治安问题的复杂因素，必须全面加强综合治理才能奏效。（二）它是实施国民经济和社会发展十年规划和“八五”计划创造稳定的、良好的社会秩序的重要保证。（三）它是社会主义精神文明建设的重要组成部分。社会治安综合治理的许多工作就是精神文明建设的重要内容，综合治理搞好了又能推动精神文明建设。（四）它是坚持人民民主专政的一种重要形式和途径，是社会主义制度优越性的重要体现。（五）它是密切党同人民群众联系的迫切需要，是顺应民愿、深得人心的一件大好事。（六）它是加强社会主义法制建设的重要措施。通过依法治理、依法行政，可以把各项管理工作纳入法制轨道。（七）它是新形势下坚持专门机关工作和群众路线相结合原则的新发展，是具有中国特色的解决社会治安问题的新路子。

二、社会治安综合治理的任务、要求和目标

社会治安综合治理的基本任务是：在各级党委和政府的统一领导下，各部门协调一致，齐抓共管，依靠广大人民群众，运用政治的、经济的、行政的、法律的、

文化的、教育的等多种手段，整治社会治安，打击犯罪和预防犯罪，保障社会稳定，为社会主义现代化建设和改革开放创造良好的社会环境。

社会治安综合治理工作的要求是：(一) 各级党委和政府都要把综合治理摆上重议程，健全社会治安综合治理的领导机构和办事机构，定期研究部署工作。(二) 各部门、各单位齐抓共管，形成“谁主管谁负责”的局面。(三) 各项措施落实到城乡基层单位，群防群治形成网络，广大群众法制观念普遍增强，敢于同违法犯罪行为作斗争。

社会治安综合治理的主要目标是：社会稳定，重大恶性案件和多发性案件得到控制并逐步有所下降，社会丑恶现象大大减少，治安混乱的地区和单位的面貌彻底改观，治安秩序良好，群众有安全感。

三、社会治安综合治理的工作范围

社会治安综合治理的工作范围，主要包括“打击、防范、教育、管理、建设、改造”六个方面。

打击是综合治理的首要环节，是落实综合治理其他措施的前提条件。必须长期坚持依法从重从快严厉打击严重危害社会治安的刑事犯罪活动；坚持常年除“六害”，随时发现随时取缔，任何时候都不能有丝毫放松。既要进一步加强政法部门的专门工作，大力提高侦察破案等对付刑事犯罪的能力，又要在各部门、各单位的积极配合下，充分发动和依靠广大人民群众，形成人人勇斗歹徒、抵制“六害”的态势。

大力加强防范工作，是减少各种违法犯罪活动和维护社会治安秩序的积极措施。要加强思想政治工作，广泛发动和组织群众，采取各种防范措施，消除不安定因素和不安全隐患。特别是要大力疏导调解各种社会矛盾和民间纠纷，正确处理人民内部矛盾，避免矛盾激化。要加强机关、学校、企事业单位内部的安全保卫工作和技术防范措施；加强城镇居民楼院的安全防范设施，并纳入城市建设规划。要广泛组织职工、群众，积极协助人民警察，加强城乡治安联防，健全群防群治机制，并充分发挥民兵维护社会治安的作用。大中城市和沿海、沿边地区要组织军、警、民联防。在加强管理的前提下发挥保安服务公司的作用。群防群治队伍可以是义务的，也可以是有偿服务的。对有偿服务的，除地方财政适当拨款外，经当地人民政府按规定审批后，可以由企事业单位和居民适当集一点资，出一点人，用于维护本单位或本地区的社会治安。但要坚持自愿、受益、适度、资金定向使用的原则，尽可能减轻企业和群众的负担。对敢于同违法犯罪分子作斗争的人，应给予表彰和奖励。有些地方建立“见义勇为奖励基金会”的办法值得推广。对人民群众同违法犯罪分子斗争中依法采取的正当防卫，司法机关应坚决给予支持和保护。

根本的问题在于加强教育，特别是要加强对青少年的教育。这是维护社会治安的战略性措施。各部门、各单位都要认真进行坚持四项基本原则和反对资产阶级自由化教育，持续开展“五爱”教育和“四有”教育，反对极端个人主义和无政府主义。要在全体公民中继续广泛深入、扎扎实实地开展普法教育和各种形式的法制宣传教育，进一步提高全民的法律意识，增强护法、守法观念。学校教育重在育人，要狠抓学生的品德教育，认真上好法制课，特别是要做好“双差生”、工读生的思想转化工作。宣传、文化、艺术、影视、出版等部门和单位要把社会效益放在第一位，多出健康有益的精神产品，剔除文化垃圾。

共青团、工会、妇联要与单位、街道（乡村）、学校、家庭密切结合，加强对青少年的政治思想教育，尤其是要做好后进青少年、轻微违法犯罪青少年的教育挽救工作。基层党政组织和公安派出所要落实对刑满释放、解除劳教人员的帮教安置工作。加强各方面的行政管理工作，是堵塞犯罪空隙，减少社会治安问题，建立良好社会秩序的重要手段。当前要突出抓好各项社会治安管理工作，特别是要加强对流动人口的管理，旅店、废旧物品回收点、舞厅、录像放映点等特种行业的管理，文化市场和出版物的管理，集贸市场的管理和金库、重要物资仓库等要害部位的管理。

加强基层组织建设和制度建设，是落实综合治理的关键。各级党委和政府必须认真贯彻中央有关指示精神，抓紧整顿建设好城乡基层组织，特别是要加强以党支部为核心的村级组织建设，使综合治理的各项措施落实到基层，落实到群众中去。要建立健全各种治安防范制度，特别要普遍推行各种形式的综合治理责任制。加快制定和完善综合治理的法律、法规。

改造工作是教育人、挽救人、防止重新犯罪的特殊预防工作。劳改劳教机关要努力克服困难，坚持“改造第一，生产第二”和“教育、感化、挽救”的方针，进一步提高改造质量。要继续实行改造工作的“向前、向外、向后延伸”，动员全社会都来参与、支持改造工作。劳动部门要按照国家介绍就业、自愿组织起来就业和自谋职业相结合的就业方针，积极妥善地安排刑满释放、解除劳教人员就业。企事业单位在招工时，对刑满释放、解除劳教人员应与城镇待业人员一视同仁，不得歧视。

上述六个方面的工作环环紧扣，相辅相成，缺一不可，不能有所偏废。总之，要坚持打防并举，标本兼治，重在治本的原则，切实落实综合治理的各项措施。这样坚持数年，必有大的成效。

四、狠抓落实“谁主管谁负责”的原则

落实“谁主管谁负责”的原则，是实现社会治安综合治理的核心。这项原则适用于所有党政军各部门和和人民团体。各部门都要根据社会治安综合治理的任务、要求和工作范围，主动找准自己的位置，明确本部门、本系统的职责，切实承担起共同维护治安的社会责任。

各部门的共同责任主要包括三个方面：一是从中央到地方，党政军各部门和各

人民团体，都要发挥自己的职能作用，结合本身业务，认真抓好本系统参与社会治安综合治理的工作，防止因本部门工作偏差而对社会治安造成消极影响，主动承担起减少违法犯罪、维护社会治安和社会稳定的整体责任。二是党政军各部门和各人民团体，都要抓好本系统的综合治理工作，防止发生重大犯罪和重大治安问题。三是各机关、厂矿、学校、企事业单位和人民团体，都要“管好自己的人，看好自己的门，办好自己的事”，切实加强内部人员的思想教育和各项安全防范工作。一旦发生问题，要酌情追究有关部门、单位直接领导者的责任。

落实“谁主管谁负责”的原则必须逐步制度化、法律化。对各主管部门应负什么责任，怎么负责，不负责怎么办，都要制定法律、法规或者规章，作出明确规定，做到有法可依、有章可循。

社会治安综合治理需要把“抓系统、系统抓”同“条块结合，以块为主”有机地结合起来，实行属地管理原则。有关部门下属的企事业单位，应当服从所在地党委和政府的统一领导，主管部门要积极配合地方党政组织，督促所属单位做好综合治理工作，消除条块分割、各自为政、无人负责的现象。

五、加强领导，努力把社会治安综合治理的措施落实到基层

搞好社会治安综合治理，领导是关键。各级党政领导要从思想上、组织上、工作上加强对综合治理的领导，认真组织、协调各部门的工作，解决落实中的问题，保证各项措施落实到基层。

（一）各级领导要真抓实管

要将社会治安综合治理列入各级党委和政府的重要议事日程，认真研究解决落实工作中存在的各种问题。各级党政领导要亲自动手，一级抓一级，一级包一级，一抓到底，层层落实。要及时动员部署，一项一项抓落实，一个部门一个部门抓落实，抓住不放，持之以恒，并认真检查督促，奖惩兑现。

（二）健全领导体制，充实和加强办事机构

社会治安综合治理工作涉及全党全社会各个方面，必须由党委统一领导。同时，政府也要担负起重要的领导责任，大量的工作要由政府去组织实施。社会治安综合治理的领导体制是，在党委统一领导下，党政共抓，办事机构具体指导协调，各部门、各单位各负其责。最重要的是各级党政主要领导要亲自过问，把一般号召和具体指导结合起来，真正担负起抓社会治安的责任。

为了加强对社会治安综合治理工作的领导和具体指导，中央决定成立社会治安综合治理委员会，下设办公室。各地从省、自治区、直辖市到地市、县区，都要建立健全社会治安综合治理领导机构，以党委一名领导同志为首，政府一名副职协助，各有关部门负责同志参加。县以上各级社会治安综合治理的办事机构要进一步充实加强，并同政法委员会合署办公。乡镇、街道也要设立相应的社会治安综合治

理领导机构，健全办事机构或配备专人负责。可以由上级选派一名有经验的公安、司法干部，到街道办事处、乡（镇）政府任副职，专抓社会治安综合治理工作。

各级社会治安综合治理领导机构是党委和政府领导综合治理工作的参谋和助手，其主要职责是：(1) 研究贯彻党和国家关于社会治安综合治理的方针政策。(2) 对本地区、本部门一个时期的社会治安综合治理工作作出总体部署，并监督实施。(3) 组织指导各部门、各单位落实综合治理措施。(4) 总结推广典型经验，表彰先进，推动后进。(5) 办理党委和政府交办的有关事项。社会治安综合治理领导机构以同级党委领导为主，同时接受上级社会治安综合治理领导机构的指导。

（三）层层建立社会治安综合治理目标管理责任制

地方各级党政领导之间，党政领导和各部门、各单位之间，厂长、经理和车间、班组负责人之间，都要层层签订责任书。要把社会治安综合治理的任务、要求分解为若干具体目标，制定出易于执行检查的措施，建立严格的检查监督制度、定量考核制度和评比奖惩制度。要把社会治安责任制同经济责任制、领导任期责任制结合起来，将社会治安综合治理目标管理同责任人的政治荣誉、政绩考核、职级提升和经济利益挂钩，同评选文明单位、企业晋级挂钩，实行社会治安综合治理一票否决权制。落实责任制要定期检查考核，每年进行认真的总结评比，表彰先进，形成比学赶帮的热潮。但要防止形式主义和不切实际的高指标，避免出现立案不实、弄虚作假等错误做法。

（四）加强分类指导，把推广典型经验和重点治理结合起来

各级党委和政府要结合实际情况，尽快作出规划，分期分批地把各种类型的社会治安综合治理经验逐步推广，扩大覆盖面，使全国的社会治安综合治理工作向前大大推进一步。要重视理论研究，及时把实践经验上升为理性认识，加强对综合治理工作的理论指导。

重点治理是迅速改变局部地区治安面貌的有效方法。从全国来看，大中城市、沿海开放地区和交通干线是综合治理的重点，要先行整治。就各地来说，要集中力量整顿治理好秩序混乱、治安问题较多的少数地区、街道、乡镇、村落、交通线段和单位。

（五）下功夫把社会治安综合治理的各项措施落实到基层

社会治安综合治理的各项措施能否落实到基层，县市、乡镇、街道的党政领导负有特殊重要的责任。社会治安综合治理措施落实到基层的主要标志是：基层党政领导重视，建立了社会治安综合治理工作的议事制度；社会治安综合治理的领导机构和办事机构健全，有专人办事；建立了一定形式的目标管理责任制；有群防群治队伍和严密的防范措施；群众充分发动起来，敢于同违法犯罪作斗争；犯罪和社会治安问题较少，对发生的问题能及时处置。

六、充分发挥政法部门特别是公安机关在社会治安综合治理中的职能作用

政法部门是人民民主专政的重要工具，是惩治违法犯罪，维护社会治安的专门机关。加强社会治安综合治理，对政法部门的要求不是降低了，而是更高了。

政法部门在社会治安综合治理中的主要任务是：（一）当好党委和政府领导社会治安综合治理工作的参谋和助手，带头贯彻执行党委和政府的总体部署，积极参加党委和政府统一组织的社会治安综合治理活动，并经常向党政领导和社会治安综合治理领导机构反映情况，报告工作，提出建议。（二）依法严厉打击严重危害社会治安的刑事犯罪分子，及时查处、取缔“六害”活动，坚决防止境外黑社会势力和丑恶现象侵入。（三）严格各项治安管理措施，检查指导各单位内部的安全保卫工作和基层治保组织、群防群治队伍的工作。（四）采取各种措施改变就案办案现象，尽力扩大办案的社会效果，并积极提出司法建议和检察建议，协助有关单位总结经验教训，健全管理制度，完善防范机制。（五）结合各自业务工作，开展法制宣传教育和维护国家安全的教育。（六）公安机关、检察院、法院都要积极配合司法行政部门，大力加强劳改、劳教工作，提高改造质量，并做好对轻微违法犯罪人员和刑满释放、解除劳教人员的帮教工作。（七）加强对人民调解工作的组织领导，依法积极疏导、调处各种民间纠纷，化解社会矛盾。（八）研究刑事犯罪和社会治安问题增多的原则及其规律，提出有效的对策。

公安机关是社会治安工作的主管部门，在社会治安综合治理中居于特别重要的地位。公安机关应当根据加强社会治安综合治理的需要，适当调整工作重点、警力部署和勤务制度，改进工作方法，用更多的人力和精力加强基层治安基础工作，以更好地发挥职能作用。

政法各部门都要重心下移，精简上层，充实基层，转变作风，为基层多办实事，大力加强公安派出所、人民法庭、法律服务所等政法基层组织建设。各级人民政府要尽量拿出一些经费，改进政法基层单位的装备，改善他们的工作条件和生活条件。

七、今年的工作重点

今年要在全面加强社会治安综合治理各项工作，大力开展舆论宣传的同时，扎扎实实地着重抓好以下几项工作：（一）加强领导。调整和健全各级社会治安综合治理领导机构和办事机构，做到层层有人领导，层层有人办事，层层真抓实干。（二）制订规划。从省、自治区、直辖市到地、市、区、县，各级党委和政府都要制订出与“八五”计划相适应的落实社会治安综合治理的五年计划和每年的实施方案。从今年起，一个市、一个县一个县地抓落实，每年落实一部分市、县，力争到1995年年底使大多数市、县社会治安综合治理的各项措施得到基本落实。

（三）重点治理。各地都要在调查研究的基础上，排查出治安问题多的地区和单位，集中力量进行重点治理整顿，务使这些地方尽快改变面貌。（四）建设基层。对城乡少数瘫痪半瘫痪的基层党政组织，下决心进行彻底整顿，并落实各项综合治理措施。（五）群防群治。在尽可能多的地区和单位组织好群防群治队伍，制订和落实各种形式的目标管理责任制。首先要把机关、企事业单位内部的责任制落实好，使单位内部的治安问题明显减少。（六）制定法规。建议全国人大常委会就加强社会治安综合治理作出决定。各省、自治区、直辖市尚未制定社会治安综合治理法规的要在今年内制定出来，并付诸实施。（七）评选先进。各省、自治区、直辖市都要在扎扎实实工作的基础上，于今年年底开展一次评比社会治安综合治理先进单位和先进个人的活动，并召开表彰大会。明年在全国范围开展评比活动，并在适当时候召开全国社会治安综合治理先进单位、先进个人表彰大会。

社会治安综合治理是一项艰巨复杂的系统工程，也是全国人民十分关注的一件大事。它直接关系着国家的长治久安，关系着我国社会主义现代化建设第二步战略目标的顺利实现。各级党委和政府要带领广大党员、干部和群众，上下一心，共同努力，扎实工作，为创造我国良好的社会治安秩序，做出更大的努力。

建设更高水平的平安中国

郭声琨

建设更高水平的平安中国，是以习近平同志为核心的党中央作出的战略擘画。习近平总书记高度重视平安建设，在浙江工作期间就创造性地提出并实施了平安浙江建设战略，党的十八大以来对建设平安中国作出一系列重要指示，亲自批准成立平安中国建设协调小组，指引平安中国建设取得显著成就，走出了一条中国特色社会主义社会治理之路。党的十九届五中全会通过的《中共中央关于制定国民经济和社会发展第十四个五年规划和二〇三五年远景目标的建议》（以下简称《建议》）对建设更高水平的平安中国作出重要部署，这是以习近平同志为核心的党中央从构建新发展格局、统筹国内国际两个大局、办好发展安全两件大事出发作出的重大决策，为建设更高水平的平安中国提供了根本遵循。我们要深入学习贯彻习近平新时代中国特色社会主义思想，深入学习贯彻党的十九届五中全会精神，增强“四个意识”、坚定“四个自信”、做到“两个维护”，深刻理解、准确把握建设更高水平的平安中国的时代背景、战略意义、总体思路、重点工作，提高谋划和推进平安中国建设的能力水平，确保人民安居乐业、社会安定有序、国家长治久安。

一、深刻理解建设更高水平的平安中国的时代背景和战略意义

平安中国建设是一个动态发展、不断升级的过程。当前正处于“两个一百年”奋斗目标的历史交汇期，我国面临的国内国际环境发生深刻变化，建设更高水平的平安中国具有更加重大而深远的战略意义。

（一）建设更高水平的平安中国，是开创“中国之治”新境界的战略之举。党的十八大以来，在以习近平同志为核心的党中央坚强领导下，我国成为世界上最有安全感的国家之一，“平安中国”成为一张亮丽的国家名片。特别是在这次全球抗击新冠肺炎疫情斗争中，我国在短时间内夺取了全国抗疫斗争重大战略成果，“中国之治”与“西方之乱”形成鲜明对比，“中国之治”优势更加凸显。“天下之势不盛则衰，天下之治不进则退”。我们只有主动适应“中国之治”的新要求，打造平安中国建设的升级版，才能不断增添“中国之治”成色，进一步彰显“中国之制”优势。

（二）建设更高水平的平安中国，是顺应我国社会主要矛盾新变化的长远之策。平安是老百姓亘古不变的期盼，是最基本的民生需要。随着我国社会主要矛盾发生历史性变化，人民群众对平安的需要越来越多样化多层次多方面。平安已经从

传统意义上的生命财产安全，上升到安业、安居、安康、安心等各方面，内涵外延不断拓展，标准要求更新更高。我们只有主动适应社会主要矛盾新变化，聚焦人民群众新需要，从更宽领域、以更高标准推进平安中国建设，才能让人民群众获得感、幸福感、安全感更加充实、更有保障、更可持续。

（三）建设更高水平的平安中国，是防范应对各类风险新挑战的制胜之道。当今世界正经历百年未有之大变局，新冠肺炎疫情全球大流行使这个大变局加速演变，世界进入动荡变革期。在中美战略博弈大背景下，我国面临的外部环境不稳定性不确定性更加凸显，传统安全和非传统安全挑战不断增多，各类风险的跨界性、关联性、穿透性、放大性显著增强，处理不好容易形成系统性风险。我们只有准确把握国内外环境深刻变化带来的新挑战，不断增强平安中国建设效能，构建从源头、传导、转化各环节进行防控的完整链条，才能从整体上提升风险防范化解能力水平。

（四）建设更高水平的平安中国，是实现全面建设社会主义现代化国家新目标的强国之基。“十四五”时期，我国将在全面建成小康社会、实现第一个百年奋斗目标的基础上，开启全面建设社会主义现代化国家新征程、向第二个百年奋斗目标进军。在这一进程中，平安中国建设既是重要内容也是重要保障。这要求我们不断提升平安中国建设的层次质效，走安全发展之路，加快构建新发展格局，更好统筹发展和安全，实现更高质量、更有效率、更加公平、更可持续、更为安全的发展。我们只有立足中华民族伟大复兴战略全局，努力建设更高水平的平安中国，才能为实现全面建设社会主义现代化国家的目标提供更加有力的保障。

二、准确把握建设更高水平的平安中国的基本要求

建设更高水平的平安中国，具有丰富的内涵：一是更高起点，谱写经济快速发展、社会长期稳定“两大奇迹”的新篇章，要加强顶层设计，提升平安中国建设的层次和质效；二是更广领域，突出“大平安”理念，统筹发展和安全，统筹内部安全和外部安全，统筹传统安全和非传统安全；三是更富实效，既要更快更好解决突出问题，又要更有力更有效地从源头上进行预防，提升防范化解各类风险的能力水平；四是更可持续，实现从被动维稳向主动创稳、从静态平安向动态平安、从一时平安向长治久安的转变；五是更加满意，紧扣人民群众对平安建设的关切和感受，在共建共治共享中不断提升人民群众的获得感、幸福感、安全感。

实现《建议》提出的“十四五”时期建设更高水平的平安中国的目标任务和到2035年的远景目标，即平安中国建设达到更高水平，需要我们在实践中把握以下基本要求。

（一）树立科学理念，增强平安中国建设引领性。建设更高水平的平安中国，最根本的是以习近平新时代中国特色社会主义思想作指引。一是坚持党的领导。要把党的领导贯穿到平安中国建设的各方面和全过程，有效整合资源力量，推动形成

共建共治共享的平安建设新格局，真正把党的领导优势转化为平安建设效能。二是坚持人民至上。要始终把人民放在心中最高位置，坚持一切为了人民、紧紧依靠人民、不断造福人民、牢牢根植人民，把民心民愿作为第一信号、把安民利民作为第一选择、把百姓满意作为第一标准，全方位提升守护群众平安、保障群众权益的层次和水平。三是坚持安全发展。安全是发展的前提，发展是安全的保障，合则兴、离则弱。要统筹发展和安全，把安全摆到经济社会发展全局中谋划，既善于运用发展成果夯实维护安全的物质基础，又善于创造有利于经济社会发展的安全环境，形成发展和安全协调共进、互促双赢的良好局面。四是坚持主动塑造。要把党的领导和我国社会主义制度的政治优势充分彰显出来，把社会各方面力量充分调动起来，不断激发平安中国建设的内生动力和活力，最大限度增加人人参与平安建设的行动自觉，实现由保平安向创平安的转变，努力建久安之势、成长治之业。五是坚持科学治理。更高水平的平安中国，应该既充满活力又安定和谐。要坚持系统治理、依法治理、综合治理、源头治理和专项治理相结合，发挥好自治、法治、德治和科技作用，处理好维稳与维权、打击与保护、从严与从宽、公正与效率、管理与服务的关系，使社会既生机勃勃又井然有序。

（二）完善工作格局，增强平安中国建设协同性。我们要充分发挥体制优势，推动经济、政治、文化、社会、生态一体建设，促进政府、社会、市场良性互动，实现力量资源有效整合和科学配置，激发平安建设的“联动效应”、“共生效应”。一是发挥党委领导作用。要加强党对平安建设工作的领导，推动平安建设融入社会发展全过程。健全平安中国建设协调机制，有效整合资源力量，协调解决平安中国建设中遇到的重大问题，形成问题联治、工作联动、平安联创的良好局面。充分发挥基层党组织领导作用，构建区域统筹、条块协同的工作新格局，推动基层党建与平安建设互促互进。二是发挥政府职能作用。要健全完善信息互通、资源共享、工作联动机制，实现平安建设资源整合、力量融合、功能聚合、手段综合。要积极探索扁平化运行模式，打造上层统筹有力、中层运转高效、基层做实做强的运行体系，提高快速响应、精准落地能力。三是发挥社会协同作用。要创新完善鼓励社会多方参与平安建设的政策体系，发挥市场机制作用，加大社会组织培育力度，畅通和规范市场主体、新社会阶层、社会工作者和志愿者等参与途径，以开放性架构吸纳各方力量参与平安建设。

（三）健全群防机制，增强平安中国建设共享性。建设更高水平的平安中国，目的是要让人民群众更加充分享受平安建设成果，关键在于坚持专群结合、群防群治方针，不断完善共建共治共享的工作机制，建设人人有责、人人尽责的平安建设共同体。一是拓展人民群众参与新渠道。要完善群众参与平安建设的组织形式和制度化渠道，创新互联网时代群众工作机制，充分保障群众知情权、参与权、表达权、监督权，更好地广纳民智、广聚民力。二是拓展人民群众协商新载体。民主协商是实现共治的基本方式。要统筹兼顾不同阶层群体的多样性、差异化诉求，改进政府听证决策机制，丰富有事好商量、众人的事情由众人商量的制度化实践，在平等对话和有效沟通中集聚共识、形成合力。三是拓展人民群众共享新机制。聚焦人民群众需要的增长点，聚力解决人民群众最恨最怨最烦的事情，更好满足人民群众多层次、差异化、个性化需要，让平安建设成果更多更公平地惠及全体人民。四是拓展人民群众评价新体系。群众意愿是平安建设的风向标，群众评价是平安建设的试金石。要坚持以人民满意为根本标尺，健全科学合理、操作性强的平安建设绩效考评指标体系，加大群众意见在绩效考评中的权重，真正把评判的“表决器”交到群众手中。

（四）创新方法路径，增强平安中国建设实效性。我们既要坚持行之有效的好方法，又要探索实践所需的新手段，打好解决突出问题的组合拳，不断提升平安建设的实效。一是以推进市域社会治理现代化试点为抓手。要完善社会治理体系，提升市域社会治理水平，构建网格化管理、精细化服务、信息化支撑、开放共享的基层管理服务平台。强化全周期管理，把平安建设各环节作为完整链条，完善事前事中事后全程治理机制。要强化源头防控，加强对各类风险隐患的源头发现、早期控制，不断提升对各类风险预警防范化解的能力。要强化应急管理，把握矛盾风险刚发生时的“黄金”处置窗口，推动问题在第一时间解决、事态在第一环节控制。二是以自治、法治、德治和科技运用为方式。要坚持和发展新时代“枫桥经验”，创新加强基层基础工作，健全党组织领导的自治、法治、德治相结合的城乡基层治理体系。强化自治基础作用，创新基层自治的实现形式和载体，推动民事民议、民事民办、民事民管。强化法治保障作用，善于运用法治思维引导和规范社会生活、运用法治方式防范和化解矛盾风险，努力实现法安天下。强化德治教化作用，大力弘扬社会主义核心价值观，弘扬伟大抗疫精神，使之成为平安建设的强大精神力量。强化科技支撑作用，主动适应大数据时代，充分运用大数据、云计算、区块链、人工智能等前沿技术，打造数据驱动、人机协同、跨界融合、共创分享的智能化平安建设新模式。三是以基层平安创建活动为载体。要深入开展平安地区、平安行业、平安单位等多种形式的平安创建活动，完善基层平安创建标准和创建模式，推进重点行业领域的平安创建活动，构建以平安市域为抓手、以平安行业为支撑、以平安社区为根基的平安中国建设新格局，以各地各行业平安汇聚为全国平安。

三、认真落实“十四五”时期建设更高水平的平安中国的重点工作任务和措施

《建议》坚持系统思维、目标导向，突出制度机制和体系能力建设，对建设更高水平的平安中国作出了部署安排。

（一）加强国家安全体系和能力建设

坚持以总体国家安全观为统领，统筹推进各领域国家安全工作，走中国特色国

家安全道路。一是健全国家安全制度体系。完善集中统一、高效权威的国家安全领导体制，健全国家安全法治体系、战略体系、政策体系、人才体系和运行机制。健全国家安全审查和监管制度，加强国家安全执法，确保国家安全工作落到实处。二是坚定维护政治安全。政治安全是国家安全的根本，关乎政权稳固、国运昌盛，是不可动摇的底线。要坚定维护国家政权安全、制度安全、意识形态安全，全面加强网络安全保障体系和能力建设，严密防范和严厉打击敌对势力渗透、破坏、颠覆、分裂活动，构筑维护国家安全的铜墙铁壁。三是巩固国家安全人民防线。维护国家安全是全社会的责任。要加强国家安全宣传教育，增强全民国家安全意识，夯实国家安全的群众基础。

（二）确保国家经济安全

经济安全是国家总体安全的基础。我们要加强经济安全风险预警、防控机制和能力建设，确保安全发展。一是维护产业链供应链安全。发挥法治固根本、稳预期、利长远功能，实施产业竞争力调查和评价工程，促进产业链与供应链、创新链、资金链、政策链深度融合，着力提升产业基础能力和产业链水平，增强产业体系抗冲击能力。二是确保重要行业和关键领域安全。确保粮食安全，把中国人的饭碗牢牢端在自己手中。维护水利、电力、供水、油气、交通、通信、网络、金融等重要基础设施安全。保障能源和战略性矿产资源安全，提高水资源集约安全利用水平，保障经济社会发展所需的资源能源持续、可靠和有效供给。维护金融安全，健全金融宏观审慎管理和金融风险防范、处置机制，守住不发生系统性风险底线。确保生态安全，加强核安全监管，维护新型领域安全。三是构建海外利益保护和风险预警防范体系。主动适应我国深入参与全球治理、海外利益不断拓展的新形势，构建彰显影响力、突出行动力、具有塑造力的海外安全保护体系，健全风险预警防范机制，保障海外中国公民、组织和机构的安全和正当权益。

（三）保障人民生命安全

民心是最大的政治，民安是最大的责任。我们要把保护人民生命安全摆在首位，全面提高公共安全保障能力。一是完善和落实安全生产责任制。加快建立健全安全生产责任和管理制度体系、隐患排查治理和风险防控体系，强化企业主体责任落实，织密织牢安全生产的防护网、责任网，有效遏制危险化学品、矿山、建筑施工、交通等重特大安全事故。二是强化卫生健康保障。加快构建国家生物安全法律法规体系、制度保障体系，全面提高国家生物安全治理能力。坚持最严谨的标准、最严格的监管、最严厉的处罚、最严肃的问责，提高食品药品等关系人民健康产品和服务的安全保障水平。三是提高灾害防范应对能力。建立高效科学的自然灾害防治体系，提升洪涝干旱、森林草原火灾、地质灾害、地震等自然灾害防御工程标准，加快江河控制性工程建设，加快病险水库除险加固，全面推进堤防和蓄滞洪区建设，有效减轻灾害风险。完善国家应急管理体系，加强应急物资保障体系建设，提升应急处置效能。

（四）维护社会稳定和安全

社会稳定和安全，是改革发展的重要保障。要加强和创新社会治理，保持社会和谐稳定，不断夯实长治久安的基础。一是正确处理新形势下人民内部矛盾。坚持和发展新时代“枫桥经验”，畅通和规范群众诉求表达、利益协调、权益保障通道，构建源头防控、排查梳理、纠纷化解、应急处置的社会矛盾综合治理机制。推进信访工作法治化、信息化、科学化，推行领导干部特别是市县领导干部下基层接访制度。完善人民调解、行政调解、司法调解等各类调解联动工作体系，以多元的方式方法化解矛盾纠纷。二是健全社会心理服务体系和危机干预机制。有针对性地加强对重点人群帮扶救助、心理疏导、法律援助，最大限度消解社会戾气，培育自尊自信、理性平和、积极向上的社会心态，严防发生个人极端案事件。三是加强社会治安防控体系建设。坚持立体化、法治化、专业化、智能化方向，打造城乡统筹、网上网下融合、人防物防技防结合、打防管控一体的社会治安防控新格局。深入总结疫情防控中联防联控、群防群治的经验，坚持专群结合，创新完善依靠群众、发动群众的制度机制。打好扫黑除恶专项斗争决胜战，建立健全常态化扫黑除恶工作机制，推动严打暴恐常态化，健全对新型网络犯罪和跨国犯罪打击整治机制。

（来源：《人民日报》2020 年 12 月 2 日）

围绕中心　服务大局　努力建设更高水平的平安湖南

黄关春

近年来，习近平总书记就平安建设和加强社会治理创新作出了一系列重要指示。习总书记的重要指示涵括了新形势下加强和创新社会治理的总体思路、基本目标、重点任务、主要原则，立意高远、意义重大，是深入推进社会治理创新、建设更高水平平安中国的行动指南和根本遵循。下面我重点围绕第一个方面“提出建设平安中国目标，要求把平安中国建设置于中国特色社会主义事业发展全局中来谋划，确保中国特色社会主义事业在和谐稳定的社会环境中推进”，结合我省实际谈点认识体会和贯彻意见。

一、深刻领会习总书记重要指示精神，增强平安建设的责任感使命感

1. 建设平安中国是中国特色社会主义事业的重要组成部分。平安是人民幸福安康的基本要求，是改革发展的基本前提。党的十八大明确了中国特色社会主义事业经济建设、政治建设、文化建设、社会建设、生态文明建设“五位一体”总体布局。“五位一体”是有机整体，其中经济建设是根本，以加强和创新社会管理、推动平安和谐社会建设为主要内容的社会建设是前提和条件。建设平安中国是构建社会主义和谐社会、促进经济社会协调发展的保障工程，是维护广大人民群众根本利益、为人民群众所期盼的民心工程，是提高党的执政能力、巩固党的执政地位的基础工程。中国特色社会主义事业离不开平安稳定和谐的社会环境。我们要不断适应形势变化要求，积极推进理念、方法、制度创新，努力建设领域更广、人民群众更满意、实效性更强的平安中国，推动中国特色社会主义伟大事业不断发展进步。

2. 深化平安建设是适应当前经济社会发展和人民需求的必然要求。经济社会发展的新任务，要求我们必须深化平安建设。改革开放以来，我国综合国力、人民生活水平迈上了新的台阶。但仍然存在经济发展不充分、不全面、不协调，改善民生任务繁重等问题，社会管理领域也存在不少薄弱环节。这些问题如果解决不好，势必影响社会和谐稳定，影响全面建成小康社会的进程。这就要求我们把平安建设更好地融入到经济社会发展的各个领域，以平安保发展，以发展促平安。人民群众对美好生活的新期待，要求我们必须深化平安建设。随着经济社会

的发展，人民群众对平安建设的新要求和对美好生活的新期待不断增强。深化平安建设，涉及打击犯罪、维护稳定、社会管理、公共服务各个方面，涉及人民群众生产、生活各个环节，与人民群众的切身利益息息相关。我们必须积极回应人民群众对平安的新期待、新需求，提高创新平安、建设平安的水平。社会稳定和社会治安的新形势，要求我们必须深化平安建设。当前，世界多极化、经济全球化、文化多样化、社会信息化深入发展，不稳定不确定因素增多。敌对势力的捣乱破坏活动加剧，因人民内部矛盾引发的群体性事件时有发生，社会治安形势依然严峻复杂。我们必须高度重视，增强忧患意识，树立底线思维，以高度负责的精神抓好平安建设。

3. 把平安建设作为重大政治责任置于经济社会发展全局中来谋划推进。习近平总书记指出，公共安全事关人民群众生命财产安全，事关改革发展稳定大局。平安是老百姓解决温饱后的第一需求，是极重要的民生，也是最基本的发展环境。总书记的重要论述，揭示了平安与发展、与民生的辩证关系，凸显了平安建设的极端重要性，彰显了强烈的宗旨意识、爱民情怀和责任担当。各级党委、政府要牢固树立安全发展理念，切实增强做好平安建设和社会治安综合治理工作的责任感、使命感，自觉把平安放在维护改革发展稳定大局和最广大人民群众根本利益中来认识，自觉把平安建设置于中国特色社会主义事业、置于经济社会发展全局中来谋划和推进，切实肩负起促一方发展、保一方平安的政治责任。

二、把握“六个坚持”，平安湖南建设取得新成效

近年来，在党中央的领导和中央政法委、中央综治办的指导下，湖南各级各有关部门认真学习贯彻习近平总书记重要指示精神和中央有关决策部署，着眼服务全省经济社会发展大局，社会治安综合治理和平安湖南建设取得新的成效。湖南在全国公众安全感测评中获得 92.84 的高分。今年 1~9 月，全省无政治性案事件、重大群体性事件和暴力恐怖事件，群体性事件、刑事案件、治安案件同比分别下降 52.5%、13.2%、7.2%，人民群众安全感满意度不断上升。

1. 坚持把平安建设置于经济社会发展全局中来谋划。省委、省政府始终坚持把平安建设置于全面深化改革、全面建成小康湖南的大局，置于湖南经济社会发展全局中统筹谋划，与经济工作同部署、同研究、同推进。近年来，省委常委会多次听取平安建设专题情况汇报，研究解决平安建设中的重大问题。省委、省政府每年召开深化平安湖南建设及社会治安防控体系建设会议，省委、省政府主要领导亲自出席会议作出重大部署。省委、省政府出台了《关于深化平安湖南建设的意见》等指导性文件，明确了深化平安湖南建设的指导思想、总体目标、主要任务和重要举措，得到中央综治办的充分肯定。《湖南省国民经济和社会发展第十三个五年（2016—2020 年）规划纲要》对着力加强和创新社会治理、深化平安湖南建设设置专章，作为一项重要内容。全省上下形成了党委领导、政府

主导、社会协同、公众参与、法治保障的平安建设工作体系，形成推进平安建设的强大合力。

2. 坚持围绕中心、主动作为，有效防范风险。主动适应经济发展新常态，制定出台和实施一系列保平安、促发展、防风险的文件和措施，健全完善及时分析、研判、预警、防范和化解风险的工作机制，组织开展了防风险、促发展专项活动，狠抓暴力恐怖和政治安全、金融安全、网络安全、公共安全等风险防控，应对传统和非传统安全威胁的预测预警预防能力不断提高。紧紧围绕服务经济发展、服务改善民生、服务精准扶贫等中心工作，全力推动社会治理和平安建设工作。

3. 坚持科技引领、信息支撑，健全完善防控体系。充分运用互联网、物联网、大数据等现代科技手段，全面推进社会治安防控“五张网”和“四项机制”建设，立体化、信息化防控体系逐步完善。加快推进视频监控系统建设联网应用，长沙市被确定为全国示范城市。搭建千人微信群、交通违法随手拍等信息平台，让人民群众成为社会治安的“千里眼”“顺风耳”。积极推行“三级一体”警务机制改革，促进警务机制全领域、全流程转型升级，提升了基层打防管控一体化实战效能，相关做法被公安部推介。

4. 坚持依法治理、多元化解，妥善调处矛盾纠纷。出台《关于完善矛盾纠纷多元化解机制的实施意见》，积极搭建多元化解平台，推进排查调处、化解告知、效力保障等制度建设，推动“三调联动”工作，促进各种化解方式有效衔接。在交通事故、医疗纠纷等重点领域建立专业性调解组织。婚姻家庭纠纷多元化解机制建设被中央综治办确定为创新项目，在全国率先出台家庭暴力告诫制度实施办法。加强法律援助服务，在全国率先建立省级公共法律服务中心。

5. 坚持问题联治、工作联动，有效管理重点领域和特殊人群。加强寄递物流安全管理，出台工作意见，推进安全责任、制度防控、支撑保障三大体系建设，落实“三个100%”制度。严厉打击电信诈骗，组建省反电诈中心，电信网络诈骗违法犯罪得到有效遏制。依法严厉打击非法集资、传销等各类经济领域违法犯罪。加大重性精神障碍患者救治救助力度，对三类严重精神障碍患者的监护人给予奖励补贴。加快推进特殊群体涉毒人员收治中心建设，累计收治特殊群体涉毒人员近7500人次，特殊群体涉毒人员再犯罪率下降70%以上。

6. 坚持主动引导、赢得支持，大力强化政法综治宣传。省委政法委机关建立了长安网、三湘综治网和“潇湘剑语”“和三湘”微信公众号，开通“新湖南”客户端政法频道，健全宣传舆论工作机制，举办全省政法宣传工作联席会议和培训班，加强对政法综治宣传工作的统筹指导，新媒体时代社会沟通能力不断提高，为平安建设营造了良好舆论环境。

三、突出重点，努力建设更高水平的平安湖南

当前，湖南正结合贯彻习近平总书记重要指示和全国社会治安综合治理创新工作会议精神，结合实施湖南省“十三五”加强和创新社会治理规划，围绕提升社会治理现代化水平，坚持立足当前与着眼长远相结合，坚持专项治理与系统治理、综合治理、依法治理、源头治理相结合，积极推动理念、制度、机制、方法创新，不断提高社会治理社会化、法治化、智能化、专业化水平，建设更高水平的平安湖南。

一是从更高层面来谋划和推动平安建设。省委、省政府进一步要求把平安建设置于中国特色社会主义事业和全省经济社会发展全局中来谋划，围绕促进“三量齐升”，推进“五化”同步发展，推动平安建设和社会治理工作，为确保如期全面建成小康社会、建设富饶美丽幸福新湖南创造平安稳定和谐的社会环境。省委常委会近日将专题研究贯彻落实中央精神，部署推进更高水平的平安建设和社会治安综合治理工作，省委、省政府拟于10月底11月初召开全省社会治安综合治理创新工作会议，传达贯彻落实中央会议精神，推动全省各级各部门进一步牢固树立“大平安”的理念，把平安建设更好地融入经济、政治、文化、社会、生态文明建设之中，以平安保发展，以发展促平安。

二是深化平安单位创建活动。因地制宜开展平安县乡村、平安医院、平安学校、平安交通等形式多样的平安单位创建活动，组织评选表彰，落实奖惩措施，把平安建设落细落小落实，延伸到社会各个领域各个行业。

三是提升平安建设信息化水平。按照社会治理智能化要求，根据我省信息化建设总体部署，落实《公共安全视频监控建设联网应用“十三五”规划方案》，执行《社会治安综合治理基础数据规范》国家标准，扎实开展“雪亮工程”建设，推动综治视联网系统向基层延伸覆盖。力争今年年底市级平台100%联通应用、县级平台联通覆盖率达60%以上。

四是更加注重运用法治方式推进平安建设。以国家推动制定《社会治安综合治理法》为契机，促进我省社会治理、平安建设的法治化、规范化。推动完善和落实重大决策合法性审查、风险评估、公众参与等制度，从源头上预防减少社会矛盾。加强法治文化建设，完善法治宣传方式，努力使依法办事成为全社会的自觉行动。

五是夯实平安建设的基层基础。1. 全面推行网格化服务管理。今年在全省所有中心城区、县城和有条件的乡镇社区推行网格化管理，到2020年实现网格化管理无缝隙、全覆盖，做实做强社会治理的基础单元。2. 健全和落实实名制。力争明年实有人口、实有房屋、实有单位信息的采集率、及时率、准确率都达到100%，并在重点金融、电信、交通、旅店、寄递物流、危爆物品等领域推行实名制，为社会治理提供基础保障。同时，强化对特殊人群的服务管理。

六是推进平安建设的责任落实。以严格落实综治领导责任制为龙头，推动各级

党委、政府和各个部门全面落实社会治安综合治理、平安建设的责任与措施。对综治工作、平安创建工作不落实的，严肃责任追究。充分发挥综治考核评估的推动作用，对平安创建成绩突出的给予表彰奖励，充分调动平安创建的积极性。

本文系 2016 年 11 月 3 日湖南省委常委、省委政法委书记、副省长、省公安厅厅长黄关春同志参加省委政法委书记学习习近平总书记关于加强和创新社会治理重要指示专栏文章。